EUROPAVERLAG

JASMIN TAYLOR

IM NAMEN GOTTES

Die Unterdrückung der Frauen im Iran

EUROPAVERLAG

WIDMUNG AN KAISERIN SCHAHBANU FARAH PAHLAVI

Eine Frau von unvergleichlicher Stärke und Anmut

Ihre Majestät,

mit aufrichtiger Bewunderung und tiefem Respekt möchte ich diese Widmung in meinem Buch an Sie richten. Sie verkörpern die wahre Essenz einer Kaiserin des Herzens, einer Frau, die keine Krone und keinen Thron braucht, um ihre königliche Würde zu zeigen.

Ihr edles Wesen, Ihr außergewöhnlicher Charme und Ihre Anmut haben die Herzen unzähliger Menschen – und insbesondere die der Frauen – weltweit erobert. Durch Ihr Lebenswerk sind Sie zu einem Symbol für Stärke, Integrität und zeitlose Schönheit geworden. Doch es ist nicht allein Ihre äußere Erscheinung, die uns fasziniert, sondern auch Ihre innere Strahlkraft, Ihre Hingabe und Ihr Wille, Gutes in der Welt zu bewirken.

Sie haben die Macht des Mitgefühls und der Menschlichkeit stets gelebt. Durch Ihr Engagement für Frauen- und Kinderrechte,

Bildung, Kultur und Gesundheitswesen haben Sie unzähligen Menschen die Möglichkeit gegeben, ihr volles Potenzial zu entfalten. Sie haben gezeigt, dass wahre Größe im Herzen liegt und dass eine Frau mit unerschütterlichem Willen und Einfühlungsvermögen die Welt verändern kann.

Durch Ihre Krönung am 26. Oktober 1967 haben Sie jede iranische Frau stellvertretend zur Königin gemacht. Selbst das brutalste und gnadenloseste Regime der Welt – wie das der Mullahs – kann dieses Geschenk den Frauen Irans nie mehr wegnehmen. Ihr Vermächtnis wird uns immer daran erinnern, dass wahre Führung nicht durch äußere Symbole definiert wird, sondern durch die Art und Weise, wie wir uns für andere einsetzen. Während Ihrer Regentschaft haben Sie mutige Gesetzesänderungen in unterschiedlichen Bereichen – einschließlich Ehe-, Scheidungs- und Erbrecht – erwirkt, die iranische Frauen den Männern gleichstellten. Dies führte zu einer wahren Blütezeit für die Frauen im Land, die endlich ihre Rechte und Potenziale entfalten konnten. Eine Zeit der Hoffnung und des Stolzes, die von Ihrer kraftvollen Vision geprägt wurde.

Sie sind eine Inspiration für uns alle, die wir danach streben, unsere eigenen königlichen Qualitäten zu entdecken und der Welt mit Liebe und Güte zu begegnen. Mögen alle Frauen erkennen, dass sie mit ihrer Eleganz, Intelligenz und Kraft das Potenzial besitzen, ihre Welt zu verändern.

In tiefer Dankbarkeit und mit größter Hochachtung,

Ihre Jasmin Taylor

WICHTIGER HINWEIS:

Der Islam ist keine monolithische Religion. Er vereint eine Vielzahl von Traditionen und Strömungen. Die Idee, dass Gott nicht vor 1400 Jahren sein letztes Wort gesprochen hat, wird heute von fortschrittlichen muslimischen Gelehrten und Intellektuellen unterstützt. Sie sehen den Islam als eine lebendige Religion, die beides kann: sich den Zeiten anpassen und auf die Bedürfnisse der muslimischen Gemeinschaft reagieren. Solche Gelehrten fordern eine Reform der traditionellen Auslegungen, um den Islam mit modernen Werten wie Gleichberechtigung, Menschenrechten und sozialem Fortschritt in Einklang zu bringen.

INHALTSVERZEICHNIS

VORWORT

»Für mich ist der *Hidschāb*[1] nicht nur
ein kleines Stück Stoff.
Wenn wir anfangen, ihn abzulegen, dann wird es
die Islamische Republik nicht mehr geben.«[2]

Stellen Sie sich vor, Sie wachen morgen früh auf, und die Welt ist eine andere. Plötzlich dürfen Frauen in ihrem Land nicht mehr ohne Kopftuch das Haus verlassen. Ihre Körper müssen mindestens bis zu den Ellenbogen und Knöcheln bedeckt sein. Es ist ihnen untersagt, in der Öffentlichkeit zu tanzen oder zu singen, und auch das Fahrradfahren ist verboten. Um das Land zu verlassen, benötigen sie die Erlaubnis ihres Ehemannes oder eines männlichen Vormunds. Sie haben weder das Recht, Entscheidungen bezüglich ihrer Kinder zu treffen, noch ihre Meinung öffentlich zu äußern, geschweige denn eine politische Karriere einzuschlagen, um für ihre Rechte zu kämpfen. Was machen sie in solch einer

1 *Hidschāb, Hidschab oder Hijab – arabischer Begriff für Tuch, Schleier, Hülle.*

2 *»Call to action« – Masih Alinejad, veröffentlicht am 11.07.2022, URL: www.mystealthyfreedom.org/topics/news/white-wednesdays/, Stand: 28.07.2023.*

Situation? Es gibt zwei Möglichkeiten: sich wortlos dem Regime zu beugen und die plötzliche, systematische Unterdrückung zu akzeptieren oder sich gegen sie aufzulehnen.

In solch einer Welt sind Iranerinnen und Iraner am 1. April 1979[3] aufgewacht, als Ajatollah Ruhollah Khomeini als Führer der Islamischen Revolution nach monatelangen Kämpfen das alte monarchische Regime des Schah Mohammad Reza Pahlavi stürzte. Eine neue Staatsform – die Islamische Republik – wurde geboren, und mit ihr begann ein langer Leidensweg – insbesondere für iranische Frauen, der bis heute andauert. Seit nunmehr über vier Jahrzehnten sind vor allem Frauen den Grausamkeiten des islamisch-iranischen Regimes, das auf der Scharia basiert, gnadenlos ausgeliefert.

Selbst für kleinste Vergehen wie das Verrutschen eines Kopftuchs oder das Unterstützen friedlicher Proteste werden Frauen inhaftiert, gefoltert, vergewaltigt und getötet. Fälle, in denen Väter Ehrenmorde an ihren Töchtern für vermeintlich »unsittliches« Verhalten begehen, sind an der Tagesordnung. Die bittere Realität im Iran zerstört die Schicksale von Millionen von Frauen und nimmt ihnen ihre Würde, ihre Rechte und ihre Selbstbestimmung.

Im Jahr 2020 ging der Name Romina Ashrafi[4] um die Welt. Die Vierzehnjährige, die mit ihrem gut zwanzig Jahre älteren Freund von zu Hause ausriss, wurde nur wenige Tage später von ihrem eigenen Vater mit einer Sichel enthauptet. Der Vater, der sich selbst der Polizei stellte und seine Tat als Ehrenmord rechtfertigte, wurde daraufhin zu acht Jahren Haft verurteilt. Dagegen erhielt

---

3 *Islamische Revolution: Wikipedia vom 09.03.2023, URL: https://de.wikipedia.org/wiki/Islamische_Revolution, Stand: 17.05.2023.*

4 *»Der Ehrenmord, der Rechtsgeschichte schreiben könnte« – Baumstieger, Moritz, 28.05.2020, URL: www.sueddeutsche.de/panorama/iran-ehrenmord-romina-ashrafi-1.4921134, Stand: 17.05.2023.*

2019 die Aktivistin Saba Kord Afshari[5] vierundzwanzig Jahre Gefängnisstrafe, weil sie im Zuge der *#whitewednesdays*-Proteste[6] ihr Kopftuch abgelegt hatte.

Dies ist nur ein markantes Beispiel für die verheerende Ungerechtigkeit und Unterdrückung der weiblichen Bevölkerung Irans, das stellvertretend für Millionen tragische Frauengeschichten steht, die namentlich unerwähnt bleiben. Dabei tragen sie alle Namen, sind Töchter, Schwestern, Mütter und Ehefrauen. Sie haben Träume und ein Geburtsrecht auf ein selbstbestimmtes Leben. Manche von ihnen sind mutig genug, auf die Straße zu gehen und ihre Stimme zu erheben sowie ihr Haar als Symbol für Freiheit zu zeigen. Viele werden einen hohen Preis dafür zahlen. Wie auch die zweiundzwanzigjährige Jina Mahsa Amini, deren Tod im September 2022 unter dem Slogan *Zan, Zendegi, Azadî* (dt. *Frau, Leben, Freiheit*) die größte von Frauen angeführte Revolution Irans und anschließend weltweit auslöste.

Dieses Buch ist den zutiefst bewegenden Geschichten iranischer Frauen gewidmet, stellvertretend für über 40 Millionen Iranerinnen, deren Geschichten vielleicht nie erzählt werden. Die sachliche Erläuterung zeigt, wie Frauenfeindlichkeit und Gräueltaten unter dem Mullah-Regime durch gezielte Gesetzgebung legitimiert werden. Der Vergleich zwischen iranischem und internationalem Recht verdeutlicht dabei die Unmöglichkeit diplomatischer Beziehungen zu solch einem Staat. Das Buch demonstriert in seinen bewegenden Fallbeispielen die staatlich

---

5 *»Nach Ablegen des Kopftuchs in der Öffentlichkeit zu 24 Jahren Gefängnis verurteilt« – Saba Kord Afshari, veröffentlicht im Juni 2022, URL: www.igfm.de/saba-kord-afshari, Stand: 28.07.2023.*

6 *#whitewednesdays-Bewegung: Von Masih Alinejad im Jahr 2017 ins Leben gerufene, regelmäßige Protestbewegung, bei der Iranerinnen und Iraner dazu angehalten sind, als Zeichen gegen die Diskriminierung und Unterdrückung im Iran etwas Weißes zu tragen.*

verordnete Abwertung der iranischen Frauen, die maximal halb so viel wie Männer gelten. Es schockiert mit Berichten von Mädchen, die schon ab einem Alter von neun Jahren legal verheiratet werden, und enthüllt anhand von Fakten die brutale Realität eines Landes, das die Menschheit mit der höchsten Anzahl an Hinrichtungen von Mädchen und Frauen weltweit erschüttert. Dabei bleibt die Frage: Wie viele sinnlose Todesopfer müssen wir noch bringen, bis die Welt endlich hinsieht und tätig wird? Wie viele Namen müssen noch ungesehen von dieser Welt verschwinden, bevor internationale Diplomaten aufhören, freundlich die blutbefleckten Hände von iranischen Regierungsvertretern zu schütteln?

Historisch gesehen sind Iranerinnen und Iraner für ihren bedeutenden Beitrag zu Musik, Kultur und Toleranz weltweit bekannt. Was mit der großen Kulturnation Persiens unter der »Geiselhaft« des Mullah-Regimes geschieht, gehört zu den verheerenden Tragödien der Weltgeschichte. Die Europäische Union (EU) sollte umgehend ihre diplomatischen Beziehungen zum Iran auf ein Mindestmaß reduzieren und iranische Diplomaten ausweisen. Der Druck auf Irans kaltblütige Regierung muss endlich von außen erhöht und ihr Einfluss eingeschränkt werden.

Die Islamische Republik beherrscht jedoch die derzeitige politische Situation, bedroht den Frieden in der Welt und schürt Feindseligkeiten durch den Export von Terrorismus. Angesichts dessen wird es höchste Zeit, dass die iranischen Revolutionsgarden endlich als terroristische Organisationen eingestuft werden. Diese stark besetzte Miliz mit rund 210 000 Mitgliedern ist für terroristische Aktivitäten sowohl im Iran als auch im Ausland verantwortlich und gilt als eine der mächtigsten Waffen der Mullah-Regierung. Obwohl bereits von den USA als Terrororganisation eingestuft, bleibt die EU untätig. Doch gerade ein solch starkes Bündnis wie die EU sollte nicht zögern, die Revolutionsgarden auf ihre Liste der terroristischen Organisationen zu setzen. Geschieht dies nicht, wird die EU den Export des radikalen Extremismus aus der Islamischen Republik in andere Länder weiterhin ungehindert zulassen. Daher muss auch die EU handeln und die notwendigen Schritte unternehmen, um den internationalen Einfluss und die Aktivitäten der Revolutionsgarden einzuschränken. Nur durch solch entschlossenes Vorgehen kann die EU ihre Verpflichtung zum Schutz des Friedens, zur Bewahrung ihrer eigenen Werte sowie zur Bekämpfung des Terrorismus erfüllen. Nur dann haben iranische Frauen eine echte Chance, den Kampf für ihre Freiheit für sich zu gewinnen.

Masih Alinejad,

iranisch-amerikanische, mehrfach preisgekrönte Journalistin, Aktivistin und Frauenrechtlerin

STRAFMÜNDIGKEIT

YASAMIN

Es war der alles verändernde 16. September 2022. An diesem wunderschönen warmen Spätsommernachmittag saß ich zusammen mit meiner Schwester im Gartenpavillon meines Hauses. Wie so oft genossen wir gemeinsam die tief stehende Sonne, die laue Luft und eines unserer liebsten persischen Sommergetränke: *Sharbat-e Khakshir Nabat*. Es war gegen 17 Uhr, als meine Schwester vorschlug, am Wochenende eine Ausstellung zu besuchen. Wir liebten es, uns an freien Tagen die Zeit mit Kulturveranstaltungen zu vertreiben. An jenem Freitag liefen im Hintergrund einige Stücke von Mozart und Beethoven. Klassische Musik hatte immer schon eine beruhigende Wirkung auf mein temperamentvolles Gemüt. Ich griff zum Telefon, um nach interessanten Veranstaltungen zu schauen. Doch zum Tippen kam es nicht mehr. Im Schlagzeilen-Widget des Smartphones fiel mir die Überschrift eines SPIEGEL-

Artikels[7] auf, der soeben erschienen war: »Frau stirbt nach Festnahme durch Irans Sittenpolizei«. Es war die Geschichte der jungen Iranerin Jina Mahsa Amini, die nur wenige Tage später die weltweite, feministische Revolution unter dem politischen Slogan *Frau, Leben, Freiheit* gegen das iranische Regime und die Unterdrückung dort lebender Frauen auslösen sollte. Und auch meine Welt brachte sie von einer Sekunde auf die nächste ins Wanken. In meinem Kopf drehte sich alles, plötzlich nahm ich weder die Musik noch das Vogelgezwitscher oder die fröhlichen Plaudereien meiner Schwester wahr. Stattdessen hörte ich mich leise flüstern: »Es wiederholt sich. Alles wiederholt sich.«

Meine Schwester, die noch immer fröhlich von der Ausstellung erzählte, brach ihren Monolog mitten im Satz ab und schaute mich fragend an.

»Was sagst du da? Was wiederholt sich?«

Ich las die Zeilen des Artikels immer und immer wieder: »… von der Polizei in Gewahrsam genommen … fiel sie ins Koma … die strengen iranischen *Hijab*-Vorschriften … junge iranische Frau gestorben.« Meine Augen sprangen unruhig von einem Wortfetzen zum nächsten, mein Herz schlug bis zum Hals, und meine Handflächen wurden klitschnass. Tränen liefen über meine glühend heißen Wagen, und in diesem Augenblick wurde mir klar, dass ich nicht mehr schweigen würde. Beinahe exakt dieselbe Geschichte war auch mir passiert, vor rund vierzig Jahren im Iran. Mit dem Unterschied, dass ich noch lebe. Aber das Verheerende daran war, dass ich trotz meines eigenen sowie zahlreicher ähnlich tragischer Frauenschicksale aus meinem Heimatland nie

---

7 *»Frau stirbt nach Festnahme durch Irans Sittenpolizei« – vom 16.09.2022, URL: www.spiegel.de/ausland/frau-stirbt-nach-festnahme-durch-irans-sittenpolizei-a-3bed9ced-1f33-4393-807e-9eb3e69bed0d, Stand: 21.03.2023.*

außerhalb meines engsten Kreises darüber gesprochen habe. Bis zum 16. September 2022.

Von diesem Tag an war Wegschauen für mich keine Option mehr. Seit 1979 erleben iranische Frauen bis heute mit unveränderter, brutaler Härte und Ungerechtigkeit die Folgen der Islamischen Revolution.

Mein Name ist Yasamin. Ich wurde 1966 in Teheran, in der Nähe des Amjadiyeh-Stadions, geboren. In meiner Jugend – Mitte der Achtzigerjahre – bin ich während des Ersten Golfkriegs nach Deutschland geflüchtet. Bis zur Revolution 1979, unter der Führung von Ajatollah Khomeini, verbrachte ich eine glückliche Kindheit im Iran. Meinen Vater sah ich allerdings nur selten, denn er arbeitete in seinem Atelier und war über die Stadtgrenzen Teherans hinaus für seine exquisiten, maßgeschneiderten Anzüge bekannt. Er entwarf die schönsten Stoffe und Schnitte und konnte mit bloßem Auge die Maße eines Mannes nehmen. Seine Kunden kamen aus gehobenen Gesellschaftskreisen und bewunderten sein Talent. Heute würde man sagen, seine Kreationen waren ein Must-have. In unserem Haus war es meine Mutter, die alle Fäden in der Hand hielt und zusammenführte. Sie heißt Khorshid, was so viel bedeutet wie Sonnenschein. Und so war sie auch. Ihr ganzes Wesen strahlte Kraft und Liebe aus. Durch nichts war sie aus der Fassung zu bringen und organisierte mit Gelassenheit unseren Alltag. Zu diesem gehörten neben meinem Vater und mir auch meine Geschwister und meine Großeltern. Es ging bei uns also immer lebhaft, geschäftig und fröhlich zu.

Am meisten vermisse ich die gemeinsamen Nachmittage, die wir in unserem kleinen Garten verbrachten. Den süßen, zarten Duft weißer Jasminblüten. Die prächtigen Rosen, die zu jeder Tageszeit anders rochen, und unseren Weinstock samt den großen, grünen Trauben. Jede der Jahreszeiten hatte ihre eigenen Farben.

Die Gartenkultur hat in Persien eine lange Tradition und reicht bis zur Dynastie der Achämeniden zurück. Für mich war unser Garten etwas ganz Besonderes. Um seinen kleinen Brunnen herum standen Bänke mit persischen Teppichen, Decken und Kissen. Hier saßen wir an warmen Frühlings- und Sommernachmittagen stundenlang zusammen, aßen süßeste Wassermelonen, alberten herum und erzählten uns Geschichten. Wir liebten diese Art von Geselligkeit. Meine Mutter bereitete für uns oft *Sharbat-e Khakshir Nabat* zu, ein persisches Erfrischungsgetränk mit Minze, Sophienkrautsamen, frischem Zitronensaft, Rosenwasser und Eiswürfeln. Die leichten, gelben Sophienkrautsamen sammelten sich dabei unten im Glas, und wenn man umrührte, wirbelten sie herum und tänzelten goldschimmernd anmutig nach oben. Wenn ich daran zurückdenke, schmecke ich immer noch die Honigsüße auf den Lippen und fühle die prickelnde Frische des Getränks meinen Körper durchfließen.

Eines Nachmittags – daran erinnere ich mich noch sehr gut – saßen wir im Garten, und meine Mutter trug ein Gedicht von Fariduddin Attar vor. Gebannt hingen meine Schwestern an ihren Lippen. Wir liebten die Poesie dieses persischen Dichters und Mystikers. In dem Gedicht ging es um einen König, der in der größten Freude zugleich an all das Leid in seinem Königreich erinnert werden wollte und in Zeiten des schlimmsten Kummers an das erlösende Glück. Seine weisen Berater ließen ihm daraufhin einen Ring schmieden, auf dem stand: »Auch dies wird vorübergehen!«

In unserer geselligen Runde brach große Aufregung aus. Azita und Azadeh, meine beiden jüngeren Schwestern, tauschten sich eifrig darüber aus, was wohl auf ihrem Ring stehen könnte, und versuchten sich mit ihren Antworten zu übertrumpfen. Sie neckten sich gegenseitig und brachten damit die ganze Runde zum

Lachen. Doch ich war still. An diesem Tag konnte ich die Euphorie meiner Schwestern nicht teilen. Ich nutzte die Zeit im Garten oft, um an meinen Aufsätzen für die Schule zu schreiben. Der Blick meiner Mutter ruhte lächelnd auf mir:

»Yasamin, du bist so still. Wo sind deine Gedanken? Noch bei deinem Aufsatz? Magst du uns darüber erzählen?«

»Ich bin gerade damit fertig geworden, und das Thema lässt mich nicht los.« Alle schauten mich erwartungsvoll an. »Unsere Lehrerin hat uns gebeten, darüber zu schreiben, was besser sei, Reichtum oder Bildung.«

Azita war immer noch aufgeregt, wippte fröhlich auf der Bank und rief aus: »Natürlich hast du dich für Bildung entschieden!«

Ich musste schmunzeln, fast alle in meiner Klasse hatten sich vorgenommen, über Bildung zu schreiben. »Klar, was du lernst, behältst du für immer. Wissen ist dein wichtigstes Kapital, du trägst es mit dir, und niemand kann es dir nehmen. Aber Reichtum gehört nicht dir allein, sondern ist immer auch von anderen Faktoren abhängig. In der Wirtschaft können viele Dinge passieren. Reichtum ist fremdgesteuert, und du läufst stets Gefahr, alles zu verlieren. Bildung gehört ausschließlich dir. Du kannst sie für alles einsetzen, teilen – was du willst. ›Seinen Geist frei zu entfalten, ist ein wahres Glück‹! Das ist ein ganz anderes Gefühl von Dasein.«

Damit hatte ich ein angeregtes Gespräch angestoßen. Azita fand noch viele Gründe, warum Bildung wichtig war, und Azadeh, meine jüngere Schwester, überschlug sich fast beim Aufzählen aller Dinge, die sie noch lernen wollte. So saßen wir noch einige Zeit da, bis die tief stehende Sonne unseren Garten in ein warmes, dunkelorangenes Licht tauchte, und leise die Dämmerung hereinbrach.

Am nächsten Tag in der Schule konnte ich im Unterricht noch einige sehr gelungene Aufsätze von meinen Mitschülern hören. Besonders schön fand ich den Aufsatz von Omid mit der Überschrift: »Durch starkes Denken kann man ein Kamel zu Fall bringen«. Das sorgte für allgemeine Erheiterung. Omid war der Sohn unseres Hausmeisters und mein guter Freund. Mit seiner Familie wohnte er in einer kleinen Hausmeisterwohnung in der Schule. Nach dem Unterricht half er noch seinem Vater, alle Klassenzimmer sauber zu machen. Dabei war er immer bescheiden und hat nie darüber gesprochen. Ich habe es nur zufällig mitbekommen. Trotzdem war er gut in der Schule und fleißig. Das bewunderte ich. Ab und zu nahm Omid mich mit zu sich nach Hause. Seine Familie war ausgesprochen gastfreundlich. Immer wenn ich die Wohnung betrat, duftete es köstlich. Seine Mutter konnte ausgezeichnet kochen, und ich durfte jedes Mal mitessen.

Auch mit meiner Freundin Soraya verbrachte ich viel Zeit. Sie war ein fröhliches Mädchen und immer toll angezogen. Ich sehe sie noch vor mir, in ihrem kurzen, violetten Rock, passender Bluse und einer kleinen, schicken Handtasche. Wir waren oft bei ihr, und wenn ihre Eltern arbeiteten, haben wir die Musik immer ganz laut aufgedreht. Meistens hörten wir Googoosh. Die iranische Interpretin war sehr bekannt für ihre schwungvollen und lebensfrohen Popsongs. Sie war auch die Lieblingssängerin meines Vaters, weshalb ihre Musik auch oft bei uns zu Hause lief. Ich konnte jedes Wort ihrer Lieder mitsingen und wenn ich bei meiner Freundin war, tanzten wir ausgelassen dazu.

Sorayas Mutter war eine attraktive Frau. Sie sah aus, als wäre sie gerade dem Frauenmagazin *Zan-e Rooz* entsprungen. Aber am faszinierendsten waren ihre wunderschönen Kleider und High Heels. Wir probierten sie oft an, träumten davon, so auszusehen wie sie, und hatten die beste Zeit unseres Lebens.

Diese Bilder eines unbeschwerten Lebens in Teheran gibt es

nur noch in meinem Kopf. Die Rückkehr von Ajatollah Khomeini in den Iran änderte alles; mein gesamtes Leben, das meiner Familie und das von Millionen anderer Iranerinnen und Iraner. Teherans Straßen waren plötzlich voller Menschen. Linke Gruppierungen, insbesondere die *Mojahedin-e-Khalq*, die schon in den Sechzigerjahren Widerstand gegen den Schah geleistet hatten und militärisch gut ausgebildet waren, zogen triumphierend und euphorisch durch die Stadt, mit dem Ziel, gemeinsam mit dem schiitischen Klerus eine neue Regierung zu bilden. Einige sahen sogar hoffnungsvoll einer marxistischen Regierung entgegen. Doch alle lagen falsch.

Schnell bildete Khomeini mithilfe des demokratisch orientierten, islamischen Ingenieurs Mehdī Bāzārgān eine Revolutionsregierung. Am 1. April 1979 wurde dann die Islamische Republik ausgerufen, und wenig später trat die iranisch-islamische Verfassung auf Grundlage der *Zwölfer-Schia* und der *Welāyat-e Faqih* (die Statthalterschaft des Rechtsgelehrten) in Kraft. Dass es sich hierbei um eine Theokratie handelte, belegten die Artikel 12 und 56 der Verfassung der Islamischen Republik. So heißt es dort, dass der Islam nach der *dschafaritischen*, d. h. der zwölfer-schiitischen Richtung, als niemals veränderbare Religion des iranischen Staats festgeschrieben ist. Außerdem geht die Souveränität nicht vom iranischen Volk aus, sondern von Gott und seinen Stellvertretern auf der Erde. Um die neue Verfassung zu schützen, formierte Khomeini die *Sepāh-e Pāsdārān-e Enghelāb-e Eslāmi*, die Iranische Revolutionsgarde, eine paramilitärische Einheit, die innerhalb kürzester Zeit zum wichtigsten militärischen, politischen und wirtschaftlichen Akteur im Iran aufstieg und jeglichen Widerstand brutal niederschlug. Die Stimmung war bedrohlich aufgeladen, explosiv, gleich einer Lunte, die am Pulverfass lag und brannte.

Ich erlebte die Revolutionszeit wie ein Feuer, das außer Kontrolle geriet. Jeden Tag, wenn mein Vater die Zeitung aufschlug, sah er die Bilder all der ermordeten Menschen – Oppositionelle, Systemkritiker, Menschen, die nicht dem islamischen Erscheinungsbild entsprachen. Fast täglich erkannte er auf den Fotos einen seiner Freunde, Kunden oder Bekannten wieder. Und mit jedem Tag wurden es mehr. Es waren Menschen wie der Arzt Bahram Moradi, der seine Anzüge bei meinem Vater schneidern ließ und sich bisweilen bei den Anproben mit ihm in angeregte Gespräche über seine medizinische Forschung vertieft hatte, oder der Jurist Arash Hanifnejad, ein enger Freund meines Vaters, ein Lebemann, einer, der immer ein heiteres Wort auf den Lippen hatte. Es zog meinem Vater den Boden unter den Füßen weg. Ich konnte zusehen, wie er sich immer mehr isolierte. In hilfloser Verzweiflung blätterte er die Zeitungen durch, wartete beinahe zwanghaft auf die Nachrichten, um zu hören, wer diesmal hingerichtet worden war. Das Leben meines Vaters ist mit der Revolution zu Ende gegangen. Er verkaufte sein Atelier, schloss sich in seinem Zimmer ein und hörte den ganzen Tag traurige Musik, wie dieses eine Lied von Marzieh, *Taghatam Deh*. Die Stimme der Sängerin und die Geigen durchdrangen unser Haus wie ein lautes Wehklagen. Dabei schnürte mir der Text die Kehle zu: »Ich wiege mich auf der Welle der Traurigkeit, in der Fata Morgana des Scheiterns – Gott der Armseligen, gib mir Geduld, gib mir Geduld!«

Es war, als legte sich ein schwarzer, alles erstickender Schleier nicht nur über unser Haus, sondern über die ganze Stadt. Wenn wir nach draußen wollten, mussten wir uns vermummen. Ich hasste es, diese schweren, dunklen Mäntel und langen Hosen zu tragen. Obendrein verdeckte der *Hijab* jeden Hinweis auf meine gerade erblühende Weiblichkeit. Nun war es Pflicht, diese Uniform außerhalb des Hauses und in der Schule zu tragen. Manche verhüllten sich zusätzlich sogar noch mit einem schwarzen Schleier. Und wehe dir, dein *Tschador, Hijab*, deine ganze Schuluniform saß nicht perfekt! Jeden Morgen stand ich in der Eiseskälte penibel genau eingereiht mit allen Kindern zusammen auf dem Schulhof. Die schwarz gekleideten, boshaften Vetteln, die uns im Unterricht unerbittlich den Koran lesen ließen und den Islam lehrten, kontrollierten die Kleidung jeder Einzelnen von uns. Zusätzlich mussten wir unsere Hände zeigen. War auch nur ein Haar unter dem *Hijab* zu sehen oder ein Hinweis auf Kosmetik, nahmen sie dich mit und bestraften dich. Abscheulich, erniedrigend.

»Yasamin, was hast du da auf deinen Fingernägeln?«

Es lief mir eiskalt den Rücken hinunter. Meine Cousine war gestern zu Besuch gewesen, und wir hatten weltvergessen diesen wunderschönen rosa Nagellack ausprobiert.

»Ich habe dich etwas gefragt! Was hast du kleine Schlampe da auf deinen Fingernägeln?«

Wie erstarrt stand ich vor der verschleierten Frau. Alles zog sich in mir zusammen. All diese furchtbaren Ausdrücke. Ich verstand nicht, warum ich keine schönen Sachen mehr tragen durfte. Mir war unbegreiflich, was daran so schlimm war. Die Vettel zog mich aus der Reihe meiner Mitschülerinnen und ließ mich meine Arme nach vorn ausstrecken. Vor lauter Scham konnte ich niemanden ansehen und starrte auf meine Füße. Sie zog einen Stock hervor. Ich zuckte zusammen. Dann schlug sie auf meine Hände. Der Schmerz durchfuhr mich bis ins Knochenmark. Sie schlug erbarmungslos zu, immer wieder und mit jedem Mal stärker.

»Dein Nagellack wird schon noch abgehen!«

Ich weiß nicht, wie viele Schläge es waren, die auf meine Finger niederprasselten. Das Blut floss in Strömen. Bis heute sehe ich die Narben auf meinen Händen.

So fühlte es sich also an, wenn du in der Islamischen Republik unterrichtet wurdest. Die Vetteln und ihre Stellvertreter kannten bei Verstößen gegen ihre religiöse Weltanschauung keine Gnade. Kritisches Denken war verboten. Nach und nach verlor ich jegliche Freude am Schulunterricht. Es ging nur darum, die arabische Sprache zu lernen und jahrtausendealten Erzählungen über Heilige zu lauschen und den Koran auswendig zu lernen. Ich gab mir keine Mühe mehr mit Aufsätzen und hörte auf, Fragen zu stellen. Stattdessen lernte ich fortan, züchtig vermummt meinen Mund zu halten und während des endlosen Lesens der Texte meine Gedanken heimlich schweifen zu lassen.

Meine Freundin Soraya ließ sich nicht brechen, sie konnte ihren Geist nicht vor der Ungerechtigkeit dieser neuen Welt verschließen. Sie verteilte regelmäßig Flyer, führte politische Diskussionen und versuchte mich zu überreden, sie dabei zu unterstützen. Man musste doch irgendetwas tun! Ich bewunderte ihren Heldenmut und ihre Begeisterung für politische Aktionen, die sie zusammen mit anderen Mitschülerinnen und Studentinnen organisierte. Der möglichen furchtbaren Konsequenzen war ich mir sehr bewusst. Khomeini ging gegen jegliches Engagement gegen das islamische Regime mit brutaler Gewalt vor. Ob politische Reden, bloßes Flyerverteilen oder das Lesen verbotener Bücher, das Regime handelte erbarmungslos und bestrafte mit Verhaftung, Folter, Vergewaltigung und sogar Hinrichtung. Meine Mutter war stets in großer Sorge und bestand eindringlich darauf, dass ich mich von politischem Engagement und all den Dingen, die sich gegen das Regime richteten, fernhielt. Wenn ich mich auch nur um zehn Minuten verspätete, stand sie schon auf der Straße und wartete auf mich.

An diesem einen Nachmittag saß ich vor dem Schulgebäude auf einer Treppe, machte meine Hausaufgaben und wartete auf Soraya. Sie war noch in der Schule und unterhielt sich mit einer

Mitschülerin über ihre anstehende Prüfung. Ich war gerade fertig mit meinen Hausaufgaben, als sie endlich herauskam. Sie lockerte ihren *Hijab* und sah mich fröhlich an. Ich tat es ihr nach:

»Komm, lass uns aufbrechen!«

Wir gingen immer einen Großteil unseres Schulwegs zusammen. Vertieft ins Gespräch überquerten wir die Straße vor der Schule, als plötzlich ein Auto direkt vor uns abrupt bremste. Die Türen sprangen auf, und mehrere schwarz verschleierte Frauen stiegen aus. Schnellen Schrittes eilten sie auf uns zu, packten Soraya und mich und zerrten uns ins Auto. Sie hielten uns an den Armen fest, pressten uns auf die Rücksitze des Fahrzeugs und fragten, warum wir wie Nutten aussahen und den *Hijab* nicht anständig trugen. Soraya sah mich erschrocken an und tastete am Bund ihres *Hijab*. Die vermummten Frauen beschimpften uns wüst: Wir kleinen Schlampen hätten absichtlich unser Haar gezeigt. Wir hätten auf diese Weise versucht, Männer zu verführen. Ich wusste weder, was verwerflich daran war, wie ich meinen *Hijab* trug, noch, was eine Schlampe überhaupt war. Auch hatte ich keine Ahnung, wen wir hätten verführen sollen. Sie sagten, wir seien schlecht erzogen und verkommen. Dafür sollten wir bestraft werden. Sie durchwühlten unsere Schultaschen, jedes einzelne Heft, und suchten krampfhaft nach irgendetwas. Plötzlich rief eine der Frauen mit Sorayas Tasche in der Hand:

»Da haben wir es ja! Was ist das?«

Soraya schrie auf, versuchte sich aus dem festen Griff zu befreien. Fassungslos starrte ich auf die vielen kleinen Zettel, die die Frau in der Hand hielt. »Freiheit und Demokratie!« stand in Sorayas säuberlicher Schrift darauf.

»Wem gehören die? Von wem habt ihr die?«

Eine der Frauen schüttelte mich. Soraya presste die Lippen aufeinander und sah mich verzweifelt an. Da schlug ihr eine andere ins Gesicht und bespuckte sie. Ich spürte nur grenzenlose Angst und Panik. Sie werden uns ins Gefängnis bringen, ganz bestimmt. Das war's! Was werden nur meine Eltern sagen? Was sollten sie von mir denken, dass ich nun, wie eine Kriminelle, auf dem Weg ins Gefängnis war? Langsam wurde mir klar, wo ich hineingeraten war. Ich fing an, fürchterlich zu weinen, und konnte mich nicht mehr beruhigen. Meine Mutter brauchte meine Hilfe. Wie sollte sie sich allein um meine kleinen Geschwister, Großeltern und meinen kranken Vater kümmern? Verzweifelt griff ich nach der Hand einer der Frauen:

»Bitte, bitte, bringen Sie uns nicht ins Gefängnis! Bitte nicht! Wir haben nichts getan! Wir waren doch nur aus der Schule auf dem Weg nach Hause!«

Ich spürte einen Schlag ins Gesicht, dann in die Seite. Stechender Schmerz durchfuhr mich. Zusammengekrümmt bettelte ich weiter. Vergeblich. Das Auto hielt. Die Frauen zerrten so lange an uns, bis wir ausstiegen. Bewaffnete Männer in Uniform kamen auf uns zu und führten uns ins Innere des Gefängnisses. Erst nahm man unsere Personalien auf, dann wurden wir voneinander getrennt. An diesem Tag sah ich Soraya zum letzten Mal.

Stundenlang verhörten sie mich, unterstellten mir unglaubliche Dinge, drohten mir und versuchten, etwas herauszufinden, was ich nicht getan hatte. Wie sollte ich hier nur wieder herauskommen?

»Wir bringen dich jetzt in eine Zelle. Du musst warten, bis du wieder dran bist.«

Die uniformierten Männer musterten mich. Ihre Blicke waren unangenehm, sie schienen jeden Zentimeter meines Körpers abzutasten. Einer von ihnen schnalzte mit der Zunge, stieß mich unsanft in die Seite und sagte:

»Beweg dich, du kleine Hure!«

Sie führten mich durch einen langen, dunklen Korridor mit schmutzigen, weißen Kacheln an der Wand. Das Flackern der Neonröhren blendete mich und beschleunigte meinen Herzschlag. Oder war es die Angst, die meinen ganzen Körper durchströmte? Ich nahm verstörende Geräusche und Schreie wahr, die immer lauter wurden, während wir den Korridor entlangliefen. Waren das etwa alles unschuldige Menschen, die sie hier festhielten, so wie Soraya und ich? Oder waren es Kriminelle, Mörder, und sie steckten mich zu ihnen, lieferten mich aus? Ich fühlte mich wie eine Schwerverbrecherin. In Gedanken sah ich das verzweifelte Gesicht meiner Mutter, wenn sie erfahren würde, wo ich war. Und Soraya? Was war ihr nur zugestoßen? Warum hatte man sie von mir weggebracht? Wo war sie jetzt? Wie hart würde sie für ihre Flyer bestraft werden?

Ich begann zu zittern. Die Griffe der uniformierten Männer, die mich durch den schmalen Gang führten, wurden fester. Schauer liefen mir über den Rücken. Und dann kamen wir vor der Gefängniszelle an. Ich wandte mich hilfesuchend an einen der Wärter:

»Können Sie nicht meine Mutter anrufen? Ganz bestimmt habe ich nichts Böses vorgehabt! Es wird sich alles aufklären!«

Er befahl mir barsch, meinen Mund zu halten, zog klirrend einen Schlüsselbund aus seiner Uniformtasche, entriegelte erst die Tür und schloss sie dann auf. Ich blickte in einen kleinen Raum und sah unzählige Mädchen und Frauen dicht an dicht gedrängt. Der Wärter stieß mich in die Zelle. Die Tür fiel ins Schloss und wurde von außen wieder verriegelt.

Der Raum hatte keine Fenster, und in der Dunkelheit konnte ich zunächst nichts erkennen. Ich fühlte mich wie in einem großen schwarzen Grab. Sollte mein junges Leben so enden? Nur ein kleiner Lichtstrahl bahnte sich von irgendwoher den Weg durch die Dunkelheit. Es war heiß und stickig und es roch nach Schweiß, der sich mit einem beißenden anderen Geruch vermischte. So eng war es in der Zelle, dass ich die Körper der anderen an meinem spüren konnte. Die meisten saßen dicht gedrängt auf dem Boden. Weiter hinten konnte ich wenige Betten erkennen, die gerade einmal für eine Handvoll Menschen reichten. Eine Frau neben mir redete mit sich selbst. Eine andere weiter hinten schrie fürchterlich. Ich weiß nicht, ob aus Verzweiflung oder vor Schmerz. Ich ließ mich auf den Boden gleiten und verbrachte die erste Nacht schlaflos zusammengekauert.

Eine ganze Woche musste ich in der Zelle zusammen mit all den fremden Menschen verbringen. Wieder und wieder holte man mich zu endlosen Verhören, wo man versuchte, mir ein Geständnis darüber abzuringen, dass ich in die Sache mit den Flyern verwickelt war, die Soraya in ihrer Tasche hatte. Dabei wendeten sie die entsetzlichsten Foltermethoden an.

Niemals werde ich diese eine vergessen: Ich wurde in einen kahlen Raum geführt mit nur einem Stuhl, an den ich gefesselt wurde. Mein Blick fiel auf das unscheinbare Regal an der Wand. Zugeschnürte Plastikbeutel lagen darin. Irgendetwas Dunkles bewegte sich sehr schnell darin. Bei genauerem Hinsehen konnte ich viele kleine schwarze Insekten erkennen. Ekel stieg in mir auf. Zwei vermummte Frauen kamen mit vier Beuteln auf mich zu. Jetzt wurde mir klar, sie waren voller riesiger Kakerlaken! Die Frauen packten mich an Armen und Beinen, öffneten die Beutel, zwängten meine Hände und Füße hinein und schnürten sie mit Klebeband fest zu. Das Kribbeln zog sich von meinen Finger- und Zehenspitzen durch den ganzen Körper und ließ das Blut in meinen Adern gefrieren. Es fühlte sich an, als wären die Tiere überall. Ich schüttelte mich, musste würgen. Irgendwann, nach einer halben Ewigkeit, ließen sie von mir ab.

Am letzten Tag meiner Gefangenschaft verkündeten sie dann die Strafe für mein Fehlverhalten: siebzig Peitschenhiebe. Man brachte mich in einen Raum im Keller des Gefängnisses. Ich musste noch einige Zeit vor dem Verlies warten, bis ich an der Reihe war. Markerschütternde Schreie drangen heraus, Weinen und Flehen und dann nur noch laute, dumpfe Schläge. Grauen packte mich. Ich weiß nicht, wie lange ich vor dem Raum saß und wartete. Dann ging die Tür auf. Zwei Wärter schleiften einen Körper heraus, leblos und voller offener Wunden. Ich schloss die Augen, versuchte das Gesehene mit aller Gewalt aus meinem Kopf zu bekommen und presste meinen Rücken an die Wand, als könnte ich darin verschwinden. Aber es gab kein Entkommen.

Zwei verschleierte Frauen griffen nach meinen Armen und zerrten mich in den Folterraum. Am Boden sah ich frische Blutflecken. Ich dachte: »Das werde ich nicht überleben! Sie bringen mich um.« In der Mitte lag ein Stück Pappe, ebenfalls voller Blut. Ich wurde aufgefordert, mich darauf zu legen. Mit einem Kabel in der Hand kam eine der Frauen langsam auf mich zu und rollte es aus. Ich wehrte mich nicht mehr, sondern wusste, ich war diesen Ungeheuern hilflos ausgeliefert. Die Zeile des Lieds *Taghatam Deh*, das mein Vater immer gehört hatte, waberte durch meinen Kopf: »Gott der Armseligen, gib mir Geduld, gib mir Geduld!« Der erste Peitschenhieb ging auf mich nieder. Ich biss mir auf die Zunge und versuchte den Schmerz hinunterzuschlucken. Ein zweiter Hieb. Ich schrie. Mit voller Wucht ein dritter. »Gott der Armseligen, gib mir Geduld, gib mir Geduld!« Und weiter und weiter. Sie schlugen mir die Haut vom Leib. Ich krümmte mich vor Schmerzen. Als es endlich vorbei war, öffneten sie die Tür, und ich schleppte mich hinaus.

In einem kleinen Büro im Ausgangsbereich des Gefängnisses saß meine Mutter und wartete auf mich. Ich traute meinen Augen kaum, als ich sie erblickte. Hatte ich doch in der ganzen vergangenen Woche nicht mehr daran geglaubt, dass mein Martyrium je ein Ende finden würde. Ich ließ mich in ihre Arme sinken und konnte nicht aufhören zu weinen. Unterdessen machte ein Strafvollzugsbeamter meine Papiere fertig und verlangte von meiner Mutter und von einem Mann, den ich nicht kannte, sie zu unterschreiben. Es handelte sich um eine Bürgschaft darüber, dass ich von nun an meinen *Hijab* immer ordnungsgemäß tragen und mir niemals wieder etwas zuschulden kommen lassen würde. Der Beamte betonte außerdem, man würde mich beim kleinsten Verstoß gegen die Grundsätze des islamischen Regimes wieder inhaftieren. Meine Mutter und der Unbekannte mussten außerdem zahlreiche Belehrungen, einschüchternde Drohungen und rabiate Beschimpfungen wegen meines Verhaltens über sich ergehen lassen. Meiner Mutter stand das Entsetzen ins Gesicht geschrieben. Erst auf dem Heimweg erfuhr ich, wer der Begleiter war. Es handelte sich um einen Freund meines Vaters. Er hatte sich unermüdlich dafür eingesetzt, meine Unschuld zu beweisen. Wäre er nicht gewesen, nur Gott weiß, wie es ausgegangen wäre. Ich betete für Soraya und für ein Wunder, das sie aus der Gefangenschaft erlösen würde. Meine Mutter und der Freund meines Vaters konnten nichts für sie tun.

In den nächsten Wochen versuchte ich alles zu verdrängen und mich in eine Normalität zu flüchten, die es jedoch seit Beginn des Ersten Golfkriegs nicht mehr gab. Am 22. September 1980 hatte der irakische Diktator Saddam Hussein fünf iranische Städte und Flughäfen, darunter Teheran, bombardieren lassen. 100 000 irakische Soldaten mit 1500 Panzern hatten zur gleichen Zeit die Grenze zum Iran überquert und waren in die Provinz Chuzestan eingefallen. Was als Blitzkrieg geplant war, endete in einem acht Jahre andauernden Gemetzel, das auf beiden Seiten über 1 Million Menschen das Leben kostete. Die Bombeneinschläge in

Teheran waren überall zu hören. Ganz in der Nähe unseres Hauses lag eine Militärbasis, die permanent bombardiert wurde. Wir hatten alle Fenster- und Türrahmen mit Klebeband fixiert, damit das Glas von den Druckwellen nicht zersplitterte. Wenn die Sirenen losgingen, eilten wir die Stufen zu unserem Keller hinab. Er war mit Regalen vollgestellt, feucht und voller Spinnen. Bei ohrenbetäubendem Lärm saßen wir dann dicht aneinandergekauert. Meine Schwester Azita fing immer an, fürchterlich zu zittern, verkrampfte sich und fiel vor Angst in Ohnmacht. Jeden Abend war das so. Jeden Abend. Wie konnten wir das nur ertragen?

Der Keller, in dem wir die Nächte verbrachten, bot keinen richtigen Schutz, es war kein Bunker. Sollte eine Bombe hier einschlagen, würden wir alle unter den Trümmern begraben werden. Das Dröhnen in meinen Ohren hörte nicht auf, und die Tränen wollten nicht versiegen. Flehend sah ich meine Mutter an:

»Bitte, Mama, wenn ich einschlafe, wecke mich nicht mehr auf! Dieses Leben ist nicht mehr lebenswert.«

Der Tod war immer nur einen Augenblick entfernt. Ich weiß nicht, wie viele Freunde und Verwandte wir schon verloren hatten. Zu viele. Und es wurde schlimmer und schlimmer. Die Islamische Republik fand immer abscheulichere Mittel, den Krieg für sich zu entscheiden. Seit sich der zwölfjährige Mohammad Hossein Fahmideh am 10. November 1980 nahe der Stadt Chorramschahr mit einem Handgranatengurt unter einen irakischen Panzer geworfen hatte, verherrlichte die islamisch-iranische Regierung den Märtyrertod, und sie begannen, auf unterschiedlichste Weise Kindersoldaten einzusetzen. Ein iranisches Gesetz erlaubte es, Kinder ab zwölf Jahren in den Krieg einzuziehen, auch gegen den Willen der Eltern. Eines Tages erfuhr ich, dass sie auch Omid, den Hausmeistersohn, mitgenommen hatten. Ich war am Boden zerstört, weinte tagelang bitterlich. Mein Omid, mein lieber Schulfreund

Omid, der immer so hilfsbereit und fleißig war! Das würden seine Eltern nicht verkraften. Scharenweise haben sie Kinder in den Krieg geschickt. Sie schickten Jungen mit ihren kleinen Füßen über kilometerlange Minenfelder an der Iran-Irak-Grenze, um den iranischen Soldaten den Weg freizuräumen. Man brachte sie in Bussen zur Grenze, wo sie mit kleinen Plastikschlüsseln um den Hals ausstiegen. Die Schlüssel sollten den Jungen das Paradies aufschließen, wenn eine Mine unter ihren kleinen Füßchen explodierte. Ich konnte und wollte mir einfach nicht vorstellen, wie Omid über die Minenfelder lief. Und wofür? Für dieses grausame Regime, das kein Erbarmen kannte. Mein schönes Teheran, farbenfroh und voller Leben, gab es nicht mehr. Nur noch Tod und Zerfall. Es war, als wäre ich in einer anderen Welt aufgewacht.

Im Januar 1983 besuchten wir Sorayas Mutter. Sie empfing uns tränenüberströmt. Aus einem Schränkchen holte sie mit zitternden Händen eine kleine Schachtel mit Süßigkeiten. Erschüttert verstand ich: Ein solches »Geschenk« brachte die Revolutionsgarde jenen Eltern vorbei, mit deren Tochter während der Gefangenschaft eine Zwangsehe geschlossen wurde. Auf diese Weise konnten die Gefängniswärter Mädchen, die noch Jungfrauen waren, legal vergewaltigen. Damit waren sie bei ihrer Hinrichtung nicht mehr unschuldig und kamen nicht ins Paradies. Es dauerte, bis ich begriff, was geschehen war.

Zurück zu Hause lief ich besinnungslos ins Bad, griff nach einer Rasierklinge und schnitt mir die Pulsadern auf. Meine Mutter stürzte mir nach, fand mich auf dem Boden, verband meine Handgelenke mit Tüchern, nahm mich in ihre Arme und wiegte mich hin und her.

»Yasamin, meine liebe Tochter, das kannst du nicht machen! Was fällt dir nur ein, meine Kleine! Wenn du dich umbringst, tötest du mich auch!«

Fest umschloss sie mich mit ihrem warmen Körper. Ich weinte und weinte und fasste dann einen Entschluss.

»Mama, wenn du mich nicht sterben lässt, dann muss ich gehen. Ich muss hier weg. Raus aus diesem Land. Raus aus diesem Gefängnis. Bitte, bitte, lass mich gehen!«

Aus tiefstem Herzen flehte ich sie an, bis sie mir ihren Segen gab.

Rechtliche Auseinandersetzung mit der Fallgeschichte

STRAFMÜNDIGKEIT

Kein anderes Land als die Islamische Republik Iran vollstreckt so viele Todesurteile gegen Frauen. Für die harte Bestrafung der beiden Mädchen Yasamin und Soraya ist das Revolutionsgericht verantwortlich. Diese gerichtliche Sonderform ist 1979 nach dem Sturz des Schahs von der Islamischen Republik ins Leben gerufen worden und dient bis zum heutigen Tage der Verurteilung von Straftaten, was der jüngste medienwirksame Fall von Jina Mahsa Amini stellvertretend für Tausende ähnliche »Verstöße« unter Beweis stellt. Hierbei handelt es sich um Taten, die sich gegen die Grundsätze der Islamischen Republik richten. Dazu zählen auch das nicht korrekte Tragen des *Hijab* und der Besitz von Flyern, die eine demokratische Rechtsform anstelle einer Theokratie fordern.

Per Gesetz müssen alle Frauen im Iran ab einem Alter von neun Jahren die islamischen Bekleidungsvorschriften in der Öffentlichkeit befolgen. Bei einem Verstoß gegen dieses Gesetz sieht Artikel 638 des iranischen Strafgesetzbuchs Geldstrafen sowie Haftstrafen vor. Diese Strafen können willkürlich festgesetzt werden. Darüber hinaus ist es möglich, das nicht korrekte Tragen des

Hijab und den Besitz von Flyern als *Ta'zir*-Vergehen zu werten. Mit einer *Ta'zir*-Strafe werden Handlungen bestraft, die im Islam als frevelhaft gelten und die öffentliche Ordnung bedrohen. Die Form der Bestrafung liegt dabei im Ermessen des Staates. Die Gerichtsprozesse finden im Gefängnis statt und dauern in der Regel weniger als zehn Minuten. Rechtsbeistand gibt es für die Angeklagten nicht. In den Urteilen ist dann so etwas zu lesen wie »Verdorbenheit auf Erden« oder »*Muharaba*«, d.h. »Krieg gegen Gott«. Der damit vorliegende Tatbestand ist die Auflehnung gegen das Mullah-Regime als »todeswürdige Blasphemie«. In der Konsequenz handelt es sich bei den Angeklagten nicht mehr um politische Gefangene, sondern um Straftäter, was die Rechtshandhabe des islamischen Regimes rechtfertigt.

Nach der UN-Kinderrechtskonvention hätten die beiden Mädchen Yasamin und Soraya – damals wie heute – nur wegen des Verdachts des Flyerverteilens, also des Äußerns einer politischen und religiösen Meinung, nach internationalem Recht überhaupt nicht festgehalten werden dürfen.[8] Auch das Tragen oder Nichttragen eines *Hijab* muss der Meinungsäußerung zugeordnet werden und darf nicht ein Grund für eine Festnahme sein. So heißt es im Artikel 14 Absatz 1 der UN-Kinderrechtskonvention: »Die Vertragsstaaten achten das Recht des Kindes auf Gedanken-, Gewissens- und Religionsfreiheit.«

Die Strafmündigkeit ist im Iran abhängig von der Geschlechtsreife. Während Jungen mit fünfzehn Jahren als geschlechtsreif gelten und damit strafmündig sind, wird bei Mädchen die Geschlechtsreife und volle Strafmündigkeit sogar schon mit neun Jahren angenommen. Dies ist im iranischen Strafgesetzbuch in

---

8 *Vgl. Deutsches Komitee für UNICEF e.V., Art. 12 Abs. 1, Art. 13 Abs. 1 und 2, Art. 14 Abs. 1 und 3, Art. 15 Abs. 2, Art. 16 Abs. 1, Art. 29 Abs. 1a–1d der UN-Kinderrechtskonvention.*

Artikel 147 festgeschrieben. Beide Mädchen, Yasamin und Soraya, sind zur Zeit ihrer Inhaftierung mit ihren fünfzehn Jahren nach der islamischen Rechtsprechung voll strafmündig. Der Iran ist weltweit das einzige Land, in dem der Unterschied des Strafmündigkeitsalters bei Mädchen und Jungen so groß ist.

Vor der Islamischen Revolution 1979 war die Volljährigkeit und damit volle Strafmündigkeit für beide Geschlechter mit achtzehn Jahren erreicht. Dies entspricht auch der späteren Definition der UN-Kinderrechtskonvention aus dem Jahr 1989. Die Islamische Republik Iran unterzeichnete diese Konvention 1991 und muss sie seit 1994 anwenden. Jedoch hat sich die Islamische Republik eine Hintertür offengelassen, um auch weiterhin Mädchen mit neun Jahren und Jungen mit fünfzehn Jahren als volljährig und voll strafmündig zu erklären. So gibt es in der UN-Kinderrechtskonvention einen schriftlichen Zusatz, in dem es heißt: »Die Regierung der Islamischen Republik Iran behält sich das Recht vor, Bestimmungen oder Artikel der Konvention nicht anzuwenden, die mit den islamischen Gesetzen und der geltenden internationalen Gesetzgebung unvereinbar sind.«[9] Diese Zusatzvereinbarung erschwert es nicht nur, den Iran bei völkerrechtlichen Verstößen zu sanktionieren, sondern spricht den Mitgliedsstaat gänzlich davon frei, sich an die UN-Kinderrechtskonvention zu halten, erklärt also den Vertrag an sich für nichtig. Völkerrechtliche Vereinbarungen sind aber für alle unterzeichnenden Mitgliedsstaaten gleichermaßen rechtlich bindend, ganz egal, ob es sich bei dem Mitgliedsstaat um eine Demokratie oder eine Theokratie, wie die Islamische Republik Iran, handelt.

Bis heute herrschen in der Islamischen Republik im Rahmen der Scharia legitimierte, strengste Bestrafungsmaßnahmen – nicht

---

9 *Vgl. UN, https://treaties.un.org/Pages/ViewDetails.aspx?src=TREATY&mtdsg_no=IV-11&chapter=4&clang=_en#EndDec, Stand: 19.11.2022.*

nur für Frauen, sondern explizit auch für Kinder. Die weltweit größte Bewegung, die sich für Menschenrechte einsetzt – Amnesty International –, hat im März 2023 einen Bericht über die Massendemonstrationen im Iran veröffentlicht[10], in dem das Augenmerk besonders auf den vielen, sehr jungen Demonstranten liegt. Laut dem Bericht werden im Iran im Zuge der großen revolutionären Bewegung – *Frau, Leben, Freiheit* – auch massenhaft Kinder unter zwölf Jahren, die an den Demonstrationen teilnehmen, von iranischen Sicherheitskräften verhaftet, grausam gefoltert, mit Elektroschocks an Genitalien misshandelt, bedroht und vergewaltigt. Weiterhin heißt es: »Zahlreiche Kinder wurden unter grausamen und unmenschlichen Haftbedingungen festgehalten. Darunter fallen extreme Überbelegung, unzureichender Zugang zu Toiletten und Waschgelegenheiten, Mangel an ausreichender Nahrung und Trinkwasser, extreme Kälte und längere Einzelhaft. Mädchen wurden ausschließlich von männlichen Sicherheitskräften festgehalten, die keine Rücksicht auf ihre geschlechtsspezifischen Bedürfnisse nahmen. Kindern wurde eine angemessene medizinische Versorgung verweigert, auch für Verletzungen, die sie unter der Folter erlitten hatten.«

---

10 *»Sicherheitskräfte foltern inhaftierte Kinder« – veröffentlicht am 16.03.2023, URL: www.amnesty.ch/de/laender/naher-osten-nordafrika/iran/dok/2023/sicherheitskraefte-foltern-inhaftierte-kinder, Stand: 03.06.2023.*

EHERECHT

NASRIN

Mein Name ist Nasrin. Ich bin 1973 in einer Geburtsklinik im Süden von Teheran geboren. Meine Geburt ist mit einer für mich sehr schönen Geschichte verbunden. Meine Mutter hat mich im gleichen Krankenhaus entbunden, in dem auch Schahbanu Farah Pahlavi, die ehemalige Kaiserin von Iran, den Kronprinzen Reza Pahlavi gebar. Dieses Krankenhaus gehörte zu den vielen medizinischen Einrichtungen, die die Kaiserin mit ihrer wohltätigen Farah-Pahlavi-Stiftung finanziell unterstützte. Damit ermöglichte sie nicht nur unserer, sondern Tausenden anderen, nicht wohlhabenden Familien einen kostenlosen Zugang zu angemessener medizinischer Versorgung mit modernen Geräten und qualifiziertem Personal – von der Entbindung bis zum Jugendalter. Mehr noch. Sie rettete Leben. Denn es war üblich, dass Frauen aus ärmlichen Verhältnissen ihre Kinder zu Hause zur Welt brachten, weil sie schlichtweg kein Geld für ein Krankenhaus hatten. Dieser Umstand brachte viele Komplikationen mit sich – von gefährlichen Infektionen bei Mutter und Kind bis hin zu Totgeburten oder Kindsbetttod der Babys. Dank Schahbanu Farah Pahlavis unermüdlichem Engagement für die medizinische Entwicklung des Landes konnte auch meine Mutter mit mir eine gut umsorgte Geburt erleben.

Mit meiner Familie wohnte ich in einem bescheidenen Haus in einer Nebenstraße der Piroozi-Straße im 14. Bezirk Teherans. Neben drei Schwestern bin ich das älteste Kind in meiner Familie. Mein Vater arbeitete als Dienstfahrer im Pasteur Institute of Iran, und meine Mutter kümmerte sich um den Haushalt. Ich half ihr, wo ich konnte, und betreute – besonders in den Ferien – meine jüngeren Schwestern. Im Iran gibt es im Jahr nur zweimal Schulferien, drei Monate im Sommer und zwei Wochen zur Neujahrszeit. Für uns Kinder waren die Neujahrsferien zu *Nouruz* die schönsten. Wir bekamen neue Kleidung, viele Süßigkeiten, und das Beste – bei jedem Besuch gab es *Eidi*, Geldgeschenke.

Nouruz, das persische Neujahrsfest, beginnt mit dem Eintritt der Sonne in das Tierkreiszeichen des Widders. Der Feiertag fällt entweder auf den 20. oder 21. März. Schon seit mehr als 3000 Jahren wird das weltliche Fest unabhängig vom islamischen Mondkalender gefeiert. Am 13. Tag des Monats Farvardin, etwa Anfang April, endet *Nouruz* mit dem Frühlingsfest *Sizdah Bedar. Sizdah Bedar* gilt als heiliger Tag, der voller guter Omen ist. Die Iranerinnen und Iraner verlassen dann ihre Häuser, kommen im Freien zum Picknick zusammen und zelebrieren in Verbindung mit der Natur den Frühlingsbeginn und das Leben.

In diesem Jahr, wie auch in allen anderen Jahren zuvor, duftete es im ganzen Haus nach den Köstlichkeiten, die meine Mutter in der Küche zubereitete. Schon am Vortag hatte sie den Nudelteig für *Ash-e-Reshteh* vorbereitet und kühl gestellt. *Ash-e-Reshteh* ist ein traditioneller, iranischer Gemüseeintopf mit Nudeln, Linsen, Kichererbsen, weißen Bohnen, frischen Kräutern und Kurkuma. Am Ende wird der Eintopf mit einer säuerlichen Joghurtmasse, *Kashk*, und goldbraun gerösteten Zwiebeln verfeinert. Aufgeregt tänzelten meine jüngeren Schwestern um meine Mutter herum und bettelten, ihr bei den Vorbereitungen helfen zu dürfen. Lächelnd sagte sie:

»Ihr könnt den Teig in feine, lange Streifen schneiden, damit wir schöne Nudeln für unseren *Ash-e-Reshteh* bekommen.«

Meine Mutter breitete ein großes Tuch auf dem Boden aus, legte Holzbrettchen darauf aus und rollte mit einem Nudelholz den Teig großflächig und gleichmäßig aus. Sofort setzten wir quirligen Mädchen uns auf den Boden und machten uns an die Arbeit. Mich bat meine Mutter:

»Nasrin, du kannst dich daran machen, Koriander, Petersilie, Schnittlauch und Spinat für den Eintopf klein zu hacken.«

Außerdem sollte es zu *Sizdah Bedar* einen frischen Snack, *Kahu Sekanjebin*, geben, der aus Romana-Salatblättern und einem süßen Sirup bestand. Da wir keinen Sirup mehr im Haus hatten, stellte meine Mutter neuen her. Dabei ging es in unserer Küche munter und fröhlich zu. Wir freuten uns, unsere Verwandten an *Sizdah Bedar* wiederzusehen. Meine Schwestern scherzten über Tante Ziba. Sie aß immer so viel *Kahu Sekanjebin*, dass wir jedes Mal Angst hatten, sie würde gleich platzen. Und über unseren Onkel Ebrahim, der nach dem Essen sofort auf sein Kissen sank, einschlief und laut schnarchte wie ein Bär. Wir überlegten uns, welche Spiele wir zum Picknick mitnehmen wollten. Den Volleyball durften wir auf keinen Fall vergessen. Es war mein Lieblingssport, und auch meine Cousinen und Cousins liebten unsere gemeinsamen Ballspiele im Park.

Am Morgen von *Sizdah Bedar* verstaute meine Mutter die zubereiteten Speisen für den Transport. Sie packte noch einige Süßigkeiten und Nüsse dazu, die von *Nouruz* übrig geblieben waren. Dann machten wir uns auf den Weg zum Taleghani-Park. Der Park war voller Menschen, und meine Tanten und Onkel, Cousinen, Cousins und meine Großeltern erwarteten uns bereits. Nach der herzlichen Begrüßung reichte meine Tante Ziba jedem ein Glas wohlduftenden schwarzen Tee mit Kardamom, Zimt und Rosenblüten. Meine Cousinen und Cousins vertrieben sich die Zeit, indem sie auf der Wiese Grashalme zusammenknoteten. Dabei stand jeder Knoten für einen Wunsch. Eine schöne Tradition. Bahram, mein ältester Cousin väterlicherseits, wünschte sich, noch in diesem Jahr seine Traumfrau zu finden und mit ihr ein glückliches Leben zu führen. Meine Cousinen dagegen konnten gar nicht so schnell Grashalme knoten, wie ihnen Wünsche in den Sinn kamen. In der Frühlingssonne und unter den blühenden Bäumen saßen wir einige Stunden, unterhielten uns angeregt und spielten Spiele zusammen, ganz besonders Schach, Backgammon und Mensch ärgere Dich nicht. Abends im Bett dachte ich noch lange an das wunderschöne Picknick und freute mich, meine Schulfreundinnen am nächsten Tag wiederzusehen.

Nach den *Nouruz*-Ferien machte ich mich zusammen mit meiner besten Freundin Aresu auf den Weg zur Schule. Sie wohnte in der gleichen Straße wie ich, hatte ein unbeschwertes, sonniges Gemüt und brachte mich immer zum Lachen. Wir waren beide sehr gute Schülerinnen, saßen in der Schule ganz vorn nebeneinander, verbrachten die Pausen gemeinsam und spielten zusammen im Volleyballteam unserer Schule. Im Training arbeiteten Aresu und ich hart daran, unsere Technik und Ausdauer zu verbessern. Wir wollten unbedingt beim nächsten Turnier den Sieg erspielen.

Jedes Jahr gab es in Teheran ein großes Volleyballturnier, bei dem die Mannschaften aller Schulen der Stadt gegeneinander antraten. Es war ein schönes Ereignis, und alle fieberten darauf hin. Als es endlich so weit war, fuhren wir zum Sportzentrum in die Sohrevardi-Straße. Davor tummelten sich schon die Mädchen aus Teams der anderen Schulen. Freudig gesellte sich unsere Mannschaft zu ihnen. Viele kannten sich bereits aus den vergangenen Turnierjahren, und es gab große Wiedersehensfreude. Gleich im ersten Spiel trafen wir auf einen der Favoriten, die Mannschaft der Hafte-Tir-Schule. In unserem Team brach Nervosität aus, aber Aresu wusste alle mit ihrer unbekümmerten und optimistischen Art anzustecken. Wir zogen unsere Sportsachen an, schöne, rot-weiß gestreifte Mannschaftskleidung, die vorschriftsmäßig unsere Arme und Beine vollständig verdeckte, und noch einen *Hijab* dazu. Am Spielfeldrand standen wir Mädchen im Kreis und stimmten uns mit unserer Parole auf das Spiel ein: »*Team e ma darage yek-e, hala hame ra bezan!*«, das heißt so viel wie: »Erstklassig ist unser Team! Schlagt sie alle!« Mir gelangen einige gute Aufschläge, und das gegnerische Team kam ganz schön ins Schwitzen. Zwar platzierte die gegnerische Mannschaft kraftvolle Schmetterbälle auf unserem Spielfeld, aber unser Team stand dem in nichts nach, und wir gewannen schließlich das Spiel. In den nächsten Wochen gewannen wir noch drei weitere Spiele gegen andere Schulteams, aber gegen die Mannschaft der Mehr-Schule verloren wir und dann noch ein weiteres Spiel gegen ein Außenseiterteam. Dennoch waren wir glücklich: Wir hatten den Favoriten, das Hafte-Tir-Team, geschlagen.

Zurück vom Turnier wartete meine Mutter schon neugierig: »Nasrin, hat dein Volleyballteam gewonnen?«

Ich legte meinen *Hijab* ab, setzte mich zu ihr und berichtete ausführlich vom Spielverlauf. Sie lauschte gebannt, fragte hin und wieder nach und gratulierte mir zu meinem guten Spiel und Talent im Volleyball.

»Mutter, wenn ich die Schule beendet habe, möchte ich unbedingt Sportlehrerin werden!«

Sie lächelte mich nachsichtig an. Wahrscheinlich konnte sie sich nicht vorstellen, wie ich es schaffen wollte, einmal an der Schule als Lehrerin zu arbeiten. Als junges Mädchen hatte sie meinen Vater geheiratet und war fortan Hausfrau. Es war ihre Aufgabe, meinem Vater Kinder zu gebären und für das Wohl der Familie zu sorgen. In allen Dingen musste sie meinem Vater Gehorsam leisten, denn im Iran steht die Frau unter der Vormundschaft des Mannes. Der Mann als Familienoberhaupt entscheidet sogar über die Ausstellung eines Passes für seine Frau und kann diesen jederzeit einziehen. Nach der Scharia ist die Ehe außerdem im Kern ein sexueller Vertrag, durch den sich der Mann das Recht auf die ständige sexuelle Verfügbarkeit seiner Frau verschafft. Im Persischen wird dies als *Tamkin* bezeichnet.

All das lag für mich in weiter Ferne. Obwohl ich schon dreizehn und nach islamisch-iranischer Gesetzgebung durchaus im heiratsfähigen Alter war, gab es für mich nur die Schule und mein Volleyballteam. Meine Mutter riss mich aus meinen Gedanken:

»Das sind schöne Träume, die du hast, Nasrin. Aber du weißt, du bist unsere älteste Tochter. Dein Vater hat keinen Sohn, und all unsere Hoffnung liegt nun auf dir. Es wäre für ihn das schönste Geschenk, wenn du deinen Cousin, Bahram, heiratest.«

Ich starrte sie ungläubig an: »Bahram?«

Die Augen meiner Mutter leuchteten: »Ja! Er hat sich zu Sizdah Bedar so sehr gewünscht, in diesem Jahr zu heiraten. Und stell dir vor, jetzt hat sein Vater bei Papa um deine Hand für Bahram angehalten!«

Nein! Warum ich? Im letzten Jahr hatte ich gerade einmal

meine Periode bekommen, war noch nicht ganz eine Frau, meine Brüste waren erst im Ansatz zu erkennen. Wie sollte ich denn jetzt schon heiraten? Natürlich wusste ich, dass Mädchen im Iran bereits mit neun Jahren verheiratet werden konnten. Aber ich dachte immer, dass dies nur auf dem Land passierte. Hier in der Stadt gab es doch mehr Möglichkeiten als nur die Ehe. Ich dachte, ich hätte mit dem Heiraten noch Zeit. Wenigstens bis zum Schulabschluss. Ich blieb stumm, und meine Mutter fuhr fort:

»Bahram ist so ein guter und erfolgreicher Mann! Er ist der Lieblingsneffe deines Vaters und schon jetzt wie ein Sohn für ihn. Außerdem steht die Ehe zwischen Cousin und Cousine väterlicherseits im Himmel geschrieben. Das ist eine große Ehre für unsere Familie, liebe Nasrin, dass Bahram dich ausgewählt hat.«

Es verschlug mir die Sprache. Bahram war bereits dreißig, groß, breit und mit kantigem Gesicht. Seine Augen waren schwarz wie die Nacht, und es lag etwas Dunkles, Feindseliges in ihnen. Sein Blick ließ mich jedes Mal erschauern. Bei dem Gedanken daran, meinen Cousin zu heiraten, zog sich alles in mir zusammen. Mein Körper versteifte sich, ich ballte die Fäuste, presste die Arme fest an mich und entgegnete meiner Mutter:

»Ich werde Bahram mit Sicherheit nicht heiraten! Er ist mein Cousin, und ich habe Gefühle für ihn wie für einen Bruder! Wie kann er mein Mann werden, wenn ich ihn nicht liebe, wie er es verdient?«

Sie sah mich aufmunternd an: »Nasrin, jede Frau kann lieben lernen, auch du! Und was könnte dir Besseres passieren, als einen Mann zu heiraten, von dem dein Vater weiß, dass er gut für dich sorgen wird?«

Was sollte ich dazu nur sagen? Wie konnte ich argumentieren, damit meine Mutter verstand, dass ich nicht bereit dafür war?

Meinen Schulabschluss konnte ich vergessen, wenn ich jetzt heiratete. Mit Nachdruck redete ich auf sie ein:

»Mutter, bitte, sprich noch einmal mit Papa! Ich bin noch nicht bereit für eine Hochzeit. Ich muss doch erst die Schule beenden! Was ist, wenn ich Bahrams Frau bin und er mich irgendwann nicht mehr liebt, sich scheiden lässt? Dann habe ich nichts! Ein Schulabschluss ist das Wichtigste für mich! Ich brauche ihn, um Sportlehrerin zu werden!«

Meine Mutter nickte beschwichtigend: »Schon gut, mein Kind, wenn dir so viel daran liegt, dass ich noch einmal mit deinem Vater spreche, dann kann ich es versuchen. Aber mach dir keine allzu großen Hoffnungen.«

Abends im Bett, in die Dunkelheit gehüllt, kamen mir die Tränen. Sie rollten stumm und heiß an meinen Wangen hinunter. Bahram sollte mein Bräutigam sein? Ich zog die Decke über den Kopf, versuchte mit aller Macht nicht nachzudenken, nicht zu fühlen. Donja, meine kleine Schwester, kroch zu mir unter die Decke, kuschelte sich an mich und tröstete mich:

»Nicht weinen, Nasrin, alles wird gut!«

Ihre kleinen Hände strichen sanft über mein Gesicht und versuchten, die Tränen zu trocknen.

Am nächsten Morgen auf dem Schulweg ließ Aresu nicht von mir ab. Sie wusste, irgendetwas stimmte nicht. Auch ihre Aufmunterungsversuche und Glückwünsche zu meiner tollen Leistung beim letzten Volleyballturnier konnten daran nichts ändern. Ihre Worte erreichten mich nicht. Ihre fröhliche Art, die mich sonst immer mitriss, machte mich heute traurig. Bald würde ich nicht mehr mit meiner Freundin zusammen zur Schule gehen, geschweige denn im Volleyballteam spielen. Wenn meine Mutter es nicht schaffte, meinen Vater umzustimmen, wäre mein Leben vorbei.

Meine Mutter sprach die ganze Woche lang kaum ein Wort mit mir und ging mir aus dem Weg. Bis ich beschloss, nachzufragen. Sie schüttelte den Kopf:

»Nasrin, dein Vater war sehr erbost darüber, dass du dich nicht auf die Hochzeit mit Bahram freust. Es ist besser, du versuchst dich mit dem Gedanken anzufreunden und dein Herz für Bahram zu öffnen.«

Sie sagte es mit solcher Strenge, dass ich mich nicht traute, irgendetwas zu entgegnen. Nächtelang lag ich wach, starrte an die Zimmerdecke und suchte nach einer Lösung, mein Schicksal zu umgehen. Und plötzlich, wie ein Lichtstrahl in der Dunkelheit, schoss mir eine Idee in den Kopf. Natürlich! Ich würde es bei meiner Oma mütterlicherseits versuchen. Ihre Meinung wurde in unserer Familie immer sehr geachtet. Sie war stets direkt und hatte sich dank ihres standhaften Charakters im Laufe der Jahre Respekt – auch seitens meines Vaters – verschafft. Ich war mir sicher, wenn es mir gelänge, sie zu überzeugen, dann würde sie mir mit Sicherheit beistehen. Am nächsten Tag suchte ich sie nach der Schule auf. Sie empfing mich voller Freude – auch über die anstehende Hochzeit mit Bahram. Meine Mutter hatte ihr also bereits davon erzählt. Ich wusste, es würde schwierig, sie auf meine Seite zu ziehen. Dennoch unternahm ich den Versuch:

»Oma, ich bin verzweifelt! Ich weiß, Papa wünscht sich sehr, dass ich Bahrams Frau werde. Bestimmt bist du auch glücklich darüber. Aber für mich ist es schrecklich! Ich liebe ihn nicht und ich kann mir nicht vorstellen, dass sich das jemals ändert! Ich bin doch erst dreizehn und noch keine richtige Frau! Was soll Bahram denn mit mir anfangen? Ich gehöre in die Schule! Ich brauche einen Schulabschluss! Niemals werde ich glücklich sein können, wenn mir mein innigster Wunsch, Sportlehrerin zu werden, verwehrt bleibt! Bitte, lass das nicht zu!«

Überrascht schaute sie mich an, schwieg eine Weile und redete dann vehement auf mich ein:

»Das geht doch nicht, Nasrin. Dein Vater und auch deine Mutter sind in Sorge, denn du wirst keinen besseren Mann als Bahram finden können. Je mehr Zeit verstreicht, desto größer wird ihre Sorge. Deine Eltern haben nur euch Töchter. Ihnen fehlt ein Sohn! Wer soll sich im Alter um sie und den Rest der Familie kümmern? Denkst du nicht, deine Eltern haben es verdient, in Würde und Sicherheit zu altern?«

Ihre Worte ließen keinen Widerspruch zu. Ausgerechnet meinen Vater nahm sie in Schutz und schien meine Verzweiflung nicht zu verstehen. Warum konnte sie sich nicht in meine Lage hineinversetzen? Sie griff zum Telefon:

»Ich rufe deinen Vater an, damit er dich abholt.«

Ich konnte sein lautes, aufgebrachtes Brüllen durchs Telefon deutlich hören, als er vom Grund meines Besuchs erfuhr.

Und dann war da noch eine andere Sache. Ich hörte deutlich heraus, dass mein Vater mal wieder nicht ganz nüchtern war. Die kleinsten Veränderungen seiner Stimme fielen mir sofort auf. Ich war zu sehr an die ständigen Aufs und Abs gewöhnt, die er in den letzten Jahren durchgemacht hat. Mein Vater war seit der Revolution 1979 den Drogen verfallen, und es gelang ihm mal mehr, mal weniger, seiner immer schlimmer werdenden Sucht standzuhalten. Damals verstand ich alle Zusammenhänge kaum, doch heute weiß ich seine Wutausbrüche einzuordnen. Direkt nach der Machtübernahme verloren viele Iranerinnen und Iraner aufgrund der vielen Firmenschließungen ihre Jobs. Die politischen und sozialen Veränderungen, die die Islamische Revolution mit sich brachte, rissen den Menschen den Boden unter den Füßen weg. So war es auch meinem Vater ergangen. Er hatte seinen Angestelltenjob als Dienstfahrer in einem ausländischen Unternehmen verloren und wurde drogenabhängig. Die Zahlen der Abhängigen stiegen im ganzen Land dramatisch an. Der Iran gehört bis heute zu den Ländern mit den meisten Drogentoten.

Papa starb nicht an den Folgen seiner Sucht. Doch innerhalb unserer Familie sorgte sein Zustand für immer gravierendere Probleme. Wegen des fehlenden Geldes blieben wir weiterhin im Haus seiner Eltern wohnen, und seine Familie kaufte ihm ein altes Taxi. So konnte er zumindest zeitweise etwas Geld verdienen. Doch die Lebensumstände und seine Depression trieben ihn immer mehr in die Sucht. Er arbeitete also nur dann, wenn er einigermaßen nüchtern war, und dies geschah im Laufe der Jahre immer seltener. Natürlich sprach damals niemand in unserer Familie offen darüber, doch alle litten auf ihre Art unter seinen schrecklichen Ausbrüchen und Gewaltattacken.

Auf dem Heimweg sprach er kein einziges Wort mit mir, und ich spürte seinen Zorn in jeder seiner Bewegungen. Angst überfiel mich. War ich zu weit gegangen?

Kaum hatten wir das Haus betreten, brach sich die Wut meines Vaters Bahn. Er schrie mich an, wie ich es wagen könnte, mich gegen seine Entscheidung zu stellen. Sein Lieblingsneffe sei die beste Wahl, und es könnte keinen besseren Ehemann für mich geben. Die angestrebte Ehe mit Bahram sei heilig, und ich hätte kein Recht, mich gegen den Willen Allahs aufzulehnen.

»Du wirst schon noch verstehen, wessen Wort Macht hat und dass du dich nicht dagegen auflehnen darfst!«

Wie aus dem Nichts schnellte mir seine geballte Faust entgegen und traf mich ins Gesicht. Dann noch ein Schlag und noch einer. Er war vollkommen außer Kontrolle, schlug immer weiter auf mich ein und hörte erst auf, als ich zu Boden stürzte. Mein schmerzendes Gesicht in den Händen verborgen und in Tränen aufgelöst, flehte ich ihn kaum hörbar an:

»Papa, es tut mir leid! Es tut so weh! Bitte schlag mich nicht! Bitte nicht!«

Meine Hoffnung schwand mit jedem neuen Tag. Meine Mutter sprach kaum noch mit mir, und mein Vater sah mich bei jeder unserer Begegnungen voller bedrohlicher Verachtung an. Wie konnte sich die Welt so plötzlich gegen mich wenden? Ich fühlte mich gefangen und suchte verzweifelt nach einem Ausweg. Einfach aufgeben und mein Schicksal kampflos hinnehmen? Das war keine Option.

Ich unternahm einen letzten Versuch und besuchte meinen Onkel mütterlicherseits. In der Vergangenheit hatte er mir immer viel Verständnis entgegengebracht. Nun hoffte ich auf seine Hilfe. Er hatte Mitleid, Gott sei Dank, und versprach, sich für mich einzusetzen.

Bereits einige Tage später saß er mit meinem Vater im Obergeschoss unseres Hauses im Gästezimmer. Nachdem ich den Tee serviert hatte, verließ ich den Raum und lauschte dem Gespräch gebannt draußen an der Tür. Die Diskussion wurde schnell laut und entlud sich in einem hitzigen Wortgefecht. Mein Onkel hatte keine Chance. Kaum noch brachte er etwas hervor, bis mein Vater das Gespräch schließlich in eine andere Richtung lenkte.

Entmutigt schlich ich mich die Treppe hinunter und wartete im Flur, während meine Eltern meinen Onkel zur Tür hinausbegleiteten und sich verabschiedeten. Um weitere Konfrontationen mit meinem Vater zu vermeiden, ging ich ihm aus dem Weg. Stattdessen machte ich mich hastig daran, das Teegeschirr im Gästezimmer abzuräumen, und versuchte, dabei möglichst leise zu sein. Vergebens. Schweren Schrittes kam mein Vater die Treppe hinauf, erblickte mich und stürzte sich auf mich:

»Wie kommst du dazu, deinen Onkel in die Sache hineinzuziehen? Schämst du dich nicht?«

Vor Schrecken und Angst schrie ich auf: »Nein! Papa, ich war verzweifelt. Bitte vergib mir! Bitte tue mir nichts!«

Er schien mich nicht zu hören. Blind vor Wut holte er aus und schlug zu. Einmal, zweimal und immer weiter. Dabei maßregelte er mich:

»Du bringst Schande über unsere Familie in allem, was du tust! Seit wann geht ein Mädchen raus und erhebt vor anderen die Stimme gegen seinen eigenen Vater? Jeder Mann, der dich heiratet, wird dich zurückbringen! Du wirst mir nicht mehr widersprechen, weder in diesem Haus noch außerhalb! Das bringe ich dir schon bei, du unverschämtes Gör!«

Mit aller Gewalt prügelte er auf mich ein. Ich spürte seine Schläge überall. Unbeschreibliche Schmerzen durchfuhren meinen Körper. Ich sackte zusammen und krümmte mich auf dem Boden. Da fing er an, mit aller Wucht auf mich einzutreten. Erst in die Seite, dann in den Bauch. Ich lag in meinem Blut und schnappte nach Luft. Das Atmen fiel mir schwer. Er trat noch einmal zu, und ich stürzte die Treppe hinab.

Als ich wieder zu mir kam, schmerzte mein Kopf und fühlte sich unendlich schwer an. Meine Augen waren zugeschwollen, ich konnte sie kaum öffnen. Mein Gesicht war voller Wunden und mein Körper mit Blutergüssen übersät. Über Wochen aß ich kaum. Als es mir besser ging, saß ich stundenlang im Hof und starrte teilnahmslos auf die Ziegelmauer unserer Hauswand. Ich fühlte mich wie diese Wand, versteinert, als ob eine eisige Kralle mein Herz umschloss und es nie wieder loslassen wollte. Meine Mutter sah immer wieder nach mir, ohne auch nur ein Wort zu sagen.

Am Abend vor dem Tag meiner Hochzeit setzte sich meine Mutter zu mir auf die Stufen, die hinab zum Brunnen führten. Schweigend legte sie einen Arm um mich und zog mich fest an sich. Wann waren wir uns das letzte Mal so nahe? Ich atmete ihren Duft ein. Sie roch blumig nach Freesien. Ich fühlte ihre bedingungslose Liebe und dachte an sorglose, vergangene Jahre. Wo war das Glück, das meine Mutter uns Kindern mit ihrer ruhigen und sanftmütigen Art bereitete? Sie umschloss mich fest und küsste meine Wangen. Ich schmiegte mich selbstvergessen an sie und wollte sie nie wieder loslassen. Leise flüsterte sie mir ins Ohr:

»Meine liebe Nasrin, du bist die tapferste meiner Töchter. Auf allen deinen Wegen werde ich dich in Gedanken begleiten und bei dir sein. Morgen wirst du zur Frau, wenn du mit deinem Mann nach der Zeremonie die Ehe vollziehst.«

Behutsam tastete sie sich vor und beschrieb in metaphorischer Sprache, was mich erwartete, wenn ich meine Unschuld verlor. Ich bräuchte keine Angst zu haben, es sei nur in dieser ersten Nacht schmerzvoll. Ein einziger, kurzer Moment, der mir die Tür in eine glückliche Ehe öffnen würde. Tränen stiegen in mir hoch. Ich wollte nicht an morgen denken, an Bahram und wie er mich berühren, in mich eindringen und mir meine Unschuld nehmen würde. Dieser Mann würde mir wehtun, und die Hochzeitsnacht war ganz bestimmt nur die erste von endlosen schmerzvollen Nächten.

»Ist schon gut, liebe Nasrin, auch für mich war es kein leichter Schritt. Es ist nie leicht, erwachsen zu werden.«

Als ich am Morgen meines Hochzeitstages die Augen aufschlug und mich aufsetzte, fiel mein Blick als Erstes auf den Stuhl in der Ecke. Über dessen Lehne hing ein ausladendes, weißes Kleid. Mein Hochzeitskleid. Es war mit schwungvollen Ornamenten verziert und hatte einen glockenförmigen Rock. Ich schluckte. Am liebsten hätte ich meine Augen wieder geschlossen und nie mehr geöffnet. In Gedanken suchte ich verzweifelt nach einem Weg, diesem schrecklichen Tag doch noch zu entkommen. Die

Worte meiner Mutter über die Hochzeitsnacht hallten in meinen Ohren. Was wäre, wenn ich einfach weglief? Ganz weit weg? Egal wohin, alles wäre besser, als diesen Tag zu erleben!

Ich sprang auf, zog hastig meine Bluse, Hose, den Mantel und den *Hijab* an. Alle schienen noch zu schlafen. Ich schlüpfte in meine Schuhe und schlich mich zur Tür hinaus. Langsam lief ich unsere kleine Straße entlang. Es war noch sehr früh, und kaum jemand war unterwegs. Bis auf den Bäcker waren alle Läden geschlossen. Die Morgendämmerung hüllte die umliegenden Häuser in ein graues, unheilvolles Licht. Düstere, schwere Wolken hingen über den Dächern, und kaum ein Lichtstrahl fand seinen Weg hindurch. Alles um mich herum erschien surreal und bedrohlich. Die Luft war stickig und staute sich unter der dichten Wolkendecke. Ich erschauerte, lief schneller, bog eilig in die Nabard-Straße ein und begann zu rennen. Wohin nur? Wo sollte ich Zuflucht finden? Verzweifelt lief ich immer weiter, ohne ein Ziel vor Augen. Ich verbot mir die Gedanken an Bahram und meinen Vater. Diese Hochzeit war für sie das Wichtigste auf der Welt, und ich durfte sie nicht enttäuschen. Auch meine Gedanken an die Hochzeitsgesellschaft, die ab Mittag in unserem Haus eintreffen würde, schob ich weg. All diese Menschen und ihre glücklichen Blicke, die am schlimmsten Tag meines Lebens auf mir lasten würden. In der Piroozi-Straße blieb ich endlich stehen und erkannte: Zu niemandem konnte ich gehen. Keiner konnte mir mehr helfen. Wie weit ich auch rannte, ich konnte diesem grauenerweckenden Tag nicht entkommen. Meine Familie würde mein Schicksal in Bahrams Hände legen, und ich konnte nichts mehr daran ändern. Resigniert ging ich zurück nach Hause. Aus dem Gästezimmer hörte ich die Stimme von Bahrams Schwester Mitra. Langsam ging ich die Treppen hinauf.

»Nasrin, da bist du ja! Ich freue mich so sehr für dich.«

Ich begrüßte sie und sah in ihr erwartungsvolles Gesicht, während sie fortfuhr: »Aber wie siehst du denn aus?«

Sie schüttelte den Kopf, und Mutter bedeutete mir, mich für die Hochzeit fertig zu machen. Ohne einen Einwand ging ich in mein Zimmer und wechselte meine Kleidung, zog die feinen weißen Strümpfe an, nahm das mächtige Hochzeitskleid und streifte es über. Der schwere Stoff kratzte auf meiner Haut und zwickte am Oberkörper. Mitra kam herein und half mir, das Kleid hinten zu binden. Dann nahm sie einen Kamm, fuhr mir behände durchs Haar, band es kunstvoll zusammen und steckte Blumen hinein. Sie trug mir Wimperntusche und Rouge auf und ermahnte mich, nicht so kummervoll dreinzublicken. Die Tränen würden die Schminke verlaufen lassen und mein hübsches Antlitz ruinieren. Tapfer kämpfte ich gegen die immer wieder aufsteigenden Tränen, ließ alles über mich ergehen und war dankbar, als Bahrams Schwester endlich mit der Schminkprozedur fertig war und den Raum verließ.

Fertig angekleidet saß ich auf der Holzbank. Ich weiß nicht, wie viel Zeit vergangen war, aber ich konnte hören, wie sich unser Haus allmählich mit Menschen füllte, die fröhlich miteinander sprachen. Mühevoll stand ich auf, raffte mein üppiges Kleid zusammen, schlüpfte in meine Schuhe und ging hinüber. Stimmengewirr drang mir entgegen. Soeben war der Mullah eingetroffen, der Bahram und mich vermählen sollte. Die Hochzeitsgäste und meine Eltern begrüßten ihn herzlich. Ich blickte in ihre freudigen und erwartungsvollen Gesichter. Alle meine Cousinen und Cousins, Tanten und Onkel waren gekommen und brachten mir ihre Glückwünsche entgegen. Langsam bahnte ich mir einen Weg durch die Menschenmenge in unserem kleinen Haus und stieg die Stufen zum Gästezimmer hinauf. In der Mitte des Raumes stand der Vermählungstisch, *Sofreh Aghd*. Auf ihm befand sich ein großer Spiegel. Er symbolisierte die Reinheit der Seele der Braut. Zwei Lampen standen links und rechts neben dem Spiegel, genannt *Ayne Shamdon*. Vor ihnen lag der Koran. Er war das Zeichen für die Ehe, die heute mit Gottes Segen geschlossen werden sollte.

Außerdem standen noch viele kleine Tabletts auf dem *Sofreh Aghd*. Auf einem lagen *Nan-e sangak*, ein traditionelles iranisches Brot, und einige Kräuter. Außerdem gab es ein Tablett mit Walnüssen, Mandeln und Haselnüssen, die Bahram und mir eine lange und glückliche Ehe mit gesunden Kindern bescheren sollten. Bunt bemalte Eier lagen auf einem anderen Tablett. Sie standen für die Fruchtbarkeit in unserer Ehe. Schließlich gab es noch eine Schale mit Kandis und eine kleine Schüssel Honig. Mutter hatte mir erklärt, dass Bahram und ich nach unserer Vermählung unsere Finger in die Honigschüssel tunken mussten, um unserer Ehe die Süße des Lebens zu verleihen. Ich schaute auf all diese schönen Dinge und konnte mich einfach nicht freuen. All diese wunderbaren Wünsche, die symbolischen Gaben entsprachen nicht im Geringsten meinem unabwendbaren Schicksal.

Bahram betrat den Raum, und wir setzten uns zusammen vor den Vermählungstisch. Strahlend vor Glück blickte er mich im Spiegel an. Seine Schwester hielt zusammen mit weiteren Cousinen ein großes Seidentuch über unseren Köpfen. Dann zerrieb Mitra Zuckerstückchen über dem Seidentuch. Das stand symbolisch für das Glück in unserer Ehe. Der Mullah trug Verse aus dem Koran vor. Ich verstand kein einziges seiner Worte, starrte in den Spiegel auf das Antlitz und die ausdruckslosen Augen der mir fremd erscheinenden Braut. Alle Blicke waren auf uns gerichtet. Dreimal wurde ich gefragt, ob ich Bahram heiraten wollte. Dies sollte die Bemühungen des Bräutigams symbolisieren. Erst beim dritten Mal war es der Braut erlaubt zu antworten. Kurz zögerte ich, überlegte, ob ich ein Nein hervorbringen und dann einfach weglaufen sollte. Aber die Schande, die ich damit über meine Familie brächte, wäre unbeschreiblich, und schon am Morgen hatte ich mir eingestehen müssen, dass Flucht keine Option darstellte. Resigniert ließ ich den Kopf sinken und antwortete:

»Ja.«

Nach der Hochzeitszeremonie überreichten uns die Gäste zahlreiche Geschenke und sprachen ihre Glückwünsche aus. Am Abend gab es ein großes Festmahl. Die Stimmung war ausgelassen. Vor allem mein Vater schien die Anspannung der vorigen Wochen vergessen zu haben und genoss überglücklich das Fest. Ich kann mich nicht mehr erinnern, worüber oder ob überhaupt ich mit den Gästen gesprochen hatte. Angsterfüllt kreisten meine Gedanken um die bevorstehende Hochzeitsnacht, und ich musste mich zusammenreißen, um nicht in Tränen auszubrechen.

Am späten Abend verabschiedeten Bahram und ich uns von der Hochzeitsgesellschaft und brachen zusammen mit seiner Familie auf. Das Haus, in dem ich von nun an leben sollte, lag nur wenige Straßen entfernt. Im Erdgeschoss wohnten seine Eltern und Geschwister, während wir die obere Etage des Hauses für uns hatten. Er geleitete mich durchs Haus bis zum Schlafzimmer. Bahrams Mutter folgte uns, gab mir ein weißes Tuch und lächelte mich vielsagend an:

»Das legst du auf das Laken des Bettes. Es dient als Beweis für deine Reinheit und Unschuld. Bahram wird es uns nach dem Vollzug eurer Ehe zeigen.«

Bahram griff nach meiner Hand und zog mich ungeduldig ins Schlafzimmer. Seine Mutter blieb auf einer Bank vor dem Zimmer sitzen. Als die Tür hinter uns ins Schloss fiel und mich die Dunkelheit umfing, spürte ich plötzlich Bahrams Hände überall auf meinem Körper. Hastig machte er sich daran, mir das Hochzeitskleid vom Körper zu streifen, entriss mir das weiße Tuch seiner Mutter, das ich mit aller Macht umklammerte, und warf es auf das Bett. Er stieß mich darauf und warf sich auf mich. Qualvoll wand ich mich, versuchte mich zu befreien. Erfolglos. Erbarmungslos bemächtigte er sich jedes Zentimeters meines Körpers. Es fühlte sich an, als würde ich innerlich zerreißen, als würden die Schmerzen jedes Leben in mir auslöschen. Als es endlich vorüber war, fühlte ich nur noch unendliche Leere. Bahram nahm das blutbefleckte Tuch vom Bett und zeigte es stolz seiner Mutter. Ich schämte mich zutiefst dafür, wie der gewaltsame Verlust meiner Unschuld hochgehalten und bejubelt wurde.

Nacht für Nacht musste ich Bahrams unersättliches Begehren über mich ergehen lassen. Angsterfüllt und voller Verzweiflung sah ich diesen Momenten entgegen. Wenn ich mich zierte oder gar weigerte, meinen ehelichen Verpflichtungen nachzukommen, zwang er mich brutal dazu. Regelmäßig übergab ich mich und konnte seinen Geruch, seine Nähe immer weniger ertragen. Ich hatte große Sehnsucht nach meiner Freundin Aresu, dem Volleyballteam und dem Schulunterricht. Seit meiner Hochzeit war es mir nicht mehr erlaubt, die Schule zu besuchen. Der Gedanke an mein altes Leben mit einem Schulabschluss und der Möglichkeit, Sportlehrerin zu werden, brachte mich zum Weinen. Meine neue Realität war trostlos, ohne Hoffnung auf Erlösung. Ich fühlte mich unendlich einsam und zog mich immer mehr zurück. Meine einzigen Aufgaben waren es, unseren Haushalt gut zu führen und Bahram möglichst bald Kinder zu gebären. Seine Mutter wachte streng darüber, dass ich meine Aufgaben erfüllte. Ständig hatte sie etwas auszusetzen und beschimpfte mich. Wenn sich mein Mann bei ihr über mich beschwerte, schlug sie mich sogar. Beide, Bahram und seine Mutter, machten mir das Leben zur Hölle auf Erden, und es gab kein Entkommen.

Oft saß ich in unserer kleinen Wohnung im Schlafzimmer auf dem Boden. Die schweren Vorhänge vor den Fenstern ließen keinen einzigen Lichtstrahl ins Zimmer fallen. Ich starrte in die Dunkelheit, und immer wieder spielten sich die nächtlichen Torturen vor meinem inneren Auge ab. In solchen Momenten spürte ich, wie mich jeglicher Lebensmut verließ und meine Verzweiflung wie ein schwarzes Ungeheuer an Macht gewann. Nach Monaten qualvollen Ehelebens verlor ich nach und nach meinen Appetit. Bahram ermahnte mich oft zu essen, aber alles in mir sträubte sich dagegen. Ich hatte mich in mein Schicksal ergeben und trug es auf meine Weise. Die Schmerzen, die er mir zufügte, waren nichts im Vergleich zu meinen seelischen Qualen.

Mit meinen dreizehn Jahren war ich von zierlicher Gestalt, und der Gewichtsverlust zehrte an meiner Figur. Bahram wurde in seinen Worten deutlicher:

»Nasrin, du bestehst nur aus Haut und Knochen. Als meine Frau ist es deine Pflicht, attraktiv für mich zu sein und meine Wünsche zu erfüllen. Es erregt mich nicht, mit einem Skelett zu schlafen.«

Ich wurde hellhörig. Tatsächlich näherte er sich mir seit einiger Zeit seltener. Hoffnung keimte in mir auf, dass er ganz von mir ablassen würde, wenn ich weiter abnahm. Also beschloss ich, überhaupt nicht mehr zu essen. Alles war besser, als die gewaltsamen Nächte mit Bahram zu ertragen. Mein ausgemergelter Körper schmerzte, und meine Knochen traten hervor. Wenn ich in den Spiegel sah, blickte mir ein eingefallenes Gesicht entgegen. Bahram redete wieder und wieder auf mich ein:

»Nasrin, dein Aussehen ist ekelerregend. Du kannst dich kaum noch auf den Beinen halten! Wie soll ich dich lieben, wenn du so aussiehst? Du musst etwas essen!«

Nein! Mein Entschluss stand fest, und ich verteidigte ihn mit aller Macht:

»Ich ertrage dieses Leben nicht mehr. Ich will nicht mehr an deiner Seite sein. Und wenn du dich nicht von mir scheiden lässt, dann gehe ich auf andere Weise aus deinem Leben.«

Das machte ihn wütend. Er dachte, er könnte mich mit Prügeln zwingen, wieder zu essen. Seine Schläge bewirkten allerdings, dass ich noch schwächer wurde. Als er mit roher Gewalt nicht weiterkam, bedrängte mich seine Mutter. Sie beschimpfte mich aufs Übelste und schlug mich mit unerbittlicher Härte. Nach wenigen Wochen war ich kaum mehr in der Lage, meinen häuslichen und ehelichen Pflichten nachzukommen. Ich war zu schwach, und meine Muskeln schwanden immer weiter. Wasser sammelte sich in meinem Gewebe, und es bildeten sich hässliche Hungerödeme am ganzen Körper. Am schlimmsten sah mein aufgeblähter Bauch aus. Ich lag fast nur noch im Bett und fühlte mich fortwährend krank.

Eines Tages, als Bahram seiner Arbeit nachging, band seine Mutter meine Arme fest zusammen und versuchte, mich zum Essen zu zwingen. Ich presste meine Lippen aufeinander und drehte meinen Kopf weg, so gut es ging. Als sie merkte, dass es so nicht funktionierte, schlug sie auf mich ein. Abends hörte ich, wie sie und Bahram heftig diskutierten. Am nächsten Tag brachten sie mich ins Krankenhaus, wo man mich auf Bahrams Anweisung hin zwangsernährte. Als man mich entließ, trat ich erneut in den Hungerstreik. Entschieden sagte ich Bahram, dass ich so lange nichts mehr essen würde, bis ich stürbe, und dass er so lange auf mich einschlagen könnte, wie er wollte. Es würde nichts daran ändern, nur meinen Tod beschleunigen. Er bekam Angst, das konnte ich sehen. Desillusioniert willigte er endlich ein, sich von mir scheiden zu lassen.

Eine einvernehmliche Scheidung ist im Iran möglich, wenn die Verheirateten eine gegenseitige Abneigung bekunden. Bei uns war dies der Fall. Indem ich Bahram gegenüber »*Mehram halal, junam azad!*« aussprach, was so viel heißt wie: »Meine Brautgabe gehört dir, mein Leben gehört mir!«, verzichtete ich auf meine vermögensrechtlichen Ansprüche. Wir gingen zum Notar, und in einem kurzen formalen Prozedere wurde unsere Scheidung vollzogen. Ich kann nicht beschreiben, welch schwere Last von meinem Herzen fiel. Ich wollte die ganze Welt umarmen!

Ich zog zu meinen Eltern zurück, schlief wieder mit meinen Schwestern in einem Zimmer und war überglücklich, mein altes Leben zurückzuhaben. Doch der Schein trog. Mein Vater war am Boden zerstört und ließ mich all seine Enttäuschung über die geschiedene Ehe mit meinem Cousin spüren. Er beschimpfte mich und erhob sogar die Hand gegen mich. Das Leid, das ich, seine Tochter, erfahren hatte, schien ihn nicht zu interessieren. Sein Traum von Bahram als Ersatzsohn und seiner damit gesicherten Altersvorsorge war zerplatzt. Ob es noch einmal möglich sein würde, mich zu verheiraten, stand in den Sternen. Als geschiedene Frau galt ich als verdorben, unrein. Ich war keine Jungfrau mehr. Im Iran nennt man solche Frauen *Biw-e san*. Für mich gab es lediglich zwei Möglichkeiten: einen verwitweten, sehr viel älteren Mann zu heiraten, der eine Mutter für seine Kinder suchte, oder die Zweitfrau eines Mannes zu werden. Einige Mädchen und Frauen, die in eine ähnliche Situation wie ich geraten, entscheiden sich allerdings für einen anderen Weg. Sie flüchten aus ihrem Zuhause und verdienen sich ihren Lebensunterhalt durch die sogenannte Soghe (dt. Ehe auf Zeit). Im Volksmund wird eine solche Art von Ehe auch als »legalisierte Prostitution« bezeichnet.

Es war das schlimmste Los für eine iranische Frau, geschieden zu sein. Die Mittelschule durfte ich nicht wieder besuchen. Auch war es mir verboten, Aresu, meine liebe Freundin, wiederzusehen. Sie ging weiterhin zur Schule, war noch nicht verheiratet und galt deshalb als Kind. Obwohl ich im gleichen Alter war, wurde ich mit meiner Eheerfahrung als Frau angesehen und durfte nicht mehr mit Kindern außerhalb meiner Familie verkehren. Mein Vater verbot mir, überhaupt auch nur das Haus zu verlassen, denn die missbilligenden Blicke der Leute, das Tuscheln über mein Scheitern würden meine Familie das letzte Fünkchen Ansehen kosten. Als ich ihn fragte, warum ich nicht mehr hinausgehen durfte, erwiderte er zornig:

»Reicht es dir nicht, dass alle Verwandten schlecht über uns sprechen, weil du Bahram keine gute Ehefrau warst?«

Meine Mutter hingegen war in großer Sorge um mein körperliches und seelisches Wohl. Sie kochte mir *Osare Gusht*, eine Brühe aus Lammfleisch, die ich in meinem geschwächten Zustand gut zu mir nehmen konnte. Sie achtete streng darauf, dass ich langsam wieder zu einer gesunden Ernährungsweise fand. Sie bestand darauf, dass ich immer ausreichend Wasser und Tee trank. Täglich tupfte sie die Ödeme auf meiner Haut mit einer Kräutertinktur ab. Es dauerte lange, ehe sie mich einfache Aufgaben im Haushalt erledigen ließ. Dabei wollte ich mich so gern einbringen, meine Dankbarkeit dafür zeigen, dass mich meine Familie wieder aufgenommen hatte und für mich sorgte. Wenn meine Tanten und Onkel oder meine Cousinen und Cousins zu Besuch kamen, sahen sie mich mit Verachtung an. Mit mir redeten sie kein einziges Wort, aber meiner Mutter gegenüber sprachen sie abfällig über mich, tadelten mein ungehorsames Verhalten und quälten sie mit Fragen, wie es mit mir weitergehen sollte. In der Folge bat mich meine Mutter vor solchen Besuchen, nicht ins Gästezimmer zu kommen.

Hin und wieder kam auch unser Nachbar Afshar vorbei. Er war ungefähr im Alter meines Vaters und pflegte eine enge Freundschaft mit ihm. Er hatte eine Frau, die ich noch nie gesehen hatte, und zwei Kinder. Afshar arbeitete beim Komitee der Islamischen Revolution, das 1979 gegründet wurde und in dessen Aufgabenbereich die Strafverfolgung im Iran fiel. Es war dem Innenministerium unterstellt. Das Komitee war verantwortlich dafür, die islamischen Vorschriften für das soziale Verhalten zu kontrollieren und durchzusetzen.

Wenn ein Besuch von Afshar anstand, verlangte mein Vater von mir, ihm und seinem Freund Tee zu servieren. Dabei bedachte mich Afshar mit anzüglichen Blicken und lächelte mich an. Seine Besuche wurden häufiger, und es stellte sich schnell heraus, dass er sich in mich verliebt hatte. Ohne mich zu fragen, was ich davon hielt, arrangierten Vater und Afshar unsere Hochzeit. Ich war verzweifelt. Alles sollte wieder von vorn beginnen. Ich wurde zur Ehe mit einem Mann gezwungen, den ich nicht liebte und mit dem ich mir absolut keine Zukunft vorstellen konnte. Mehr noch: Ich sollte ihn mit einer Frau und zwei Kindern teilen! Meine Mutter versuchte, mich davon zu überzeugen, es sei das Beste, was mir nach dem tragischen Ende der Ehe mit Bahram passieren konnte.

Wieder und wieder flehte ich meinen Vater unter Tränen an, mich mit meinen jungen Jahren nicht mit einem so alten Mann zu verheiraten. Er schrie mich an:

»Meine Tochter wird nicht als *Biw-e san* in meinem Haus enden! Niemals!« Er hatte unbeschreibliche Angst, dass ich mich auch aus dieser Ehe herauswinden würde und ihm ein Schwiegersohn verwehrt bliebe. Je mehr ich mich seinem Willen widersetzte, desto radikaler reagierte er. Irgendwann schlug er nur noch zu. Einmal prügelte er so heftig auf mich ein und trat mich so brutal, dass ich ohnmächtig wurde. Jede Nacht weinte ich mich in den Schlaf. Mein Vater und Afshar kannten keine Gnade.

Eines Morgens klopfte es an der Tür. Mein Vater öffnete, vier bärtige Männer in hellgrüner Uniform stürmten in unser Haus.

Starr vor Schrecken stand ich im Flur und sah, wie mein Vater mit dem Finger auf mich wies und den Männern zurief:

»Da ist meine Tochter! Nehmt sie mit!«

Ich fuhr zusammen. Was passierte hier? Ehe ich reagieren konnte, griffen sie mich bei den Armen und zerrten mich aus dem Haus. Ich hatte keine Chance, mich zu wehren. Die schwerbewaffneten Männer stießen mich in einen grün-weißen SUV. Zwei von ihnen setzten sich zu mir auf die Rückbank, und das Fahrzeug fuhr los. Einer presste mir den Lauf seines Gewehrs in die Seite, der andere fesselte mich. Ich schrie und weinte. Voller Angst wollte ich wissen, wohin wir fuhren, was ich getan hatte. Die Männer lachten bösartig, und einer von ihnen erwiderte:

»Halt den Mund!«

Sie brachten mich in eine kleine Zelle ohne Fenster. Die große Stahltür fiel ins Schloss. Ich fand mich allein in einem stockfinsteren Raum, gerade einmal so groß wie eine Toilette, und wusste nicht, was ich verbrochen und warum mein Vater mich diesen Männern des Komitees der Islamischen Revolution ausgeliefert hatte. Plötzlich ertönte ein ohrenbetäubender Lärm. Außerhalb der Gefängnismauern tobte der Iran-Irak-Krieg, ein grausamer und aussichtsloser Krieg, der von 1980 bis 1988 in den beiden Ländern geführt wurde. Der Angriffskrieg von Saddam Hussein wurde vom iranischen Mullah-Regime instrumentalisiert und mit Gegenangriffen zur Islamisierung des Iraks fortgeführt. Die Islamische Revolution sollte auch das Nachbarland erfassen, was durch die Worte von Khomeini untermauert wurde:

»Es gibt keinen Grund, den Krieg zu beenden. Der Irak muss besetzt werden, sonst ist unsere Revolution zum Scheitern verurteilt.«[11]

---

11 *»Wer nicht kämpft, wird erschossen« – Elias, A. S., Hielscher, H., vom 04.06.1984, in: Der Spiegel, Nr. 23, S. 110.*

Nach einem Raketenangriff Irans auf Bagdad am Mittwoch, den 11. Februar 1987, bombardierte der Irak bis zum nächsten Tag zwölf iranische Städte, darunter Teheran. Damit wurde eine viertägige Feuerpause im Städtekrieg beendet. Der Höhepunkt dieses Städtekrieges sollte erst im Frühjahr 1988 erreicht werden. Die ganze Zeit schrillten die Sirenen, Teheran wurde pausenlos bombardiert. Die Einschläge trafen so nah, dass sie die Mauern meiner Gefängniszelle erzittern ließen. Fortwährend zuckte ich zusammen und stand Todesängste aus. Jeden Moment konnte das Gefängnis getroffen werden, und wenn die Mauern einstürzten, wäre ich für immer unter ihnen begraben. Zwei Tage verbrachte ich zusammengekauert in der Ecke des Raumes und betete, dass es aufhören möge. Irgendwann kamen die Gefängniswärter zurück. Sie führten mich aus der Zelle, und da warteten sie – mein Vater und Afshar. Ich konnte nichts sagen, stand immer noch unter Schock. Mein Vater sah mich mit ernster, kalter Miene an:

»Nasrin, du kannst nur mit nach Hause kommen, wenn du Afshar heiratest. Weigerst du dich, wirst du den Rest deines Lebens hier im Gefängnis verbringen.«

Sprachlos starrte ich Afshar an, der sich mit verschränkten Armen vor mir aufbaute. Ohne einen klaren Gedanken fassen zu können und noch mit den Schrecken der letzten zwei Nächte in den Gliedern, nickte ich und fügte mich meinem Schicksal.

Rechtliche Auseinandersetzung mit der Fallgeschichte

EHERECHT

Der Fall Nasrin behandelt die große Problematik der Zwangsverheiratung junger Mädchen ab einem möglichen Alter von 9 Jahren. Die besondere Regelung einer »Zeitehe« sowie das Recht der Männer auf Polygamie in der Ehe finden hier ebenfalls Erwähnung und werden im Folgenden erläutert.

Sighe, Ehe auf Zeit

Die »Ehe auf Zeit« im Iran, auch bekannt als »Zeitehe« oder »Sighe«, bezeichnet eine zeitlich begrenzte Ehe, die im schiitischen Islam anerkannt ist. Die Dauer dieser Ehe kann von einer halben Stunde bis zu 99 Jahren variieren, je nach getroffener Vereinbarung. Die vertragliche Ehe auf Zeit konzentriert sich hauptsächlich auf die Erfüllung von intimen Bedürfnissen und verfolgt nicht das Ziel, dauerhafte familiäre Bindungen wie bei traditionellen Ehen zu schaffen. Die Zeitehe ermöglicht es iranischen Männern, vorübergehende Ehen einzugehen, selbst wenn sie bereits verheiratet sind. Sie können unendlich viele temporäre Ehen gleichzeitig führen, während Frauen aufgrund gesetzlicher Bestimmungen von dieser Option ausgeschlossen sind. Ehebruch seitens der Frau wird mit einer Steinigung geahndet. Diese Art von Gesetzgebung ermöglicht es Männern, Frauen sexuell auszubeuten, während Letztere in den meisten Fällen auf die Zeitehe angewiesen sind, um drohender Armut zu entkommen. Die Zeitehe gleicht der Prostitution und stellt eine formale Legalisierung für Missbrauch in der Ehe dar.

Polygamie in der Ehe

Das iranische Recht erlaubt es Männern, bis zu vier Frauen gleichzeitig zu ehelichen. Frauen dagegen dürfen nur einen Mann heiraten.

Kinderehe

Kaum jemand spricht im Iran über seelische, körperliche oder sexuelle Gewalt, obwohl sie tagtäglich stattfindet und vor allem Kinder wie Nasrin sowie Frauen betrifft. Etwa zwei Drittel der Iranerinnen erleben häusliche Gewalt. Rund vierzig Prozent sind Opfer physischer Gewalt in der Ehe. Das sind nur vage Aussagen, die auf internationalen Studien beruhen. Wie die Situation im Land tatsächlich aussieht, ist nur schwer zu erforschen. Denn die Islamische Republik Iran verweigert internationalen Organisationen seit Jahren den Zugang zum Land, wenn es um die Untersuchung von frauen-, kinder- und gewaltbezogenen Themen geht.

Dass Nasrin von ihrem Vater durch Schläge und Tritte misshandelt wird, gilt als legitime Erziehungsmaßnahme. Gesetzlichen Schutz finden Kinder vor Gewalt im Iran nicht, auch nicht in so schwerwiegenden Fällen wie dem von Nasrin. Strafrechtlich hätte ihr Vater für die Misshandlung, die dazu führte, dass Nasrin die Treppe hinunterstürzte, nicht belangt werden können. Wäre dieser Treppensturz tödlich ausgegangen, hätte der Fall zwar vor Gericht gebracht werden können, hätte jedoch niemals zu einem gerechten Urteil geführt.

Es ist keine Seltenheit, dass Kinder wie die dreizehnjährige Nasrin zur Ehe gezwungen werden. Jährlich sind es etwa 42 000 Kinder im Alter von zehn bis vierzehn Jahren, die laut der iranischen Nachrichten-Webseite Tabnak im ganzen Land verheiratet werden. Kinderehen hat das Mullah-Regime per Gesetz legalisiert. So konnten ab 1981 Mädchen mit neun Jahren und seit dem 17. Dezember 2000 ab einem Alter von dreizehn Jahren verheiratet werden. Wenn ein Richter die Geschlechtsreife und die Ehefähigkeit eines jüngeren Mädchens feststellen kann, so ist es möglich, sie auch früher zu verheiraten. Häufig werden Mädchen mit deutlich älteren Männern verheiratet. Somit öffnet die islamisch-iranische Gesetzgebung der Pädophilie Tür und Tor.

Weibliche Familienangehörige können per Gesetz auf den Entscheidungsprozess nicht einwirken, denn der Vater als Vormund

und Familienoberhaupt verfügt über die Eheschließung seiner Töchter. So sind auch im Fall von Nasrin weder Mutter noch Großmutter berechtigt, den Vater umzustimmen. Dass Nasrin ihren Cousin Bahram heiratet, ist im Iran kein Fall von Inzest. Bis heute ist es dort üblich, Cousine und Cousin zu verheiraten. Vor der Eheschließung werden jedoch ein genetischer Test sowie eine genetische Beratung durchgeführt.

Die Ehe mit Bahram bringt für die junge Nasrin große Veränderungen in ihrem Leben mit sich. So muss sie mit dreizehn Jahren die Schule verlassen, denn ein verheiratetes Kind darf im Iran nicht mehr die Schule besuchen. Demzufolge bleiben diese Mädchen auf dem Bildungsniveau des Zeitpunkts ihrer Eheschließung. Außerdem hat die Kinderehe einen negativen Einfluss auf die mentale Entwicklung. Darüber hinaus werden jung verheiratete Mädchen auch öfter Opfer häuslicher Gewalt, wie Untersuchungen der WHO offenlegen. Als Nasrin in ihrer Ehe zum Geschlechtsverkehr mit ihrem Mann gezwungen wird, hat sie keine andere Wahl, als sich zu fügen. Ehefrauen müssen ihren Männern sexuell Gehorsam leisten. Nach islamisch-iranischem Gesetz stellt Vergewaltigung in der Ehe keinen Straftatbestand dar. In der Konsequenz werden in Kinderehen sexueller Missbrauch und Vergewaltigung von Kindern systematisch legalisiert.

Bis heute nimmt die Zahl der Kinderehen im Iran zu. Solche Ehen kommen jedoch oftmals nicht aus religiösen Gründen zustande, wie viele vermuten. Im Fall von Nasrin führen sozioökonomische Motive und ein traditionell patriarchisches Familienbild des Vaters zur Kinderehe. Wirtschaftliche Unsicherheit, ein niedriges Einkommen und Armut sind außerdem Hauptfaktoren, die Familien im Iran dazu zwingen, ihre Kinder frühzeitig zu verheiraten. Auf diese Weise versuchen sie, die eigenen Haushaltskosten zu senken. Anstatt das Sozialsystem gerechter zu gestalten, fördert die Islamische Republik Iran – durch die Vergabe von Heiratskrediten – solche Kinderehen.

Auch auf internationaler Ebene positioniert sich die Islamische Republik Iran als Befürworter der Kinderehe. 1990 hat der Iran zwar die UN-Kinderrechtskonvention unterschrieben, aber nur unter der Bedingung, dass islamisches Recht vorgeht. Ein weiteres Manko an der Konvention ist, dass sie zwar politisch, jedoch nicht rechtlich bindend ist. Dabei wäre es so wichtig, dass insbesondere Artikel 19 zum Schutz von Kindern vor Gewaltanwendung und Misshandlung für den Iran als verpflichtende Bestimmung geltend gemacht wird. Ebenso wenig Wirkungskraft wie die UN-Kinderrechtskonvention hat die Allgemeine Erklärung der Menschenrechte. Sie wurde bereits 1948 von den Mitgliedsstaaten der Vereinten Nationen, darunter der Iran, unterschrieben. Da es sich nur um eine Resolution, nicht aber um einen völkerrechtlichen Vertrag handelt, sind die Bestimmungen der Allgemeinen Erklärung der Menschenrechte nicht einklagbar. Somit ist Artikel 16 der Erklärung »Die Ehe darf nur aufgrund der freien und vollen Willenseignung der zukünftigen Ehegatten geschlossen werden« nur ein Wunschgedanke. Überdies verfestigt der Iran seine kinder- und frauendiskriminierende Gesetzgebung durch seine Zustimmung zu der Allgemeinen Erklärung der Menschenrechte im Islam im Jahr 1981 und zur Kairoer Erklärung der Menschenrechte im Islam von 1990. Beide Erklärungen stellen die Scharia über das internationale Recht und können als zynische Gegenstücke zur UN-Kinderrechtskonvention und zur Allgemeinen Erklärung der Menschenrechte verstanden werden.

Es müssen endlich international rechtliche Standards für die Islamische Republik Iran geschaffen werden. Kinderehen und jegliche Formen von Gewalt gegen Kinder und Frauen dürfen nicht länger geduldet werden.

SORGERECHT

LALEH

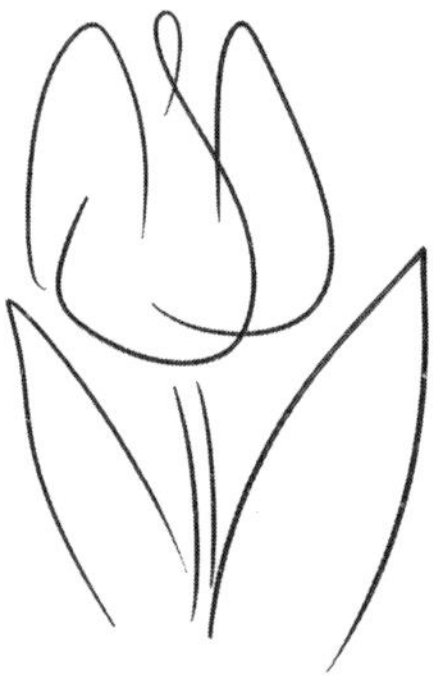

Im Norden Teherans, wo ich geboren bin, türmt sich das Elburs-Gebirge mit seinen steilen Hängen und schneebedeckten Gipfeln erhaben bis in den Himmel auf. Im Winter sammelt sich dort der Schnee und verdichtet sich zu großen Eismassen. Solche Gletscher bilden sich im Nordwesten im Tacht-e-Suleiman-Massiv und im Nordosten auf dem 5671 Meter hohen Berg Damavand. Im Frühjahr setzen sie sich in Bewegung und fließen wie weiße Zungen die Berge hinab. Die gigantische Bergkette reicht von der Grenze zu Armenien im äußersten Nordwesten des Iran über die Südküste des Kaspischen Meeres bis hin zur Grenze zu Turkmenistan. Der Name des mächtigen Elburs-Gebirges leitet sich von *Harā Bərəzaitī* ab. In der altiranischen Sprache Avestisch wird damit ein legendärer Berg bezeichnet, den die Sonne überquert und um den sich die Sterne drehen. Schon im Buch der Könige,

Schāhnāme, dem monumentalen Nationalepos Persiens, kommt der mystischen Bergwelt des Elburs-Gebirges große Bedeutung zu.

Inmitten dieser Bergriesen zwischen Teheran und dem Kaspischen Meer fuhr ich mit meinen Eltern von November bis März Ski. Wegen der Hänge, die gegen Norden ausgerichtet sind, hat der Schnee im Skigebiet Dizin eine besonders gute Qualität. Wenn ich dort die Skipisten auf einer Höhe von 2500 bis 3600 Metern hinunterrauschte, war das Freiheitsgefühl unbeschreiblich.

An den Hängen des Elburs-Gebirges wehen leichte Winde, und es herrscht ein mildes Klima. Hier liegt auch Shemiran, der nördlichste Bezirk Teherans, in dem ich aufgewachsen bin. Shemiran bedeutet so viel wie »der kalte Hang«. Besonders im Sommer zieht es die Städter in die vielen prächtigen Parkanlagen in dieser höher gelegenen Gegend, denn hier ist die Luft wesentlich kühler und reiner als in der heißen, stickigen Stadt. In Shemiran reihen sich Villen, Paläste, Botschaften, idyllische Parkanlagen und mittlerweile auch imposante Hochhäuser aneinander. Der Bezirk ist ein Domizil für den wohlhabenden Teil der iranischen Gesellschaft. Auch Schah Mohammad Reza Pahlavi ließ hier für seine kaiserliche Familie vor langer Zeit eine Sommerresidenz, den Niāvarān-Palast, errichten, in dem er bis zum 16. Januar 1979 mit seiner Frau und seinen Kindern lebte und in dessen blauem Saal er einst den amerikanischen Präsidenten Jimmy Carter empfing. Nur wenige Schritte vom Niāvarān-Palast entfernt liegt der Ahmad-Shahi-Palast, der noch aus der Dynastie der Kadscharen stammt. Die märchenhaft anmutenden Paläste grenzen im Süden an eine 11 Hektar große, terrassenförmige Parkanlage. Weitläufige Grünflächen mit mannigfaltigen Wasserspielen umsäumen ein üppiges Blumenmeer.

Im Sommer ging ich oft im Niāvarān-Park spazieren und genoss die friedvolle Kraft der immergrünen Zedern mit ihren breiten Baumkronen. Die mächtigen Zweige der Kieferngewächse verbreiten im ganzen Park einen tiefen, holzig-würzigen Duft. Wenn ich im Schatten der Baumriesen stand, atmete ich tief ein und konnte förmlich spüren, wie sich die Energien meines Geistes und Körpers ausglichen. Ob hier auch schon Goli Taraghi, die Frau der Briefe, lustwandelte und für ihre Werke »Winter Sleep« oder »Another Place« Inspiration suchte? Fand sie an diesem Ort Worte für ihre Vorstellung von Freiheit und Selbstbestimmung? Ihre existenzialistischen Kurzgeschichten faszinierten mich.

Die persische Autorin und Tochter des Verlegers Lotfollah Taraghi stammte aus Shemiran und hatte an der Drake University in den USA Philosophie studiert. Später arbeitete sie lange Zeit an der Universität Teheran, bis sie im Zuge der Islamischen Revolution das Land verließ. Ebenso brannte ich für die Texte von Touran Mirhadi. Die persische Lehrerin und Autorin ist ebenfalls im malerischen Shemiran geboren und groß geworden. Sie hatte zunächst an der Teheraner Universität Biologie studiert und ging dann nach Europa, um Psychologie und Kindererziehung zu studieren. Einer ihrer Kommilitonen dort war Jean Piaget, ein weltweit renommierter Erkenntnistheoretiker. Als sie zurück nach Teheran kam, gründete sie die Farhad-Schule und stieß mit ihrer Philosophie wichtige Bildungsinnovationen an.

Immer wenn ich alleine durch die scheinbar endlosen Wege des Niāvarān-Parks spazierte, hatte ich viel Zeit zum Träumen. Tatsächlich fühlte es sich dort an, als würde mir die Welt zu Füßen liegen und ich könnte überall hingehen. Mein Abitur stand kurz bevor, und ich dachte oft darüber nach, was mein nächstes Ziel sein könnte. Eines stand fest für mich: Ich wollte studieren, mich weiterbilden und unbedingt die Welt sehen. Die hohen Bäume im Park erinnerten mich daran, dass man auch seine Ziele hochstecken sollte. Wenn ich kurz stehen blieb und in ihre Kronen blinzelte, leuchtete die Sonne durch die mächtigen Äste. Irgendwo da ganz oben, kurz bevor die Bäume den Himmel berührten, begannen meine Träume. Ich malte mir aus, wie ich nach dem Abitur ins Ausland gehen würde. Diese Möglichkeit wäre eine große Chance, ein anderes Leben – außerhalb meines Heimatlands – kennenzulernen. Zu dieser Zeit lebte meine Cousine in Deutschland. Sie war damals nach Düsseldorf gegangen, um an der Heinrich-Heine-Universität zu studieren. Ihre Geschichten vom aufregenden Leben am Rhein inspirierten mich.

»Komm mich unbedingt besuchen!«, schlug sie mir irgendwann vor. »Ich zeige dir, wie die Menschen hier leben. Es wird dir sicher gefallen.«

Ich dachte ernsthaft darüber nach, sah mich schon Cafés, Boutiquen voller Luxuskleider und aufregende Clubs auf der berühmten Königsallee unsicher machen. Diese Vorstellung zauberte mir immer ein verträumtes Lächeln ins Gesicht. Es gab nur einen Grund, warum ich zögerte: meine geliebten Eltern.

Als Einzelkind hatte ich schon immer eine innige Bindung zu ihnen. Wir waren ein harmonisches Dreiergespann und pflegten ein liebevolles, enges Verhältnis zueinander. Meine Eltern bedeuteten mir alles. Aber in Europa zu studieren würde heißen, sie für vier bis sechs Jahre zu verlassen. So verlockend meine Ursprungsidee auch war, so sehr schmerzte mich der Gedanke an solch eine große räumliche Trennung. Und wenn ich ganz ehrlich zu mir selbst war, fühlte ich auch, dass mich die Idee solch eines komplett unabhängigen, losgelosten Lebens ein wenig einschüchterte.

Und dann kam der Tag, der mein Leben gänzlich verändern sollte. Warme Sonnenstrahlen blinzelten durch das Fenster meines hellen, großen Zimmers, wo sich das Licht in den Glasperlen meiner Nachttischlampe brach und kleine bunte Muster an die Wand neben meinem Bett warf. Gleich morgens nach dem Aufwachen wusste ich: Heute ist das Glück auf meiner Seite. Ich würde endlich mein Abiturzeugnis bekommen. Das letzte Zeugnis meiner Schullaufbahn. Ich hatte es geschafft.

Wenige Stunden später betrachtete ich stolz die strahlend weißen Dokumente, auf denen in sauberer, schwarzer Schrift meine Endnoten glänzten. Ein ausgezeichneter Schulabschluss. Natürlich war es nicht nur Glück, auf das ich gesetzt hatte. Ganz im Gegenteil. Ich war stets eine fleißige, vorbildliche Schülerin und habe viel daran gearbeitet, tadellose Leistungen zu erbringen. Meine Eltern würde ich damit sehr glücklich machen. Noch aufgeregter aber war ich wegen der Abiturabschlussparty, die eine meiner guten Freundinnen an diesem Abend veranstalten wollte.

Ihre Eltern waren wohlhabend, und ihr prächtiges Haus mit seinem großen Zaun stellte den perfekten Ort für diese Art von Veranstaltung dar. Auch Davud, ein Junge, den ich heimlich anhimmelte, würde da sein. Wir kannten uns nur flüchtig von einigen Partys, und mein Magen zog sich aufgeregt zusammen, wenn ich daran dachte, ihn an diesem Abend endlich wiederzusehen.

Entgegen allen Annahmen und Bildern, die die Welt da draußen über den Iran haben mag, wissen die Leute hierzulande, wie man feiert. Besonders jungen Menschen und Kindern wohlhabender Eltern wird Zugang zu einer weniger bekannten Welt gewährt. Für westliche Gewohnheiten mag das nichts Besonderes sein, aber was im Iran auf gesellschaftlichen Veranstaltungen hinter verschlossenen Türen passiert, sollte lieber nicht dem islamischen Regime unter die Augen kommen.

Unsere Abschlussparty war wild und ausgelassen, und es floss viel Alkohol. Wie üblich hatten wir Mädchen uns ordnungsgemäß – samt Kopfbedeckung und Mantel – zum Elternhaus meiner Freundin begeben. Doch kaum waren die Türen hinter uns verschlossen, ließen wir unsere langen, alles verdeckenden Sachen zu Boden fallen. Genauso wie alle uns auferlegten Tabus der Öffentlichkeit. Jedes Mädchen war wunderschön anzusehen! Makellos zurechtgemacht. Make-up, Maniküre und perfekt sitzende Frisuren überall, wo man hinschaute. Auch meine Freundinnen und ich wussten uns zu präsentieren. Ich trug eine eng anliegende Jeans und ein schwarzes, figurbetontes Oberteil, das ich mir von meiner letzten Europareise mit meinen Eltern mitgebracht hatte. Große Ohrringe, auffälliger Lidstrich – so trug man es damals in den Neunzigern eben. Mit dem kleinen Unterschied, dass wir es nur heimlich, hinter dicht verschlossenen Türen taten.

Wir tranken Wodka. Einen und dann noch einen. Die Stimmung war ausgelassen. Wie konnte es auch anders sein? Schließlich feierten wir – erwachsen, wohlhabend und glücklich – an diesem Abend unsere neue Freiheit, den Beginn eines frischen Lebensabschnitts. Als plötzlich »What is Love« von Haddaway ertönte – wir hörten viel westliche Popmusik –, dauerte es keine fünf Sekunden, bis ich auf der Tanzfläche stand. Ich tanzte weltvergessen und verliebt in mein eigenes Zukunfts-Ich.

Mein Körper bewegte sich rhythmisch, und mein gewelltes Haar wippte im Takt zur Musik. Links, rechts, links, rechts. Ich weiß noch, wie ich in diesem Moment dachte: Kann es ein besseres Gefühl geben?

Und dann stand er plötzlich vor mir. Er baute sich dicht vor meinem Gesicht auf und grinste mich an. Es war ein freches und vertrautes Grinsen.

»Davud!«

Einerseits überrascht, andererseits erschrocken von meiner eigenen, lauten Stimme wich ich einen Schritt nach hinten.

Davud war so schön anzusehen, es raubte mir den Atem. Er war groß, sportlich, hatte ein tolles, charmantes Lächeln. Ein gebildeter junger Mann, und er spielte in seiner Freizeit sogar Theater, was mir sehr imponierte. Viele Mädchen schwärmten heimlich für ihn, und auch ich fühlte mich in seiner Nähe immer verlegen und irgendwie unbeholfen. Diesmal war er so dicht an mir dran, dass ich seinen Atem spüren konnte. Aber Davud schien diese Situation nicht zu verunsichern. Er war in bester Feierlaune und offensichtlich sehr an mir interessiert. Wir flirteten hitzig miteinander. Als Davud schließlich versuchte, mich zu küssen, ging mir das zu weit. Stattdessen drehte ich mich um und ließ mich in seine Arme fallen. Als er mich daraufhin wie selbstverständlich umarmte, blieben wir eine Weile so stehen. Dicht aneinandergepresst wiegten wir uns jetzt zu den sanften Tönen eines langsamen Songs. Ich spürte Schauder meinen Rücken hinuntergleiten. Ein angenehm warmes Gefühl von Glückseligkeit und Geborgenheit. Davud zog mich noch enger an sich, und ich ertappte mich dabei, mir vorzustellen, wie wir wohl als Liebespaar wären.

Plötzlich knallte es im Raum so laut, dass einige der Gäste vor Schreck aufschrien. Ohne es zu bemerken, krallte ich mich an Davud. Es waren Männer, ein ganzes bewaffnetes Komitee, das den Raum stürmte. Zwei von ihnen rannten direkt auf Davud und mich zu. Wir standen immer noch am Rand der Tanzfläche, regungslos aneinandergelehnt. Plötzlich riss mich eine Hand gewaltsam los, verdrehte mir den Arm und hielt mich von da an fest. Es schmerzte, aber der Schock darüber, was da vor unseren Augen geschah, lähmte mich. Einige der Mädchen weinten, jemand schrie panisch auf, doch am lautesten waren die Ausrufe der Männer, die das Haus stürmten. Sie forderten alle im Raum befindlichen Personen auf, sich nicht von der Stelle zu bewegen, beschlagnahmten die Flaschen mit Alkohol sowie die Musikanlage samt allen Kassetten und drängten die ersten Gäste gewaltsam nach draußen. Langsam verstand ich, was geschehen war. Jemand hatte uns verraten und uns die Ordnungskräfte auf den Hals gehetzt. Panik stieg in mir auf. Sie kroch von den Zehenspitzen zu den Knien, ließ sie weich werden, dann weiter zum Bauch, über den Brustkorb bis zum Hals und breitete sich schließlich in jeder Zelle meines Gehirns aus. Tausende Gedanken schossen mir durch den Kopf. Ich versuchte zu atmen, aber ich bekam kaum Luft, es war, als versperrte ein dicker Kloß meine Kehle.

Im Iran sind Tanzveranstaltungen strengstens verboten. Es ist ebenfalls nicht erlaubt, Alkohol zu konsumieren. Wenn man dabei erwischt wird, drohen hohe Geld- und Gefängnisstrafen. Aber noch viel strenger wird die iranische Frau wegen öffentlichen Kontakts zum anderen Geschlecht gemaßregelt. Zudem hatten wir Mädchen und Frauen uns stets nach dem Gesetz der Islamischen Republik zu kleiden, wenn wir in der Öffentlichkeit unterwegs waren. So schubste mich der Mann, der immer noch meinen Arm festhielt, plötzlich harsch nach vorn und befahl mir, mich ordnungsgemäß anzuziehen. Panisch fing ich an, meine Klamotten, den Manteau[12], das Kopftuch und meine Straßenschuhe überzustreifen. Mein Körper musste bis zu den Knöcheln bedeckt sein, die Arme mindestens bis zu den Ellenbogen, und das Kopftuch durfte gemäß den Vorschriften keine Sicht auf mein Haar gewähren.

Es war kurz vor Mitternacht, als ich zusammen mit anderen Mädchen von der Party in Untersuchungshaft gebracht wurde. Alle männlichen Gäste wurden gesondert dorthin transportiert und natürlich auch unabhängig von uns befragt. Die Horrorgeschichten aus iranischen Gefängnissen waren allgemein bekannt. Man hörte viel über die schrecklichen Foltermethoden, das kalte Grau der Wände und die unmenschlichen Umstände, denen man dort ausgeliefert war. Aber als diese Erzählungen und Bilder

12 *Von Frz. »Mantel« – steht für die Gewänder, welche für iranische Frauen in der Öffentlichkeit zur Pflicht gehören und mindestens bis zum Knie reichen müssen.*

plötzlich Realität wurden, begriff ich, dass Worte in diesem Fall nicht einmal annähernd die Wahrheit beschrieben hatten.

Wir wurden alle zusammen in einen großen Raum gedrängt. Am anderen Ende schliefen einige Insassinnen in Doppelstockbetten. Für uns neue Mädchen gab es keine Sitz- geschweige denn Schlafmöglichkeiten. Ich ließ mich an der Wand entlang auf den harten Boden fallen, der mit einem alten, verdreckten Teppich bedeckt war, und vergrub mein Gesicht tief in meinem Mantel. Mir war schwindelig und leicht übel von den Gerüchen, die sich in dem Raum zu einem schweren, dichten Gefüge aus Schweiß, Urin, Parfüm und Staub zusammensetzten. Ich machte meine Augen zu und versuchte mir vorzustellen, wie ich am nächsten Morgen wie gewohnt in meinem schönen, gemütlichen Bett aufwachen würde. Es würde nach schwarzem Tee mit Kardamom und meinem liebsten Brot – *Nan-e Barbari* – duften, das meine Mutter immer frisch vom Bäcker mitbrachte.

Doch der nächste Morgen war alles andere als gemütlich und schön. Zusammengekauert wachte ich in der gleichen Position auf dem Gefängnisboden auf, in der ich die Nacht zuvor eingeschlafen war. Die Luft im Raum war so stickig und drückend, dass ich mich kaum traute, einzuatmen. Von draußen hörte ich die Stimmen der Gefängniswärter, im Raum blickten mir missmutige Gesichter entgegen. Einige Frauen schliefen noch auf dem Boden. Kissen oder Decken hatte man uns keine gegeben. Ich spürte jeden meiner Knochen, mein Gesäß tat vom langen Sitzen weh, und meine Beine, die ich die ganze Nacht über gebeugt gehalten hatte, kribbelten unangenehm. Durch die kleinen, vergitterten Fenster ganz oben drang Tageslicht in den dunklen Raum. Von draußen hörte ich Schritte und Männerstimmen. Ich hoffte sehnsüchtig darauf, dass gleich jemand durch die Tür kommen und mich zu meinen Eltern bringen würde.

Nach einer gefühlten Ewigkeit wurde ich tatsächlich aufgefordert, aus dem Raum zu treten. Wir gingen den langen Korridor entlang, den ich am Abend zuvor hinuntergelaufen war, bis sich auf der rechten Seite eine Tür öffnete und wir einen Raum betraten.

Als Erstes sah ich Davud, dann meine Eltern, daneben einen mir unbekannten Mann und eine Frau, die mich mit missbilligenden Blicken von Kopf bis Fuß musterten. Davud starrte auf seine Füße und ließ die ohnehin furchtbare Situation noch unangenehmer wirken. Am anderen Ende des Raumes saß ein Gefängniswärter. Er war gerade dabei, Unterlagen auszufüllen. Ich traute mich kaum, meine Eltern anzuschauen, geschweige denn etwas zu sagen. Und während ich heimlich darauf hoffte, dass mich nur noch einige Formalitäten von meiner Entlassung trennten, machte sich ein unheilvolles Gefühl in meinem Körper breit. So gewaltig und angsteinflößend, dass es mir erneut die Kehle zuschnürte.

In diesem Moment ging die Tür hinter mir auf, ein *Mullah*[13] betrat den Raum. Mein Herz setzte aus, und mir wurde schwindelig. Erst jetzt bemerkte ich die beiden Stühle, die hinter Davud standen. Der Mullah platzierte uns darauf. Von diesem Moment an wusste ich genau, was auf mich zukommen würde. Im Iran gelten unerlaubte Beziehungen zwischen Mann und Frau, die unverheiratet sind, als Verbrechen. Es kann schon reichen, sich öffentlich miteinander zu unterhalten. Steht man dabei in keinem Verwandtschaftsverhältnis zueinander, muss man als Konsequenz mit harten Bestrafungen rechnen. Bei Davud und mir war die Situation noch heikler. Wir wurden Arm in Arm tanzend und angetrunken auf einer unerlaubten Party erwischt. Dabei war ich

---

13 *Persisch: mollā, islam. Gelehrter, Lehrer, Prediger und Geistlicher niederen Ranges oder Theologiestudent.*

nach allgemeiner Auffassung auch noch halbnackt. Schon für ein einziges dieser Vergehen würde man uns laut der Gesetzgebung der Islamischen Republik mindestens mit Peitschenhieben und darauffolgender Inhaftierung bestrafen. Gingen die Delinquenten in solch einem Fall eine Ehe ein, bestand die Chance, zumindest die Gefängnisstrafe zu umgehen. Wie hart die Strafe letztendlich ausfallen würde, hing von der Willkür des Richters ab. Mir war sogar zu Ohren gekommen, dass manche Juristen die Angeklagten mit der Ankündigung besonders hoher Strafen und grausamer Konsequenzen einschüchterten, nur um die Missetäter am Ende – ohne jegliche gesetzliche Grundlage – zur Zwangsheirat zu bewegen.

Sowohl meine als auch Davuds Eltern waren gegen die Zwangsehe, doch trotz aller Bestürzung war es in dieser Situation wohl das Beste, was wir tun konnten. Mein Herz schlug bis zum Hals. Diese Situation war einschüchternd, beängstigend, sie würde alle meine Träume von einem unbeschwerten Studium und freien Leben zerstören, aber ganz tief in mir drin verspürte ich gleichzeitig so etwas wie Aufregung, und dieses Gefühl machte alles noch verwirrender. Nach außen hin war ich ganz still. Nur meine Zähne pressten sich so stark auf meine Unterlippe, dass diese zu bluten begann. Die versteinerten Gesichter unserer Eltern sprachen Bände, während der Mullah seine Arbeit erledigte. Minuten später verließen Davud und ich den Raum – als Eheleute.

Davud hatte darauf bestanden, dass wir in eine gemeinsame Wohnung in der Nähe seines Elternhauses zogen. Ich wollte das nicht, denn ich liebte meine alte Wohngegend und wusste, ich würde sie vermissen. Nach der iranischen Gesetzgebung jedoch hat der Ehemann das Recht, den Wohnort der Familie zu bestimmen. Die Frau dagegen hat keine Mitsprache. Schließlich, nach unzähligen lauten Auseinandersetzungen, musste ich kapitulieren.

Wenn mich heute jemand fragen würde, warum ich nicht direkt nach der Eheschließung darauf bestanden hatte, dass wir uns scheiden ließen – denn diese Möglichkeit gab es durchaus –, würde ich sagen: Ich war wirklich verliebt in diesen Mann. Auch wenn mein Traum vom Beginn eines glücklichen Ehelebens anders aussah als eine Zwangsverheiratung, hatte ich dennoch Schmetterlinge im Bauch. Ich dachte, wir würden es einfach versuchen, und auch Davud war zumindest in den ersten Tagen und Wochen aufmerksam, verliebt und zärtlich. Wir erlebten eine glückliche Anfangszeit. Zumindest kam es uns so vor.

Doch sehr schnell offenbarte sich die Schattenseite unserer Verbindung. Davud war rasend eifersüchtig. Täglich verließ er frühmorgens die Wohnung und wenn er abends von der Arbeit zurückkehrte, war ich an der Reihe, meine ehelichen Pflichten zu erfüllen. Tagein, tagaus. Manchmal hatte ich keine Lust auf körperlichen Kontakt, was für eine Frau völlig normal ist. Das machte ihn wütend. Er wurde grob, zwang mich dazu, mich zu fügen. Dabei hatte er, der Ehemann, das Recht auf seiner Seite, denn nach islamischem Gesetz ist Vergewaltigung innerhalb einer Ehe offiziell erlaubt. Nach Lust und Laune haben Ehemänner ein Anrecht auf die ständige sexuelle Verfügbarkeit ihrer Ehefrau. Wieder und wieder ließ ich seine gewaltsame, grobe Art über mich ergehen, bis er irgendwann befriedigt von mir abließ. Wenn er wütend war, warf er mir vor, ich sei eine unanständige Frau. Ein Mädchen mit Würde hätte – seinen Vorstellungen zufolge – niemals auch nur einen Fuß auf diese Party gesetzt. Geschweige denn mit einem Jungen eng umschlungen getanzt. Ich verstand diese Doppelmoral nicht. Warum galt es für eine Frau als verwerflich, für einen Mann jedoch nicht, obwohl er sich auf derselben Party viel aufdringlicher verhalten hatte?

Seine Beschimpfungen wurden alltägliche Gewohnheit, er

suchte nach Gründen, um mir Prügel anzudrohen, und zögerte nicht lange, diese Drohungen auch in die Tat umzusetzen. Doch das Schlimmste für mich war, dass er mich zu Hause eingesperrt hielt. Die Wohnung war stets dunkel, denn er bestand darauf, die Vorhänge geschlossen zu halten. Manchmal schob ich heimlich eine Gardine zur Seite, um einen kleinen Blick nach draußen zu erhaschen. Mit paranoider Pedanterie kontrollierte Davud die Position der Vorhänge. Es gab Tage, da hatte ich mich nicht einmal in der Nähe der Fenster aufgehalten, aber bei der kleinsten vermuteten Abweichung schlug er auf mich ein und bezichtigte mich des Fremdgehens. Davud warf mir vor, durch die Fenster fremde Männer anzulocken, um mit ihnen dann zu schlafen, während er außer Haus war. Das klang für mich so absurd, dass ich kaum noch wusste, wie ich mich gegen seine Anschuldigungen zur Wehr setzen sollte. Wie an diesem einen kalten Winterabend.

Zu meinen häuslichen Ritualen vor dem Kochen gehörte es, im alten Rezeptbuch meiner Mutter zu blättern, das sie mir nach meinem Auszug gegeben hatte. Dazu setzte ich mich auf die kleine Bank vor einem der Fenster. Ich suchte das Rezept von *Khoresht-e Ghormeh Sabzi* und würde dazu Reis mit Safran servieren. Der traditionelle persische Kräutereintopf war das Leibgericht meines Vaters. Ein zarter Lichtstrahl der untergehenden Sonne stahl sich durch den Spalt zwischen den Vorhängen, und ich schob einen davon behutsam zur Seite. Bald verbreitete sich der Duft von Petersilie, Schnittlauch, Dill, Minze und Bockshornklee in der ganzen Wohnung – gedankenversunken hackte ich alles klein, so wie meine Mutter es immer tat.

Als Kind habe ich es geliebt, meiner Mama beim Zubereiten von Speisen zuzusehen. Es gab mir ein heimeliges Gefühl und erinnerte an die warme, liebevolle Atmosphäre sowie meine unbeschwerten Kindertage im Haus meiner Eltern. Sobald meine Mutter den Tisch gedeckt hatte, saßen wir zu dritt zusammen und tauschten uns über dieses und jenes aus. Nach dem Abendessen setzte ich mich oft ans Klavier und spielte meine Lieblingsstücke des iranischen Komponisten Anoushiravan Rohani. Sein Album *Yadegare Omr*, was auf Deutsch so viel heißt wie »Erinnerung an das Leben«, gehört auch heute noch zu meinen Favoriten. Die melancholischen Melodien berührten mich schon als Kind und junges Mädchen tief in meiner Seele. Damals wusste ich noch nicht, dass genau diese Kompositionen mir Kraft und Hoffnung in einer der schlimmsten Phasen meines Lebens schenken würden.

So summte ich die Melodien vor mich hin, während ich das Abendessen zubereitete, und träumte davon, diese Harmonie aus meinem Elternhaus eines Tages auch in meinem Leben mit Davud zu erfahren. Als mein Mann wenig später die Wohnung betrat, war bereits alles angerichtet: das duftende *Khoresht-e Ghormeh Sabzi*, Reis mit Safran und Salat. Ich gab mir viel Mühe beim abendlichen Tischdecken. Auch Davud schien an diesem Tag besonders gut gestimmt zu sein, er gab mir einen Kuss zur Begrüßung und setzte sich in Vorfreude auf das Essen direkt an den Tisch. Ich machte mich daran, den Tee vorzubereiten, als er plötzlich mit seiner Faust wütend auf den Tisch donnerte. Ich zuckte zusammen. Davud sprang auf und schrie:

»Du ehrlose Schlampe! Dachtest wohl, es würde mir nicht auffallen? Oder hast du es mit Absicht gemacht, um mich zu verärgern?«

Erschrocken fuhr ich herum, denn ich verstand überhaupt nicht, was geschehen war, bis mein Blick auf den Vorhang fiel. Gedankenversunken hatte ich vergessen, ihn wieder zurechtzuschieben. Aber ehe ich irgendetwas erwidern konnte, ging Davud auf mich los und schlug mir mit aller Kraft mit der flachen Hand ins Gesicht. Ich taumelte, versuchte mich am Küchentisch festzuhalten, aber der nächste Schlag kam direkt hinterher. Nur diesmal war es seine Faust. Wutentbrannt und völlig außer Kontrolle schlug er immer und immer wieder zu, bis ich mich nicht mehr auf den Beinen halten konnte. Mit dem Gesicht zum Boden lag ich da und versuchte, mich mit meinen Händen vor weiteren brutalen Schlägen zu schützen. Ich schrie und flehte ihn an, aufzuhören. Aber Davud war rasend vor Eifersucht. Er warf sich auf mich und griff sich eine Decke, die auf unserem Sofa lag. Die stülpte er über meinen Kopf und drückte mit seinem ganzen Gewicht auf meinen Körper, sodass ich kaum noch Luft bekam. Das Einzige, was mir blieb, waren meine Hände. Ich ballte sie zu Fäusten und schlug so laut ich konnte auf den Boden. Unsere Nachbarn – ein nettes Ehepaar – waren meine einzige Hoffnung. Erstickend, fast ohnmächtig, drohten mich meine Kräfte zu verlassen. Dann endlich das erlösende Klingeln an der Tür. Davud ignorierte es und versuchte weiterhin, mich mit der Decke zu ersticken.

An jenem Abend war das Glück an meiner Seite. Ich weiß nicht, wie es unseren Nachbarn gelungen war, die Tür aufzubrechen. Sie stürmten hinein und warfen sich direkt zwischen Davud und mich. Immer noch nach Luft schnappend, verkroch ich mich halb benommen ins dunkle Schlafzimmer und bewegte mich stundenlang nicht von der Stelle.

Am nächsten Morgen nahm ich all meinen Mut zusammen und floh zu meinen Eltern. Meine Mutter erstarrte, als sie mich in diesem Zustand sah. Nach wie vor unter Schock und tränenüberströmt erzählte ich ihr, was in der Nacht zuvor geschehen war. Immer wieder sah ich die schrecklichen Bilder vor meinen Augen, und mein Herz zog sich zusammen, wenn ich an Davuds wutentbranntes Gesicht dachte. Es war mir unbegreiflich, wie ein und derselbe Mensch zwei so unterschiedliche Gesichter haben konnte. Er hatte so viele gute Seiten, wir teilten glückliche Erinnerungen, hatten unvergessliche Urlaube zusammen verbracht, und ich liebte seine hingebungsvolle, behutsame Art. Und er hatte einen tollen Humor. Umso schrecklicher war seine dunkle Seite. Doch nach jeder schlimmen Auseinandersetzung schaffte er es erneut, mich zu umgarnen. Er schaute mir tief in die Augen, flehte mich an, ihm zu verzeihen, und versprach hoch und heilig, dass er so etwas nie wieder tun würde.

Einmal brachte er mir sogar einen Hundewelpen als Wiedergutmachung mit. Es war später Abend. Davud schlich sich in die Wohnung, als ich schon im Halbschlaf war. Am Morgen des Tages hatten wir eine heftige Auseinandersetzung gehabt, weil er die Nacht zuvor nicht nach Hause gekommen war. Ich hatte gewagt zu fragen, wo er gewesen sei. Daraufhin verlor Davud die Kontrolle, schmiss mit Gegenständen um sich und drohte, mich für Wochen einzusperren. Und nun stand er kleinlaut vor meinem Bett. Das niedliche Zwergdackelmädchen blickte mich mit ihren winzigen Knopfaugen an, und mein Herz schmolz dahin. Ich liebte Hunde über alles, und es war mir vollkommen unklar, wie diese süßen, treuen Wesen im islamischen Glauben als »unrein« gelten können. Ich gab ihr den Namen Shadi[14], weil sie mich vom ersten Augenblick an so entzückte. Meine Güte, was habe ich diesen kleinen Zwergdackel angebetet. Fünfzehn Jahre blieb sie an meiner Seite. Dieses liebenswerte Wesen mit ihren Schlappohren und kurzen Beinchen half mir über die vielen einsamen und schmerzvollen Stunden hinweg. Heute bin ich froh, sie damals in meinem Leben gehabt zu haben. Wäre Shadi später in mein Leben gekommen, hätte es für sie einen schlimmen Ausgang haben können. Im Sommer 2022 nämlich verabschiedete das Mullah-Regime ein grausa-

---

14 *Shadi, dt.: Fröhlichkeit*

mes Gesetz, welches das Gassigehen in der Öffentlichkeit verbietet. Werden Hundehalter dabei erwischt, drohen Geldstrafen bis zu 2500 Euro und bis zu drei Monate Gefängnis. Die Tiere werden dabei von der Sittenpolizei beschlagnahmt, geschlagen, vergiftet oder erschossen. Wenn ich heute daran denke, dass meine kleine Shadi in die Hände dieser Unmenschen geraten wäre, zieht sich mein Magen zusammen. Und das alles passiert in einem Land, das 1948 eines der ersten Länder des Nahen Ostens war, das ein Tierschutzgesetz verabschiedete.[15] Unser Land hat sich drastisch zurückentwickelt, genau wie unser Shahanshah[16] es einst prophezeit hat.

Davuds Mutter leistete ebenfalls große Überzeugungsarbeit, wenn es darum ging, mich von der Unschuld ihres geliebten Sohnes zu überzeugen. Sie erzählte mir viel von Davuds Vater und seinem feurigen Temperament und auch davon, wie sich alles nach der Geburt der gemeinsamen drei Kinder geändert hatte und ihr Ehemann zum liebsten und treusorgendsten Mann mutierte. Ihre Erzählungen schenkten mir neuen Mut. Ich begann zu hoffen, dass sich meine starken Gefühle für Davud, wenn es erst einmal so weit wäre, erneut mit gleicher Intensität entzünden würden.

Nach diesem furchtbaren Streit verbrachte ich etwa eine Woche im Haus meiner Eltern. Meine Mutter flehte mich in langen Gesprächen an, endlich etwas gegen diesen Terror zu unternehmen, und schließlich ging ich zur Polizei. Es war uns bewusst, wie man dort auf Frauen reagierte, die versuchten, ihre Männer an den

15 *Welttierschutzgesellschaft e. V.: »Hunde im Iran: Zwischen grausamer Verfolgung und mutigen Protesten« vom 31.01.2023, URL: https://welttierschutz.org/hunde-im-iran, Stand: 09.06.2023.*

16 *Deutsch: »König aller Könige«, ein Titel, mit dem iranische Könige im Volksmund benannt wurden. Zuletzt bringt man diese Bezeichnung mit dem letzten Schah Mohammad Reza Pahlavi in Verbindung.*

Pranger zu stellen. Trotzdem war es einen Versuch wert, und die Tatsache, dass ich unsere Nachbarn als Zeugen nennen konnte, gab mir Mut. Die Männer nahmen mich nicht ernst, lachten sogar spöttisch über mein Vorhaben, Davud anzuzeigen, und schickten mich nach Hause. Einige Tage später sollte ich erfahren, dass ich in der fünften Woche schwanger war. Wie ein geschlagener Hund kehrte ich in Davuds Arme zurück.

In der gemeinsamen Wohnung holte mich der Alltag schnell ein. Traditionell besuchten wir jeden Freitag, der im Iran ein arbeitsfreier Tag ist, seine und meine Eltern. Das waren meine einzigen sozialen Kontakte. Meine Freundinnen, die mir einst sehr nahestanden, durfte ich nicht mehr sprechen geschweige denn treffen. Davud und seine Mutter waren der Meinung, dass ihr verdorbener, unzüchtiger Lebensstil einen schlechten Einfluss auf mich hätte. Ich vermisste es sehr, mich mit ihnen zu unterhalten, und fühlte mich oft endlos einsam, verlassen, abgeschnitten vom Rest der Welt.

Davuds Eltern waren seit dem Tag unserer Eheschließung nicht gut auf mich zu sprechen. Besonders seine Mutter gab mir jedes Mal voller Verachtung zu verstehen, wie schändlich und wertlos ich in ihren Augen war. Eine Bürde für ihren geliebten Sohn, ein Fluch für die ganze Familie. Sie hatte immer von einer großen, prunkvollen Hochzeitsfeier für ihren geliebten Sohn geträumt und gab mir alle Schuld dafür, dass ihr das verwehrt blieb. Natürlich hätte es durchaus die Möglichkeit gegeben, die Feier später nachzuholen. Doch in den Augen von Davuds Eltern wäre dies eine beschämende Geste, denn die gesamte Verwandtschaft war über den eigentlichen Grund der Eheschließung informiert. Das Interessante daran war, dass auch meine Eltern es liebend gern anders gehabt hätten. Ich war ihr einziges Kind, und selbstverständlich haben sie sich meine Hochzeit als glückliches, ausgelassenes

Fest vorgestellt. Doch im Iran interessiert es nicht, was eine Frau sich wünscht.

So war der Besuch bei meinen Eltern mein einziger Lichtblick in der Woche. Manchmal würde mir Davud selbst diese Freude nehmen und mich – nach seinen Wutausbrüchen – tagelang in der Wohnung einsperren. Es hatte sich also nicht viel geändert.

Besonders jetzt, da ich wusste, dass ich mein erstes Kind erwartete, versuchte ich, mich so gut es ging zu schützen. Auch mental. Ich redete mir ein, dass wir, wenn das Kind erst einmal da war, endlich zu einer richtigen Familie zusammenwachsen würden. Meine Mutter, mit der ich täglich stundenlang telefonierte, redete mir gut zu und versuchte mich zu stärken.

Davuds Mutter mischte sich weiterhin rege in unser Leben ein. Und während meine eigene Mutter mich eher selten in unserer Wohnung besuchte, da ich sie vor bösen Zungen und einem schlechten Umgang schützen wollte, war meine Schwiegermutter ständig da. Sie erklärte mir, wie ich den Haushalt zu führen habe und wie ich ihrem Sohn besser zu Diensten stehen sollte. Doch ganz gleich, wie viel Mühe ich mir gab, ich konnte es ihr einfach nicht recht machen. Mit aller Kraft versuchte ich, ihre Tiraden an mir abprallen zu lassen. In meinem Zustand brauchte ich Ruhe und Harmonie. Aber bald gab es ein großes Problem. Als Davud von meiner Schwangerschaft erfuhr, war seine Reaktion eindeutig:

»Das Kind lässt du abtreiben. Ich arrangiere alles.«

Ganz egal, wie sehr seine Mutter – hier waren wir ausnahmsweise einer Meinung – und ich versuchten, auf ihn einzureden, Davud blieb hart und unerbittlich. Der Tag der Abtreibung rückte näher, und vor lauter Trauer darüber kaute ich mir die Nägel bis zum Fleisch ab. Dieses ungeborene Kind schenkte mir neuen Lebensmut, einen Hoffnungsschimmer, eine ganz wichtige Aufgabe und Mission, die ich von ganzem Herzen erfahren und erfüllen wollte. Doch Davud ließ sich – diskussionslos – nicht von seiner Entscheidung abbringen. Irgendwann im Streit jedoch ließ er einen Satz fallen, der mich schockierte:

»Mit so einer ehrlosen Frau wie dir würde kein Mann ein Kind bekommen wollen. Willst du, dass mich dieses Wesen ein Leben lang an die Schande erinnert, die du mir angetan hast?«

Voller Sorge und Angst ließ ich die Tage verstreichen, wie eine Verurteilte, die auf ihre Hinrichtung wartet. Davon abgesehen, dass Abtreibungen im Iran als illegal und gesetzeswidrig galten, waren sie sehr gefährlich. Meist wurden sie nicht einmal von ausgebildeten Ärzten ausgeführt. Dies führte nicht selten dazu, dass die Frau an den Folgen der Operation verstarb oder mit schlimmen gesundheitlichen Konsequenzen leben musste. Und wenn eine Abtreibung herauskam, riskierten sowohl der durchführende Mediziner als auch die Frau hohe Gefängnisstrafen.

Schließlich war es so weit. Am Abend zuvor hatte ich meine Sachen gepackt, während ich mir das Hirn zermarterte, was ich unternehmen konnte, um diese unheilvolle Situation doch noch zu retten. Ich betete und hoffte inbrünstig, Davud würde seine Meinung in letzter Sekunde noch ändern. Aber es geschah nicht. Unterwegs weinte ich bitterlich, während Davud regungslos am Steuer saß. Außerhalb der offiziellen Öffnungszeiten schlichen wir uns in das Praxisgebäude. Von da an ging alles sehr schnell. Ein Arzthelfer brachte uns in die zweite Etage. Ganz am Ende eines langen Korridors – der mir unendlich schien – befand sich das Zimmer, in dem mir mein Baby genommen werden sollte. Davud wartete draußen, während ich hineinbegleitet wurde.

»Hinter dem Paravent können Sie Ihre Kleider ablegen und das OP-Oberteil anziehen«, sagte mir der Arzthelfer, der uns die ganze Zeit über begleitete. Er wirkte unsicher oder leicht verängstigt.

Ich konnte es nicht recht deuten. »Und dann legen Sie sich auf den Rücken auf diese Liege.«

Er zeigte auf den Arztstuhl, der in der Ecke des Zimmers stand. Der Raum war in ein unbehagliches Dämmerlicht getaucht. Ich versuchte, tief durchzuatmen. Angst um mein Leben hatte ich keine, ganz im Gegenteil. Wenn dieses Verbrechen jetzt vollzogen würde, wollte ich sowieso lieber sterben, als mit dem Schmerz weiterleben zu müssen. Ich spürte die Kälte des Untersuchungsstuhls auf meiner Haut, die Zeit stand still, und ich wünschte mir nichts sehnlicher, als diesen Moment so lange wie möglich auszudehnen. Als der Arzthelfer erneut das Zimmer betrat, zuckte ich zusammen. Wortlos machte er sich daran, die Instrumente zurechtzulegen. Ihr eisiges Klirren – jedes Mal, wenn sie sich berührten – tat mir in den Ohren weh. Und dann kam der nächste Schock. Dieser Mann, von dem ich dachte, er würde dem Arzt assistieren, war der Mann, der die Operation durchführen würde. Schlagartig setze ich mich auf:

»Ich bitte Sie, meinen Mann ins Zimmer zu holen«, verlangte ich. »Ich muss dringend mit ihm sprechen.«

Der vermeintliche Assistent weigerte sich, wurde ungeduldig und begann, aufgebracht auf mich einzureden. In diesem Moment klopfte es an der Tür, und ohne eine Reaktion abzuwarten, steckte Davud seinen Kopf in den Türspalt.

»Kann ich Sie für einen Moment sprechen?«, er schaute den Arzthelfer an und bat ihn, zu ihm nach draußen zu treten. Ich war wieder allein. Allein mit meiner Angst, meinen Gedanken und der Ungewissheit darüber, wie ich diesen schrecklichen Tag überleben sollte. Ich weiß nicht, wie viel Zeit vergangen war, vielleicht fünf Minuten, vielleicht eine halbe Stunde, als sich plötzlich Davud vor mir aufbaute.

»Zieh dich wieder an, pack die Sachen, wir fahren nach Hause.«, fuhr er mich mit einem Gesichtsausdruck an, den ich nicht deuten konnte.

Als ich das Zimmer verließ, war ich sehr verwundert, Davuds Mutter auf einem Stuhl sitzend vorzufinden. Sie stand auf, tätschelte mir vielsagend den Arm und verließ mit uns das Gebäude.

Es sollte der einzige Tag in meiner Erinnerung bleiben, an dem Davuds Mutter so etwas wie Empathie mir gegenüber gezeigt hatte. Später erfuhr ich, dass dieses Verhalten nicht von ungefähr kam. Auf dem Weg nach Hause erzählte sie mir, dass sie bei einem Geistlichen war, der für sie das *Istikhara*-Gebet sprach. Bei diesem muslimischen Gebet gab ein Geistlicher mithilfe des Korans – der Heiligen Schrift des Islam – die Antwort auf eine Frage und half damit, wichtige Entscheidungen zu treffen. Er konnte dem Fragenden sagen, ob eine Sache, zu der sich derjenige entschlossen hat, gut oder schlecht ausgehen würde. Davuds Mutter war von vornherein strikt gegen den Abort gewesen, aber das Gebet gab ihr nun höhere Gewissheit darüber, dass diese Abtreibung schlimme Konsequenzen für alle beteiligten Personen hätte. Sie war so überzeugend in ihrer Argumentation, dass Davud sich im letzten Moment umstimmen ließ. Damit rettete sie mir und meinem Ungeborenen das Leben, und dafür war ich ihr unendlich dankbar.

Unser Sohn Kian kam am 19. Juni 1993 kerngesund zur Welt. Dieses kleine Wesen stellte mein Leben von einem Tag auf den nächsten gänzlich auf den Kopf und machte es für mich unbeschreiblich wertvoll. Zu meiner großen Überraschung war auch Davud wie ausgewechselt. Er liebte unseren kleinen Sohn und verbrachte jede freie Minute mit ihm. Da er nach wie vor viel arbeitete, war meine Schwiegermutter jetzt umso häufiger bei uns. Oftmals blieb sie den ganzen Tag in unserer Wohnung und legte – Kian gegenüber – ein auffällig besitzergreifendes Benehmen an den Tag. Manchmal beobachtete ich sie heimlich, während ich so tat, als wäre ich mit dem Haushalt beschäftigt. Man hätte denken können, sie wäre seine leibliche Mutter und nicht ich. Auch fragte sie mich nie, ob sie Kian mitnehmen dürfe, wenn sie das Haus verließ. Sie tat es einfach. Meist ging sie mit ihm nur in den nahe gelegenen Park, und ich sah meinen Sohn kurze Zeit später wieder, aber ab und zu kam es auch vor, dass Kian über Nacht bei ihr blieb. Auch wenn Davud ein liebevoller Vater war, hörten die grundlosen Eifersuchtsszenen, in denen er stets die Kontrolle verlor, nicht auf. Doch neben den körperlichen Schmerzen, die er mir zufügte, kam hinzu, dass er mir nun regelmäßig Kian entzog. Mit diesem Ass im Ärmel konnte er mich regelrecht terrorisieren, und selbst als Kian noch ein Säugling war und ich ihn stillte, nahm Davud darauf keine Rücksicht. Während also mein Sohn in den Armen von Davuds Mutter nach meiner Milch schrie, stand ich fast dauerhaft unter der Dusche und versuchte, die schmerzhaft drückende Milch aus meinem Busen auszustreichen. In den Nächten, in denen Kian nicht bei mir war, schlief ich kaum vor lauter Schmerzen. Mein Busen schwoll an, und ich litt an Milchstau. Wurde mir Kian für einen längeren Zeitraum entzogen, breitete sich die Entzündung weiter aus, und ich bekam hohes Fieber. Aber am schlimmsten in diesen Phasen war die Sehnsucht nach meinem kleinen Sohn, den ich fürchterlich vermisste.

Der alles verändernde Tag kam, als Kian etwa zwei Jahre alt war. Davud hatte an diesem Abend angekündigt, seinen guten Freund zum Abendessen mitzubringen. Auch wenn es mir selbst verwehrt blieb, meine Freundinnen einzuladen, freute ich mich immer über Besuch. Das war eine willkommene Abwechslung in meinem Alltag, und so machte ich mich daran, Essen vorzubereiten und den Tisch zu decken. Ich bereitete *Morgh-e Zaferani* zu – ein Safranhähnchen, das mir sehr gut gelang, dazu gab es *Polo ba*

Tahdig Sibzamini, einen auf besondere, persische Art zubereiteten Reis mit Kartoffeln und Safran. Den Tomaten-Gurken-Salat *Shirazi* richtete ich immer mit sehr viel frischer Minze an, und als Dessert gab es *Sholeh Zard*, den gewürzten süßen Reispudding an Rosenwasser.

Als Davud und sein Freund unsere Wohnung betraten, schlief Kian bereits friedlich in seinem Bettchen. Sie aßen und tranken, und ich war immerzu damit beschäftigt, etwas nachzureichen und den Tee vorzubereiten. Das Abendessen schmeckte köstlich, das sah man den beiden Männern an. Einige Zeit später verabschiedete sich Davuds Freund und verließ die Wohnung. Gezählte Sekunden nachdem die Tür hinter ihm ins Schloss gefallen war, ging Davud auf mich los.

»Was fällt dir eigentlich ein, du Hure? Reicht es dir nicht, einen Mann zu haben? Jetzt versuchst du mit allen Mitteln auch noch meinen Freund zu verführen?! Ich werde dir gleich zeigen, wer dein Mann ist, und dich daran erinnern, wie du dich gefälligst zu benehmen hast!«

Er griff fest nach meinen Haaren. Ich versuchte, etwas zu entgegnen, mich irgendwie zu wehren. Seine große, breitschultrige Statur machte mir in solchen Momenten Angst, aber mehr noch seine tiefe, wütende Stimme, mit der er mich maßregelte. Mein langes Haar fest in seiner Hand eingedreht, schleuderte er mich herum. Ich flog gegen den Tisch, die Stühle, alles, was im Raum im Weg stand. Dann ließ er von mir ab, und ich atmete kurz auf. Aber schon im nächsten Moment spürte ich einen harten Schlag mitten ins Gesicht. Er traf mein Auge und dann das zweite. Immer und immer wieder. Er schlug zu, so, wie er es immer tat. Nur diesmal war es anders: Meine beiden Augen schwollen fast augenblicklich so sehr an, dass ich kaum noch etwas erkennen konnte und nur noch Umrisse wahrnahm. Beinahe ohnmächtig vor

Schmerz flehte ich Davud an, aufzuhören – wenn nicht meinetwegen, dann vielleicht um Kians Willen. Davud hörte mich nicht, blind vor Wut drosch er weiter auf mich ein.

Als ich wieder zu mir kam, vernahm ich besorgte Stimmen. Darunter die meiner Mutter, das konnte ich deutlich unterscheiden. Ich erinnere mich noch gut daran, dass ich mich nicht bewegen konnte. Und es war mir unmöglich, meine Augen zu öffnen. Ein stechender Schmerz durchfuhr meinen Kopf, als ich versuchte, meinen Mund zu bewegen, um etwas zu sagen. Daraufhin wieder schwarzes Nichts. Im Koma – das erfuhr ich später von meiner Mutter – musste ich an den Augen operiert werden. Mein Sehvermögen war in Gefahr, deshalb wurde mir in ein Auge ein künstliches Gefäß eingesetzt. Neben den schweren Kopfverletzungen hatte ich eine Gehirnerschütterung sowie Schürfwunden und riesige Blutergüssen am ganzen Körper. Mehr aber noch schmerzte meine Seele, als mir bewusst wurde, dass gerade meine Familie und damit der Traum von einem harmonischen Leben zerbrachen.

»Mama, wo ist Kian, wie geht es meinem Sohn?«, fragte ich sie, sobald ich wieder zu mir kam.

»Es geht ihm gut, er ist bei Davud und seiner Mutter«, antwortete sie verhalten. Erleichterung. In meinem Kopf hatte ich mir schon die schlimmsten Szenarien ausgemalt. »Aber Laleh, du weißt, dass ich dich nicht wieder zu ihm lasse. Es reicht, ich habe die Hoffnung lange nicht aufgegeben, dass ihr eine gute Basis findet. Doch jetzt ist es genug!«

Wir wussten beide, was das für Kian und mich bedeuten würde. Im Falle einer Scheidung stand das Sorgerecht ausnahmslos dem Vater zu. Es sei denn, er würde es mir freiwillig übertragen. Aber so etwas würde niemals passieren, denn Davuds Mutter setzte alles daran, Kian für immer bei sich zu behalten. Geistesabwesend starrte ich vor mich hin. Ich sah nach wie vor nur verschwommen, und meine Wunden schmerzten sehr, aber das, was ich da langsam realisierte, war ein irrsinniger Alptraum. Ein Leben ohne Kian? Unmöglich!

Ich wusste, dass es ein Wunder bräuchte, wenn ich meinen Sohn bei mir behalten wollte. Nach einem langen Krankenhausaufenthalt nahm mich meine Mutter mit nach Hause. Ich war zurück in meinem Elternhaus, in meinem alten Kinderzimmer, wo sie mich drei Monate lang Tag und Nacht pflegte. Meine Augen vertrugen kein Tageslicht, und ich musste diese schwere Zeit in absoluter Dunkelheit verbringen. Während dieser Wochen hatte ich viel Zeit, um mir Gedanken darüber zu machen, wie ich nun vorgehen würde. Trotz allem, was zwischen Davud und mir vorgefallen war, liebte ich ihn nach wie vor. Gefühle vergehen nicht einfach von heute auf morgen. Doch ich wusste auch, dass ich nicht wieder zu ihm zurückgehen konnte. Ich hatte einfach Angst um mein Leben und war sehr dankbar, dass meine Eltern finanziell so gut aufgestellt waren, dass sie mich bei sich aufnehmen und für mich sorgen konnten. Das war nicht selbstverständlich, dessen war ich mir bewusst.

Es verging einige Zeit, und sobald ich mich wieder einigermaßen bewegen konnte, nahm ich all meinen Mut zusammen und ging erneut zur Polizei. Ich hoffte auf Rechtsbeistand, schilderte meine Geschichte, die gewalttätigen Wutausbrüche Davuds. Aus dem Krankenhaus hatte ich sogar ein ärztliches Protokoll und Beweisfotos, die meine schlimmen Verletzungen dokumentierten. Ich ging bis zum Gericht, doch alles, was ich am Ende vom Richter zu hören bekam, war:

»Du solltest froh sein, überhaupt hier stehen zu dürfen. Und würde dein Mann dich nicht züchtigen, müssten wir es tun. Geh zu deinem Mann zurück und benimm dich, wie es sich für eine anständige Frau gehört.«

Das große Problem, das wir Frauen hier im Iran haben, ist, dass Männergewalt in der Ehe gesetzlich geregelt und legal ist. Dabei liegt es im Ermessen des Mannes zu entscheiden, ab welchem Zeitpunkt er seine Frau für ungehorsam hält. Das kann die Verweigerung von Geschlechtsverkehr sein oder aber – wie bei mir – bereits ein unpassender Blick.

Einige Wochen später ließen Davud und ich uns einvernehmlich scheiden. Zu meiner großen Verwunderung stimmte er der Trennung zu. Er war gekränkt und verletzt, und seine Worte waren:

»Was will ich mit einer Frau, die nicht schätzt, welchen Mann sie an ihrer Seite hat. Das konntest du noch nie, Laleh. Du hast mich nicht verdient, also lassen wir uns scheiden.«

Anfangs war ich erleichtert. Davud dachte sogar darüber nach, mir das Sorgerecht für Kian zu überschreiben. Aber selbst in diesem Fall, so tönte der Richter bei unserem Scheidungstermin in überheblich-parteiischer Manier, würde ich als Mutter das Sorgerecht laut Gesetz nur so lange behalten können, bis ich wieder heiratete. Zur Überschreibung kam es jedoch nicht. Davuds Mutter überzeugte ihn vom Gegenteil. Fortan würde Kian bei seinen Großeltern leben. Meine Schwiegermutter bekam am Ende das, wofür sie so lange gekämpft hatte.

Doch damit nicht genug. Davuds krankhafte Kontrolle und tosende Eifersucht hörten nicht auf. Weiterhin bestimmte und steuerte er mein ganzes Leben. Laut Gesetz darf der Vater des Kindes über das Besuchsrecht der Mutter entscheiden. So würde ich meinen Kian von nun an jeden Freitagmorgen abholen und ihn abends wieder bei Davuds Eltern abgeben. Wir sahen uns an unseren Geburtstagen sowie manchmal an Feiertagen. Doch selbst dann agierte Davud oftmals nach Lust und Laune. Wenn ihm etwas nicht passte, verweigerte er mir den Kontakt komplett. Manchmal für Wochen, manchmal für Monate. Er tätigte

Kontrollanrufe mitten am Tag und wehe, ich war nicht zu Hause anzutreffen. Meine Mutter ließ sich für mich Notlügen einfallen und erzählte Davud am Telefon, ich schliefe oder stünde gerade unter der Dusche. Keine zehn Minuten später klingelte er dann an unserer Tür und verlangte nach mir. Meine Abwesenheit reichte bereits als Grund, mir für Wochen oder sogar Monate mein Kind zu entziehen. In diesen Phasen schlich ich mich heimlich in den Kindergarten und später in seine Schule, nur um einen kurzen Blick auf meinen kleinen großen Sohn erhaschen zu können.

Davud wusste das Gesetz auf seiner Seite und nutzte das aus. Nur solange ich unverheiratet blieb, war es mir gestattet, meinen Sohn zu sehen. Aber schon jeglichen Kontakt zu einem anderen Mann untersagte er mir. Ich war ängstlich darauf bedacht, alles, was ich tat, streng geheim zu halten. Ganze zwölf unendliche Jahre lang. Auf dieser lähmenden Reise – voller Herzschmerz und Hoffnung zugleich – begleitete mich mein über alles geliebter Komponist Anoushiravan Rohani mit seinen lebensbejahenden Melodien aus *Yadegare Omr*. Ich träumte längst nicht mehr davon, die Welt zu bereisen oder im Ausland zu studieren. Mein einziger Wunschtraum bestand darin, meinen geliebten Sohn eines Tages ganz ohne Einschränkungen für immer in meine Arme schließen zu dürfen. Nie wieder würde ich ihn loslassen. Diese Vorstellung gab mir die Kraft zum Leben.

Eines Tages – ich war gerade dabei, die frisch gewaschene Wäsche aufzuhängen – klingelte es an der Tür. Ich erwartete keinen Besuch und eilte in den Flur, um nachzusehen, wer es sein könnte. Als ich die Tür öffnete, traute ich meinen Augen kaum. Mein Sohn, mein fast erwachsener, hübscher, gescheiter Sohn Kian stand vor mir. Er hatte eine große Tasche dabei und erklärte, dass er sich entschlossen hatte, bei mir zu leben und nicht mehr zu seinem Vater und den Großeltern zurückzugehen. Den Rest hörte ich nicht mehr und ließ mein tränenüberströmtes Gesicht auf seine Schulter fallen. Mein Traum war endlich in Erfüllung gegangen.

Rechtliche Auseinandersetzung mit der Fallgeschichte

Bei dem Fall Laleh steht die rechtliche Auseinandersetzung mit der Sorgerechtsbestimmung nach der islamischen Gesetzgebung im Vordergrund, wobei die Problematik illegaler Abtreibungen ebenfalls berührt wird.

ILLEGALE ABTREIBUNGEN

Sowohl das islamische als auch das postrevolutionäre iranische Gesetz stufen jegliche Art von Abtreibung als illegal und damit strafbar ein. In Einzelfällen, mit einem Nachweis darüber, dass der Fötus an einer bestimmten Anzahl an Entwicklungsstörungen und Normabweichungen leidet, kann allerdings eine Erlaubnis auf Abtreibung erwirkt werden. Die Grundlage dafür bildet das Gesetz über islamische Strafen aus dem Jahr 1991, welches besagt, dass Abtreibungen zwar grundsätzlich illegal sind, aber durchgeführt werden können, wenn damit das Leben der Mutter gerettet werden kann.

Heute werden im Iran 95 Prozent[17] der Abtreibungen illegal durchgeführt. Nur 3 Prozent sind legal, und 2 Prozent aller Schwangerschaftsabbrüche passieren spontan. Ende des Jahres 2021 wurde im Iran das »Gesetz für die Verjüngung der Gesell-

17 *»95 % Of Abortions Are Done Illegally In Iran – Official« – veröffentlicht am 08.09.2022, URL: www.iranintl.com/en/202209088084, Stand: 21.07.2023.*

schaft und den Schutz der Familie«[18] verabschiedet. Es besagt u. a., dass medizinisches Personal dazu angehalten ist, pränatale Diagnostik nicht zu bewerben oder anzubieten.[19] Wenn eine schwangere Patientin auf eigenen Wunsch ein Screening durchführen lassen möchte, muss sie dafür einen Antrag auf Genehmigung stellen. Zudem beinhaltet das Gesetz ein Verbot der kostenlosen Ausgabe von Verhütungsmitteln. Davon ausgenommen sind Frauen, die aus gesundheitlichen Gründen nicht schwanger werden dürfen.

Resultierend daraus lässt sich feststellen, dass die gesetzlichen Regelungen in Bezug auf Abtreibungen im Iran heute noch weniger Entscheidungsfreiheit zulassen als etwa Anfang der Neunzigerjahre, zum Zeitpunkt von Lalehs Abtreibung.

Heute wie damals müssen sowohl die durchführenden Ärzte als auch die betroffenen Frauen im Falle einer illegalen Abtreibung mit hohen Strafen rechnen. Mediziner riskieren dabei mehrmonatige Haftstrafen, während das Gesetz bei Frauen – je nach Zeitpunkt der Abtreibung – unterscheidet.

Findet die illegale Abtreibung bis zur 16. Schwangerschaftswoche, dem Zeitpunkt der sog. »Beseelung« statt, müssen betroffene Frauen mindestens mit einer Geldstrafe rechnen. Liegt der Zeitpunkt der Operation jenseits des genannten Zeitraums, drohen bis zu zehn Jahre Freiheitsstrafe.

Aufgrund dieser Gesetzeslage riskieren immer mehr iranische Frauen ihr Leben, indem sie sich unqualifizierten Operateuren anvertrauen, die teilweise unter katastrophalen Bedingungen und unter Missachtung jeglicher hygienischer Standards arbeiten.

---

18 *»Iran: Population Law Violates Women's Rights« – veröffentlicht am 10.11.2021, URL: www.hrw.org/news/2021/11/10/iran-population-law-violates-womens-rights, Stand: 21.07.2023.*

19 *»Iran's population policy: consequences for youth« – Thala Burki, veröffentlicht am 26.07.2022, URL: www.thelancet.com/pdfs/journals/lanchi/PIIS2352-4642(22)00220-6.pdf, Stand: 21.07.2023.*

Die iranische Gesetzgebung unterscheidet zwischen Vermögenssorge, Sorgerecht und Interessenvertretung sowie der tatsächlichen Personensorge.

Innerhalb einer Ehe, aus der Kinder hervorgegangen sind, obliegen das Recht der Vermögenssorge, das Sorgerecht und die Interessenvertretung des Kindes im Iran grundsätzlich dem Vater. Dagegen haben beide Elternteile gleichermaßen die Verpflichtung zur tatsächlichen Personensorge.

Nach einer Scheidung – wie in Lalehs Fall – galt bis zum Jahr 2003 das Gesetz, bei dem die Personensorge auf einen der Elternteile übertragen wurde.[20] Die Regelung richtete sich dabei nach dem Alter des Kindes, wobei auch hier zwischen Mädchen und Jungen unterschieden wurde. Während die Personensorge bei einem Mädchen bis zu ihrem siebten Lebensjahr der Kindesmutter zugesprochen wurde, überging dieselbige bei einem Jungen ab seinem zweiten Lebensjahr automatisch an den Kindesvater. Im Fall Laleh war der gemeinsame Sohn Kian zum Zeitpunkt der Scheidung älter als zwei Jahre. Somit stand das Gesetz unangefochten auf der Seite des Kindesvaters.

Seit dem Jahr 2003 greift im Iran eine angepasste Sorgerechtsregelung. Dabei wurde das für die Sorgerechtsregelung maßgebliche Alter der Mädchen und Jungen auf sieben Lebensjahre angeglichen. Ab diesem Zeitpunkt liegen das komplette Sorgerecht sowie die Vermögenssorge, Interessenvertretung und die tatsächliche Personensorge beim Vater.

An dieser Stelle sei erneut darauf hingewiesen, dass die Islamische Republik Iran seit 1990 Vertragspartei der UN-Kinderrechts-

20 *Art. 1169 der alten Fassung des iranischen Zivilgesetzbuches.*

konvention ist. Laut Artikel 9 Absatz 3 der UN-Kinderrechtskonvention »müssen die Vertragsstaaten das Recht des Kindes achten, regelmäßige persönliche Beziehungen und unmittelbare Kontakte zu beiden Elternteilen zu unterhalten«. Am Beispiel unseres Falles wird der Kindesmutter der sporadische Kontakt zu ihrem Sohn an einem Tag in der Woche sowie an Feier- und Geburtstagen nur so lange gewährt, wie sie keinen anderen Mann heiratet und ihren geschiedenen Ehemann in keiner Weise gegen sich aufbringt.

ERBRECHT

NASTARAN

Ich bin Nastaran, eine stolze, iranische Frau mit Wurzeln im Bachtiari-Stamm. Genauer gesagt eine Lur-Frau. Die Bachtiari sind eine nomadische Gruppe von Persern, die hauptsächlich in den Zagros-Bergen im Westen des Iran leben. Das Zagros-Gebirge ist eine der größten Gebirgsketten im Nahen Osten und erstreckt sich über eine Länge von etwa 1500 Kilometern. Seit dem 10. Jahrtausend v. Chr. – so wird vermutet – ist dies die Heimat von Völkern wie den Bachtiari, Lur, Qaschqai und Kurden, die dort hauptsächlich als Hirten leben und zu den ersten Völkern gehörten, die die Domestizierung von Ziegen vorantrieben. Auch meine Vorfahren bewohnten diese atemberaubend schöne Gegend. Sie trieben ihre Ziegen- und Schafherden durch die Berge, schlugen ihre großen, runden Zelte in den Sommermonaten in den hoch gelegenen Regionen auf und zogen, wenn es kälter wurde, wieder in die Täler, da dort das Klima im Winter milder ist und bessere Lebensbedingungen für Mensch und Vieh bietet.

Unsere Kultur ist voller Kraft, Mut und Schönheit. Die Menschen meines Stammes sind besonders für ihre traditionelle Lebensweise und die Pflege ihrer Bräuche sowie ihrer Geschichte bekannt. Über die lange Zeit hinweg haben sie ihre eigene Sprache – Lurisch oder Lorī – und Kleidung, ihre einzigartige Musik, die traditionellen Tänze sowie eine hochstehende Handwerkskunst kreiert. Besonders die Tanzkunst der Bachtiaren transportiert eine wichtige Symbolik. Männer und Frauen tanzen zusammen in einem Kreis, während sie sich dabei an den Händen halten. Das soll den Zusammenhalt sowie die Gleichstellung beider Geschlechter – unabhängig vom sozialen Stand – symbolisieren. Dazu wurden weiße Tücher in der Luft geschwungen als Zeichen des Friedens sowie gegenseitigen Respekts und Liebe. Unter den circa 300 000 Bachtiari, die heute noch nomadisch leben, gehören die Tänze zum Alltag, obwohl es im Iran seit der Revolution 1979 sowohl Männern als auch Frauen verboten ist, in der Öffentlichkeit, und besonders gemeinsam, zu tanzen.

Schon in meiner Kindheit hörte ich immer wieder Erzählungen von der unglaublichen Stärke und Ausdauer meiner Vorfahren – insbesondere der Frauen. Ich verehrte sie für ihr Durchhaltevermögen und ihren unbeirrbaren Lebenswillen. Ihre Fähigkeit, schwere Lasten auf ihren Rücken zu laden und über lange Strecken wochenlang durch Gebirgspässe zu tragen, während sie ihre Familien, ihr Vieh und ihren Hausrat versorgten, war bewundernswert. Diese Frauen waren echte Heldinnen.

Ich erinnere mich an die abenteuerlichen Geschichten meiner Großmutter, die alle davon handelten, wie sie als junge Frau mit ihrem Stamm durch die Berge wanderte. Sie sprach mit großer Leidenschaft von der Freiheit und Unabhängigkeit, die sie fühlte, als sie mit ihrer Familie im Zelt lebte und sich ausschließlich von dem ernährte, was die Natur hergab oder was ihr Stamm selbst produzierte. Ein wichtiger Bestandteil der Bachtiari-Kultur war die Schafherde. Wolle und Milch behielten die Menschen selbst, und das Fleisch wurde auf dem Markt verkauft oder gegen andere Güter getauscht. So sichern sich meine Vorfahren – bis in die heutige Zeit hinein – ihr Überleben. Ich habe immer bewundert, wie furchtlos meine Großmutter war, wie sehr sie ihre Kultur und Traditionen schätzte, und fühlte mich geehrt, ein kleiner Teil dieser Tradition zu sein. Bachtiari-Frauen sind auch heute für ihre außergewöhnliche Schönheit bekannt. Eine davon hinterließ sogar einen bleibenden Eindruck weit über die Grenzen des Iran hinaus. Soraya Esfandiary-Bakhtiary – die Tochter eines Bachtiari und einer Deutschen – gilt bis heute als eine der schönsten Frauen der Welt. Sie war die zweite Ehefrau von Schah Mohammad Reza Pahlavi von Persien. Nach ihrer Scheidung lebte sie in München und später in Paris, füllte in den Fünfziger- und Sechzigerjahren die bunten Seiten der Klatschpresse und machte sich einen Namen als Schauspielerin.

Meine Vorfahren sind ebenfalls für wunderschöne, bunte Kleidung bekannt. Natürlich hat sich der Stil – beeinflusst durch die westliche Kultur – maßgeblich verändert, doch ich schwärme noch immer von den alten Abbildungen der Lur-Frauen. Ihre typischen, langen Kleider aus Baumwolle oder Wolle nennt man *Jowa*. Sie reichten bis zu den Knöcheln, hatten Schlitze an den Seiten, damit man bequemer laufen konnte, und waren an den langen Ärmeln sowie am Hals mit wunderschönen Stickereien und Verzierungen geschmückt. Traditionell war ihr Haar zu langen Zöpfen geflochten, die seitlich herabhingen. Oft waren diese Zöpfe mit farbigen Bändern oder Stoffen verziert. Am schönsten fand ich jedoch die vielen Halsketten, Ohrringe, Armbänder und

Ringe aus Gold, Silber oder Kupfer. Alles üppig mit Edelsteinen oder Perlen besetzt. Diese kräftigen, bunten Farben sowie der auffällige Schmuck dominierten auch meine Garderobe. Heute noch trage ich Blumen und Schmuck im Haar sowie auffällige bunte Kopftücher, um meine kulturelle Identität zu betonen. Neben dem sehr ausgeprägten Kulturbewusstsein hatte ich mein ungewöhnliches Aussehen von den Lur-Frauen geerbt. Während die meisten Menschen im Iran dunkle Augen haben, leuchteten meine in schönstem, strahlendem Blau. Und auch mein Haar hatte nicht das dunkle Schwarzbraun wie das der meisten Frauen um mich herum. Meines, obwohl die meiste Zeit unter dem Kopftuch verborgen, war eher hellbraun – mit goldschimmernden Strähnen und Akzenten durchsetzt. Früher als Kind wirkte es durch die Sonne sogar noch heller und goldglänzender.

Die nomadische Lebensweise meiner Vorfahren hat mich nachhaltig geprägt. Sie hat mir gezeigt, wie wichtig es ist, eine starke Gemeinschaft und enge Verbindung zur Familie zu haben. Studieren und Karriere machen stand nie auf meinem Plan. Schon als Jugendliche wusste ich, dass ich so schnell wie möglich glücklich heiraten und meine eigene Familie gründen wollte.

Ich hatte gerade meinen 19. Geburtstag gefeiert. An diese Zeit erinnere ich mich gern zurück. Das Abitur lag seit einigen Wochen hinter mir, und gemeinsam mit meiner damals besten Freundin Sepideh genoss ich den Sommer in vollen Zügen. Zum Glück war meine Familie nicht streng religiös, was viele Freiheiten für uns Kinder mit sich brachte. Meine Mama war wie die meisten Frauen in meiner Familie handwerklich begabt. Auch das haben wir unseren Bachtiari-Vorfahren zu verdanken. Ihr gehörte eine Schneiderei mit einem kleinen Atelier, in dem sie anderen Frauen die Kunst des Schneiderns, Nähens und das Häkeln beibrachte. Letzteres wurde meine Leidenschaft, und ich habe keinen ihrer

Häkelkurse sausen lassen. Die Schneiderei, die meine Mutter sich aufgebaut hatte, machte sie sowohl finanziell als auch in ihrer Stellung als Frau ein Stück weit unabhängig. Sie hat zwar nie viel Geld verdient, es reichte jedoch aus. Das Wichtigste aber war, dass sie ihr Leben lang ihre eigenen finanziellen Entscheidungen treffen konnte, und dieses Lebensmodell imponierte mir. Neben meinem Abitur und auch später verbrachte ich unzählige Stunden in ihrem Atelier, schaute meiner Mutter über die Schulter, half beim Aussuchen der Stoffe und beim Entwerfen der Schnittmuster. In der übrigen Zeit waren Sepideh und ich unzertrennlich. Wir tauschten uns über Mädchenthemen aus und schwärmten für Jungs. Ich hatte schon lange jemanden, den ich heimlich verehrte. Tiam hieß der junge Mann meiner Träume. Er arbeitete in meinem liebsten Coffeeshop, wo Sepideh und ich oft die Nachmittage verbrachten, und trug dieses kleine Schild mit seinem Namen darauf. Wir machten es uns dann auf einer der großen, gemütlichen Sitzbänke entlang der großen Fenster bequem und beobachteten von dort aus die Leute. Einmal – wir waren ins Gespräch vertieft – beugte sich plötzlich jemand vor mir auf den Boden und hielt mir etwas hin. Ich muss ziemlich irritiert geschaut haben, da ich erst gar nicht verstand, was er von mir wollte. Und dann erkannte ich meinen Ohrring in Tiams Hand. Im Eifer des Gesprächs war nicht aufgefallen, dass ich ihn verloren hatte. Als unsere Augen sich trafen, war es augenblicklich um mich geschehen.

»Was für einen tollen Namen du hast!«, stotterte ich. Tiam heißt auf Luri – der Sprache meiner Vorfahren – »meine Augen«. Und er hatte wahrlich wunderschöne, braune Augen, umrahmt von einem dichten, tiefschwarzen Wimpernkranz.

In den darauffolgenden Tagen und Wochen kam ich sehr oft allein in den Coffeeshop, in der Hoffnung, Tiam erneut zu begegnen. Ich hatte Glück, denn wie sich herausstellte, gehörte das Café meinem Schwarm. Seine Familie war wohlhabend, und sein Vater hatte ihm finanziell dabei geholfen, sein eigenes Geschäft zu starten. Oft, wenn nicht so viel los war, stand er neben meinem Tisch, und wir redeten über dies und jenes, lachten viel und schwärmten füreinander. Es war eine aufregende Zeit voller zarter, aufkeimender Gefühle, die ich ganz zu Beginn noch zu verbergen versuchte. Denn ich war ja ein stolzes Mädchen. Doch irgendwann erwischte es mich so heftig, dass ich Mühe hatte, die Kontrolle über meine Empfindungen zu behalten. Die Art und Weise, wie Tiam sich mir gegenüber verhielt, fesselte mich regelrecht. Er war aufmerksam, sprach respektvoll mit mir, brachte mich zum Lachen und hörte sich stundenlang meine liebsten Geschichten über die Bachtiari-Frauen an. Unsere gemeinsamen Nachmittage im Coffeeshop vergingen wie im Flug, und zum Ende des Sommers 1985 war uns beiden klar: Wir wollten den Rest unseres Lebens gemeinsam verbringen.

In meiner großen Familie war ich neben drei Schwestern und einem Bruder die Erste, die eine richtig große, traditionelle Hochzeit feierte. Tiam und ich gaben uns im Vorfeld das Versprechen, eine ganz besondere Tradition in unserer Ehe zu pflegen. Von nun an wurde der 28. eines jeden Monats – das Datum, an dem wir uns zum ersten Mal begegnet waren – als besonderer Tag gefeiert. Wir versprachen uns, passiere, was wolle, uns an diesem Tag Zeit ausschließlich für die Zweisamkeit zu nehmen – sei es ein schickes Essen, ein Kinobesuch, eine kleine Überraschung oder andere schöne Dinge, die uns beiden Freude bereiteten. Dieses Ritual sollte ab sofort zu einem festen Bestandteil unserer Beziehung werden.

Nach unserer Hochzeitsfeier zogen wir in Tiams großes, dreistöckiges Elternhaus, das wir uns von nun an mit meinen Schwiegereltern und meinem Schwager teilten. Ich war das glücklichste

Mädchen der Welt, das das große Glück gehabt hatte, ihren Seelenverwandten zu heiraten. Trotz der Tatsache, dass mir meine Familie fehlen würde, freute ich mich auf alles, was uns bevorstand. Vor allem aber darauf, in der obersten Etage des Hauses – die Tiam von seinen Eltern überschrieben bekam – unser ganz eigenes kleines Familiennest aufzubauen. Genau wie ich es mir immer erträumt hatte.

Die ersten Wochen in meinem neuen Zuhause waren wunderschön und harmonisch. Tiam und ich lebten uns ein, es gab gemeinsame Abendessen mit meinen Schwiegereltern und Tiams Bruder. Wir verstanden uns gut, und ich genoss das friedliche Miteinander. Doch im Laufe der Zeit wurde das Verhältnis zwischen Tiams Eltern und mir zunehmend angespannter. Ich kam aus einem einfachen Haus und trotz meiner Vorliebe für farbenfrohe Kleidung war ich immer schon bescheiden und schüchtern. Tiam dagegen war es gewohnt, in größerem Luxus zu leben. Seine Eltern waren von Herkunft her wohlhabend, pflegten andere Gewohnheiten, hatten stets Gäste im Haus, und ihr Augenmerk richtete sich mehr auf das Materielle als auf das Menschliche. Die Räume der Eltern waren luxuriös Ton in Ton eingerichtet, auch bei Kleidung und Accessoires bevorzugte man gedeckt gehaltene Farben. In unserer Wohnung in der dritten Etage des Hauses ging es dagegen bunt zu. Möbelstücke, Bettwäsche, Gardinen, Bad- und Küchenutensilien, die ich als *Jahizieh* (dt. Mitgift) mit in unsere Ehe gebracht hatte, entsprachen nicht wirklich dem Stil des übrigen Hauses. Die Einrichtung, die meine Eltern neu für uns gekauft hatten, war nicht besonders teuer oder pompös. Sie erfüllte ihren Zweck und sie gefiel mir. Doch für iranische Familien spielt die traditionelle *Jahizieh* eine wichtige symbolische Rolle. Ihr Gesamtwert bezeichnet die Fähigkeit der Brautfamilie, für die Bedürfnisse ihrer Tochter zu sorgen, aber sie steht auch maßgeblich dafür, wie die Braut später von ihrem Mann sowie seiner Familie wertgeschätzt wird. Während mein Ehemann jedoch meiner Mitgift gegenüber voller Anerkennung war, ließen mich meine Schwiegereltern ihre Verachtung spüren. Sie war nicht gut genug und entsprach weder deren Qualitätsvorstellungen noch ihrem Geschmack.

Trotz aller Widersprüche innerhalb unseres neuen Familienkonstrukts liebte und lebte ich die Einflüsse und Traditionen meiner Vorfahren. Tiam unterstützte mich dabei liebevoll, wir beide fühlten uns wohl und heimisch. Die kleinen Sticheleien – besonders seitens seiner Mutter – setzten sich jedoch fort. Selten konnte sie sich einen Kommentar verkneifen. Immer wenn ich mich bei gemeinsamen Treffen ihrer Meinung nach nicht anlassgerecht gekleidet hatte oder mich nicht so benahm, wie es ihr vorschwebte, schleuderte sie mir giftige Blicke zu. Für sie war ich »das Mädchen aus einfachen Verhältnissen« – *Dokhtar dehati* (dt. Bauernmädchen) –, und das ließ sie mich zunehmend spüren. Irgendwann bekam ich zufällig ein Gespräch zwischen Tiam und seiner Mutter mit, das offensichtlich nicht für meine Ohren bestimmt war. Ich stand oben an der Treppe und hörte, wie sie zu meinem Mann sagte:

»Tiam, ich bin mir nicht sicher, ob du mit dieser Frau wirklich glücklich bist. Wir hatten dich ausdrücklich darauf hingewiesen, genau hinzuschauen, wen du da heiratest. Ihre Herkunft entspricht nicht unserem Lebensstil. Wie ein chaotischer Farbklecks, der das schöne, ästhetische Bild versaut. Glaub mir, sie ist nur hinter deinem Geld her.«

Ihre Stimme, so voller Missgunst, dröhnt noch heute laut in meinen Ohren, wenn ich an diesen Moment zurückdenke. Und jedes Mal erfuhr ich erneut diesen scharfen Schmerz, genau wie damals, wo ich spürte, wie meine Wangen rot wurden und meine

Augen sich mit Tränen füllten, während ich mich langsam rückwärts die Treppe hochschlich, um mich unbemerkt in unserer Wohnung zu verstecken. Ich gab mir größte Mühe, mich anzupassen und den Erwartungen meiner Schwiegereltern gerecht zu werden. Doch nachdem ich gehört hatte, wie Tiams Mutter über mich dachte, erschien mir das beinahe unmöglich. In ihren Augen war ich ein Parasit, der sich blutsaugend an ihren Sohn hängte und nicht mehr losließ. Aber so war es nicht. Ganz und gar nicht. Tiam und ich liebten uns von ganzem Herzen. Mein Ehemann war der denkbar großzügigste, verständnis- und liebevollste Partner für mich. In unserer kleinen Welt gab es praktisch nichts, das uns entzweien konnte, und wir waren glücklich, dass wir uns hatten. Doch diese Bemerkungen schmerzten in meiner Seele. Von da an begann ich mich von der restlichen Familie zurückzuziehen und mich nur noch auf die Beziehung mit meinem Mann zu konzentrieren.

Das aber schien meine Schwiegermutter noch mehr gegen mich aufzubringen. Sie nahm kein Blatt mehr vor den Mund und erzählte ungeniert – auch in meinem Beisein – davon, dass ich schlechten Einfluss auf ihren Sohn habe. Irgendwann wurde es wahrlich absurd, denn sie begann mir vorzuwerfen, ich hätte Tiam mit alten *Jadu janbal* (dt. Hexenritualen) meines Stammes dazu gebracht, mich zu heiraten. Ich schwieg. Das war das Schmerzvollste, was mir bis dahin widerfahren war. Sah sie denn nicht, wie innig Tiam und ich uns liebten und wie viel Mühe ich mir gab, mich in seine Familie zu integrieren?

In dieser Zeit wuchs in mir eine schmerzhafte Sehnsucht nach meinem Elternhaus, vor allem nach meiner Mutter, ihrem Zuspruch und ihrer Unterstützung. Doch in jedem meiner schwachen Momente erinnerte ich mich an meine Vorfahren, an die tapferen Lur-Frauen, deren Leistungsfähigkeit und Durchhaltevermögen mir stets Kraft gegeben hatten, und so befahl ich mir zu kämpfen. Für Tiam, für mich, für unsere kleine Familie, die ich um jeden Preis erhalten wollte.

Um mich zu beruhigen, begann ich zu häkeln. Die Handarbeit machte mir Spaß und brachte mich auf andere Gedanken. Zunächst war es nur ein Hobby, dem ich mich leidenschaftlich widmete, wenn Tiam im Coffeeshop arbeitete. Doch mit der Zeit wurde es immer mehr. Ich häkelte Tischdeckchen und kleine Taschen, bis ich damit begann, Kleidungsstücke anzufertigen. Anfangs für Kinder und später für Erwachsene. Es gelang mir immer besser. Wunderhübsche Oberteile, Handschuhe und Röcke stapelten sich in unserer Wohnung. Zum ersten Mal seit langer Zeit verspürte ich wieder ein Gefühl von Glück und innerer Harmonie. Es war meine Art der Meditation. Während des Häkelns summte ich die Bachtiari-Lieder, die mir meine Großmutter immer zum Einschlafen gesungen hatte. Die alten Melodien beruhigten mich und schenkten mir Zuversicht.

Einige Wochen später stellte ich mit unbändiger Freude fest, dass ich endlich mit meinem ersten Kind schwanger war. Das Thema meiner Fruchtbarkeit, das meine Schwiegermutter mir stets unter die Nase rieb, hatte mich belastet. Ihre ständigen Nachfragen, wann denn endlich das erste Enkelkind da wäre, setzten mich innerlich so unter Druck, dass es einfach nicht klappen wollte. Doch jetzt würde alles gut werden. In dieser besonderen Zeit, während meiner ersten Schwangerschaft, war ich unsagbar glücklich und meinem Traum von einer heilen, kleinen Familie so nahe wie nie zuvor.

Mutter zu werden war eine kraftvolle, wunderbare Erfahrung, und ich verliebte mich in meinen neuen Alltag, der sich plötzlich mit Kinderlachen, Windeln und Unmengen von Spielzeug füllte, das quer im ganzen Haus verteilt war. Die *Seesmooni* (dt. Erstausstattung für Neugeborene), die meine Mutter uns zur Geburt schenkte, war entzückend. Ich liebe diese iranische Tradition, gemäß derer die Eltern der Ehefrau all die Dinge zur Verfügung stellen, die das Baby in den ersten Lebensmonaten braucht. Vom Bettchen und Wickeltisch über Milchfläschchen und Schnuller bis hin zur Kleidung. Diese hatte meine Mutter größtenteils selbst angefertigt. Es steckte so viel Liebe und Mühe in all den klitzekleinen Füßlingen, Mützchen, Stramplern und Jäckchen, die mit den traditionellen Mustern unserer Vorfahren verziert waren! Sogar ein kleiner, gehäkelter Kuschelhase war dabei. Tiam und ich waren begeistert und konnten uns an den Sachen nicht sattsehen. Doch wieder hagelte es seitens der Schwiegereltern Kritik und Unmut. Sie echauffierten sich hochnäsig darüber, dass die Sachen nicht von teuren Markenlabels aus dem Ausland bestellt, sondern selbst genäht waren. Zum Glück hatte ich nicht viel Zeit, mir über diese Sprüche Gedanken zu machen. Unser Sohn Dario stellte das ganze Haus auf den Kopf und nahm nicht nur meine komplette Zeit in Anspruch, sondern auch die meiner Schwiegereltern, die sich euphorisch daran machten, ihre großelterlichen Pflichten zu erfüllen.

Unser Dario war wie ein festes Band, das Tiams und meine Liebe zueinander nur noch mehr stärkte. Als Familie fühlten wir uns unschlagbar und nichts hätte uns so schnell erschüttern können. Als Dario älter wurde, begann ich erneut zu häkeln. All die Sachen brachte ich in regelmäßigen Abständen zu meiner Mutter in die Schneiderei, und sie verkaufte sie für mich. Das Geld, das ich dabei verdiente, legte ich immer zur Seite und habe mir so über die Jahre ein gutes finanzielles Polster angespart. Heute weiß ich mehr denn je, wie wichtig das für mein Selbstbewusstsein als Frau war, auf das ich von klein auf viel Wert legte. Acht Jahre später kam unser zweiter Sonnenschein, unsere kleine Tochter Baran zur Welt. Als Familie waren wir damit vollständig und perfekt. Bis zu diesem einen Tag, an dem mein Leben eine erste bittere Wendung nahm.

Am Abend zuvor war Tiam sehr erschöpft nach Hause gekommen, und es fiel mir gleich auf, dass er neben sich stand. Beim gemeinsamen Abendessen aß er kaum einen Bissen, obwohl ich ihm sein Lieblingsgericht – *Jahaver Polo*, Juwelenreis – zubereitet hatte, ein königliches Gericht, das seine Inspiration aus den funkelnden Edelsteinen schöpft. Der Basmatireis, der als Basis dient, wird mit Safran gekocht und leuchtet zusammen mit den Karotten in sattem Gold. Rubinrote Berberitzen und Granatapfelkerne strahlen wie prächtige rote Edelsteine, die grünen Pistazien, die in den Reis eingestreut werden, erinnern an funkelnde Smaragde, während helle Mandeln wie Perlen schimmern. Zusammen mit Zimt, Kreuzkümmel und Kardamom entsteht ein Fest an Farben und Aromen, das den Tisch wie einen Juwelierladen erstrahlen lässt. Ganz nach meinem farbenfrohen Geschmack! Aber *Jahaver Polo* ist nicht nur schön anzusehen, es schmeckt auch unheimlich gut. Etwas süßlich durch die Berberitzen und gleichzeitig leicht säuerlich – Tiam liebte diese Kombination.

»Was ist passiert, *azizam* (dt. Schatz oder Liebling)?«, versuchte ich nachzuforschen. Doch er tat seinen Zustand als Erschöpfung durch die langen Arbeitszeiten ab und legte sich kurz darauf direkt ins Bett. Ich weiß noch, wie unsere zweijährige Baran zu ihm ins Zimmer gerannt kam, um ihn zu drücken. Ich wollte, dass Tiam sich ausruht, und lief hinterher, um die beiden eng kuschelnd auf dem Bett vorzufinden. Das Bild war herzallerliebst, und ich legte mich kurzerhand dazu. Unser Großer kam auch ins Bett getappt, und so lagen wir da, eng umschlungen, wortlos, erschöpft, aber glücklich. Als ich mich einige Minuten später wieder aufraffte, um unsere beiden Kinder ins Bett zu bringen, schlief

Tiam tief und fest. Ich legte meinen Finger an die Lippen, signalisierte den Kleinen, leise zu sein, während wir auf Zehenspitzen das Zimmer verließen. Kurz bevor ich die Tür zum Schlafzimmer schloss, hörte ich ihn schlaftrunken murmeln:

»Gute Nacht, *azizam*, bis morgen Früh.«

Es war der letzte Satz, den ich von meinem geliebten Mann hörte.

An den darauffolgenden Morgen erinnere ich mich nur sehr verschwommen. Ich weiß noch, dass ich wie immer vor allen anderen aufstand, um »die Ruhe vor dem Sturm« zu genießen. Diese entspannten Minuten früh am Morgen, wenn das ganze Haus noch schlief, nutzte ich gerne für mich. Ich warf meinen bunten Morgenmantel über, häkelte, las ein Buch oder trank in aller Ruhe mein Glas warmes Wasser. Ich bin mir sicher, dass ich dieses Ritual auch an jenem Morgen durchführte. Danach weckte ich Dario, machte ihn fertig für die Schule, und gegen 7 Uhr 30 verließ er wie üblich die Wohnung. Kurz vor 8 Uhr – das weiß ich, denn ich weckte Tiam immer um die gleiche Uhrzeit – betrat ich unser Schlafzimmer. Ich zog ihm die Decke leicht vom Körper und beugte mich vor, um ihm wie jeden Morgen einen Kuss zu geben. Normalerweise hätte sich Tiam jetzt im Halbschlaf darüber beschwert, dass es kalt sei, und die Decke wieder zurückgezogen. Er regte sich jedoch nicht, und als meine Lippen seine Wange berührten, spürte ich seine eiskalte Haut. Ich taumelte, fiel auf die Knie neben das Bett, nahm sein Gesicht in meine Hände und versuchte mit ihm zu sprechen, in der Hoffnung, dass er gleich die Augen aufmachen und mich verschlafen anlächeln würde. Ich schüttelte ihn, redete auf ihn ein, bettelte ihn an, schrie, weinte und brach schließlich komplett neben dem Bett zusammen. Plötzlich tauchten Menschen auf. Mein Schwager mit der kleinen Baran auf dem Arm und die Schwiegereltern kamen hochgeeilt, um nachzusehen, was bei uns geschehen war. Jemand schüttelte mich an den Schultern und schrie mir direkt ins Gesicht. Wie aus einer weiten Entfernung hörte ich die Stimme meiner Schwiegermutter:

»Was hast du mit meinem Sohn gemacht? Was hast du meinem geliebten Tiam angetan? Du geldgieriges, berechnendes Miststück! Auf sein Erbe hast du es abgesehen. Von uns wirst du kein Geld bekommen, keinen müden Groschen!«

Plötzlich begann sie, wütend auf mich einzuschlagen. Sie ohrfeigte mich heftig und schrie dabei immer lauter. Instinktiv schlug ich die Hände vor mein Gesicht, um mich vor ihren brutalen Schlägen zu schützen. Ich wehrte mich nicht, während sie mich regelrecht verprügelte. Tiams Bruder ging irgendwann dazwischen, um seine völlig wahnsinnig gewordene Mutter von mir wegzuzerren.

Erst viel später verstand ich die Bedeutung ihrer Worte. In diesem schrecklichen Moment, an jenem grauenhaften Morgen war ich weder in der Lage, etwas zu sagen, noch zu begreifen, was um mich herum geschah. Stattdessen war ich dabei, ein Stück meiner Seele zu verlieren, und es schmerzte so unerträglich, als hätte man mir mein Herz herausgerissen. Tiam, mein wundervoller, innig geliebter Tiam, mein Seelenverwandter, war tot. Nach zwölf glücklichen Ehejahren, mit nicht einmal 37. Todesursache: Herzversagen. Mit meinen jungen 32 Jahren war ich über Nacht zur Witwe geworden.

Doch das Schicksal hatte wohl beschlossen, dass das noch nicht genug war. Nachdem mein Mann in einer herzzerreißenden Zeremonie beigesetzt worden war, zog ich mich in meinem Kummer in unsere Wohnung zurück. Traditionell kamen die na hestehenden Menschen damals im Iran nach dem Ableben einer Person am dritten, am siebten und am vierzigsten Tag zusammen, um gemeinsam mit der Familie des Verstorbenen zu trauern. Es war eine leidvolle Zeit für mich und die Kinder. Die vielen Personen und all die Beileidsbekundungen wühlten mich jedes Mal aufs Neue auf. Doch ich setzte ein tapferes Lächeln auf, begrüßte die trauernden Gäste und bedankte mich für ihre Anteilnahme. Bis zum 40. Tag nach dem Tod meines Mannes blieb ich mit unseren beiden Kindern in der gemeinsamen Wohnung. Meine Familie war oft da. Ich telefonierte täglich mit meiner Mutter und meinen Geschwistern, und sie trösteten und unterstützten mich, wo sie nur konnten. Ohne diese zuverlässige, von Herzen kommende Hilfe hätte ich die schwere Zeit nicht überstanden. Zumal das Verhältnis zwischen mir und meinen Schwiegereltern seither komplett zerrüttet war. Wir gingen uns weitestgehend aus dem Weg, und lediglich die Kinder waren ab und zu unten, um Zeit mit ihren Großeltern zu verbringen. Es fiel mir unheimlich schwer, mich von dieser Wohnung zu trennen, in der so viele kostbare Erinnerungen an Tiam und unsere gemeinsame glückliche Zeit steckten. Wir waren so fröhlich, unbeschwert und voller Liebe zueinander. Jede Wand, an der unsere Familienbilder hingen, erzählte Geschichten aus vergangenen Zeiten. In jeder Ecke unserer Wohnung lebten Erinnerungen, ob es der Esszimmertisch war, an dem wir unsere Mahlzeiten zelebrierten, oder das große Bett, in dem ich nun die Wärme Tiams so vermisste. All seine persönlichen Sachen wurden schnell durch die Familie aus der Wohnung geschafft. Ich konnte gerade noch sein Lieblings-T-Shirt behalten, in dem ich ab jetzt schlief, während ich in Gedanken immer mit ihm redete.

Die Trauer um meinen geliebten Mann nahm mich komplett gefangen. Mein Anblick muss kaum zu ertragen gewesen sein, denn eines Tages bat mich meine Mutter um ein Gespräch. Sie redete liebevoll auf mich ein und ermutigte mich dazu, langsam wieder zu mir zu kommen. Sie hatte recht, denn vor allem meine Kinder, für die ich nun allein verantwortlich war, brauchten mich mehr denn je. Dafür würde ich mich zusammenreißen. Ich würde wieder aufstehen, mir eine Arbeit suchen und alles dafür tun, uns ein gutes Leben zu ermöglichen. Diese kleinen Wesen waren mein Lichtblick, die Kraftquelle, die ich in dieser schlimmen Zeit so bitter nötig hatte. Mit diesen Gedanken ging ich nach der 40-Tage-Trauerfeier ins Bett. Ich hatte mir fest vorgenommen, mich Schritt für Schritt wieder ins alltägliche Leben zurückzukämpfen. Doch der nächste Morgen sollte eine weitere, furchtbare Wende für uns bereithalten.

Es war ein gewöhnlicher Arbeitstag. Ich weiß noch, wie ich Dario für die Schule vorbereitet hatte und wie er mich flüchtig an der Tür umarmte, weil er mal wieder zu spät dran war. Ich wollte ihm noch einen Kuss auf die Wange drücken, doch er war bereits die Treppe hinuntergesprungen. Ich schaute ihm noch nach und schloss die Tür. Keine Minute später klingelte es. Natürlich, dachte ich, mein Großer wird wie immer etwas vergessen haben. Ich hatte schon Luft geholt, um ihm eine kurze Predigt darüber zu halten, sich besser zu organisieren, doch es war nicht Dario, der an der Tür wartete, sondern meine Schwiegereltern.

»Wir wollen etwas mit dir besprechen, Nastaran.«

Schon bei diesen Worten zog sich mein Magen zusammen, und ich ahnte Unheil.

»Jetzt, wo die offizielle Trauerphase um unseren Sohn vorbei ist, wollen wir, dass du dieses Haus verlässt und wieder dorthin gehst, wo du hergekommen bist.«

Innerlich hatte ich mich schon vorher mit dem Gedanken auseinandergesetzt, dass ich irgendwann gern ausziehen würde. Weiterhin in einem Haus mit meinen Schwiegereltern zu leben war nicht unbedingt das, was ich mir für meine Zukunft ausmalte. Das Einzige, was mich davon abhielt, war diese gemeinsame Wohnung, die mich und die Kinder so sehr an Tiam erinnerte. Doch dass der Auszug jetzt so schnell kommen würde, darauf war ich nicht vorbereitet. Meine Schwiegereltern bemerkten mein Zögern, und Tiams Vater fuhr fort:

»Nastaran, wir bestehen ausdrücklich darauf, dass du noch heute deine Sachen packst und aus unserem Haus verschwindest. Die Mörderin unseres Sohnes dulden wir nicht weiter hier!«

Mörderin! Das war wie ein Schlag ins Gesicht. Seit dem Wutausbruch meiner Schwiegermutter an Tiams Todestag hatte ich kaum ein Wort mit seinen Eltern gewechselt. Ihren Aggressivitätsausbruch hatte ich auf die schiere Verzweiflung in der herzzerreißenden Situation geschoben. Bis zu diesem Morgen war mir nicht klar, dass sie mir nach wie vor alle Schuld am Tod meines geliebten Mannes gaben. Ich begann zu weinen. Ich flehte sie an, mir zuzuhören. Wie konnte es sein, dass sie mir eine derart schreckliche Tat vorwarfen, obwohl die ärztlichen Protokolle alle ganz klar bescheinigten: Tod durch Herzinfarkt aufgrund eines unerkannten Herzfehlers. Meine Schwiegereltern hörten nicht zu, sprachen grob und herablassend zu mir. Als ich begriff, dass dieses Gespräch zu keinem Ergebnis führen würde, beendete ich die Szene, indem ich sagte:

»Ich werde unsere Sachen heute noch packen, und wenn mein Sohn zurück aus der Schule kommt, verschwinden wir drei von hier.«

Oh großer Gott, hätte ich doch nur einfach meinen Mund gehalten und stumm genickt.

»Du gehst ohne Dario. Ab sofort kümmern wir uns um unseren ältesten Enkel, und du wirst ihn nie wieder sehen. Wir werden dafür sorgen, dass er die ganze Wahrheit über seine Mutter erfährt, die eine kaltblütige Mörderin ist. Glaub mir, Nastaran, nachdem er alles von uns erfahren hat, wird er nie mehr mit dir sprechen wollen. Und sobald Baran ihr siebtes Lebensjahr vollendet hat, werden wir sie ebenfalls zu uns nehmen. Das Gesetz steht auf unserer Seite. Du hast keine Chance, du verlogenes, ehrloses Stück Dreck.«

Alles hätte ich ihnen in diesem Moment zugetraut, dass sie mich schlagen, mich laut beschimpfen, mich auf die Straße werfen. Doch dass sie mir meinen Sohn von einer Sekunde auf die nächste entziehen, ohne dass ich die Chance habe, mich von ihm zu verabschieden, lag außerhalb meiner Vorstellungskraft. Das Schlimmste daran war, dass ich wusste, dass die iranische Gesetzgebung in solch einem Fall nicht auf der Seite der Frauen stand. Wenn der Familienvater verstirbt, geht das Sorgerecht für die gemeinsamen Kinder automatisch an seine Eltern über. Spätestens ab dem vollendeten siebten Lebensjahr ihres Kindes hat die Mutter kein Mitsprache- und Entscheidungsrecht mehr. Ein herzloses, tragisches Reglement, das im Iran seit Jahrzehnten Tausende Mutterherzen bricht.

Tiams Eltern knallten die Tür hinter sich zu und eilten lauten Schrittes nach unten. Ich ließ mich verzweifelt auf den Fußboden fallen. Die Fragen in meinem Kopf überschlugen sich. Was würde passieren, wenn sie ihr Vorhaben durchzogen? Warum nannten sie mich die Mörderin ihres Sohnes? Den Gedanken, dass ich meinen geliebten Sohn Dario womöglich heute Morgen zum letzten Mal gesehen hatte, konnte ich noch gar nicht zu Ende denken. Mechanisch machte ich mich daran, die Dinge zusammenzusuchen, die ich mitnehmen würde. Aber zuerst rief ich meine Eltern an, um ihnen zu sagen, dass ich für einige Zeit wieder zurück nach Hause kommen würde.

Ich blieb nicht lange in meinem Elternhaus. Auch wenn ich die warmherzige Unterstützung, die mir dort zuteilwurde, unheimlich schätzte, war es mir wichtig, selbst wieder auf die Beine zu kommen. Mithilfe meines Vaters und dank des Ersparten, das ich über die Jahre durch meine Häkelarbeiten verdient hatte, kaufte ich zwei Monate später eine eigene kleine Wohnung in Teheran. Meinen Dario hatte ich seit dem verhängnisvollen Tag nicht mehr zu Gesicht bekommen. Die Schwiegereltern hielten meinen Sohn mit ihren bodenlosen Lügen davon ab, mich zu kontaktieren. Zu all dem Leid, das mein armer Zehnjähriger durch den plötzlichen Verlust seines Vaters ertragen musste, kamen nun noch diese böswilligen Manipulationen hinzu. Schon während der ersten Tage nach Tiams Tod hatte Dario begonnen, sich zurückzuziehen. Er verbrachte viel Zeit allein, redete kaum und aß schlecht. Manchmal überrollte ihn eine unbändige Aggressivität seiner kleinen Schwester und mir gegenüber. Nachts hatte er Alpträume und litt unter ständigen Angstattacken. Ich gab mir größte Mühe, ihm Verständnis und viel Liebe entgegenzubringen, denn ich fühlte wie keine andere, was er durchmachte. Schon einen Erwachsenen, der psychisch reif und stabil ist, kann solch eine Situation völlig aus dem Leben reißen und in tiefe Depression stürzen. Kein Wunder, dass ein sensibles Kind wie Dario seinem Kummer schutzlos ausgeliefert war. Sein Leid mit ansehen zu müssen, zerriss mir mein ohnehin gequältes Herz, aber mit aller Kraft hatte ich dennoch versucht, für meine Kinder stark zu bleiben. Am Ende half alles nichts. Dario konnte sich der Beeinflussung durch seine Großeltern nicht entziehen. In den Augen meines Jungen wurde ich zur schlimmen Übeltäterin, die ihm absichtlich seinen Vater genommen hatte. Er wollte mich weder sehen noch meine Version der Geschehnisse anhören. Tiams Eltern hatten ihr Ziel erreicht: Nur wenige Monate, nachdem mir mein geliebter Ehemann genommen wurde, war ich dabei, auch meinen Sohn für immer zu verlieren.

Das Leben schleuderte mich also von einem Rückschlag zum nächsten, doch auch wenn ich oft verzweifelt und am Ende meiner Kräfte war, wusste ich, dass Aufgeben keine Option war. Meine süße Baran brauchte mich jetzt mehr denn je. Dafür würde ich immer und immer wieder aus der schlimmsten Krise aufstehen, um weiterzumachen. Genau aus diesem Grund entschied ich mich, ein Studium in Betriebswirtschaftslehre zu beginnen. Mit einem Hochschulabschluss stiegen meine Chancen, auch als Frau einen gut bezahlten Job zu finden. Meine größte Motivation galt meiner kleinen Tochter und der Tatsache, dass sie keinen Vater mehr hatte. Ich erfüllte jetzt diese Funktion und auch in Sachen Bildung wollte ich das beste Vorbild für sie sein. Doch der Weg dorthin als Alleinerziehende würde lang und beschwerlich werden, das war mir bewusst. Neben dem Studium arbeitete ich in Teilzeit in einer Versicherungsfirma, um unseren Lebensunterhalt zu erwirtschaften. Und während der Semesterferien war ich zusätzlich in der Schneiderei meiner Mutter beschäftigt.

Meine Schwiegereltern verweigerten mir unterdessen jeglichen Kontakt zu Dario. Nicht einmal an seinen Geburtstagen durfte ich meinen Sohn sehen. Hinzu kam, dass sie mir meinen Erbanteil verwehrten. Nach iranischem Recht stand mir zumindest ein Achtel der Gesamtsumme zu, die Tiam zu Lebzeiten gehört hatte. Dazu zählten der Wert unserer gemeinsamen Wohnung, die Erträge aus seinem Coffeeshop sowie das Bargeld, das er besaß. Die Eltern meines Mannes zahlten mir keinen Cent. Stattdessen drohten sie damit, mir Baran wegzunehmen, sobald sie acht wurde. Gesetzlich waren sie dazu berechtigt. Ich kämpfte lange für meinen Anspruch, doch am Ende siegte die Angst darüber, auch meine Tochter an diese herzlosen Menschen zu verlieren, und wir trafen eine Vereinbarung. Ich würde auf meinen Erbanspruch verzichten, und im Gegenzug würden mir die Schwiegereltern meine

Tochter überlassen. Nachdem alles notariell beglaubigt war, fiel mir ein Stein vom Herzen. Zumindest bei Baran ist es mir gelungen, sie »freizukaufen« und damit zu schützen.

Die Baustellen Arbeit, Studium und Kind als Alleinstehende zu meistern, war extrem herausfordernd, und ich konnte das nur dank der Unterstützung meiner Familie bewältigen. Ich lebte nach wie vor in Trauer um meinen verstorbenen Mann und vermisste Dario so sehr, dass es wehtat. Immer wenn Baran einmal im Monat bei Tiams Eltern zu Besuch war, erzählte sie ihrem großen Bruder von mir und wie gern ich ihn wiedersehen wollte. Meine kleine Tochter bettelte ihren Bruder an, zurückzukommen oder sich zumindest zu melden. Vergebens. Dario war unerbittlich und verschloss sich nur noch mehr. Ein Mutterherz kann vieles aushalten und wird niemals aufhören, für die Kinder zu schlagen, doch die himmelschreiende Ungerechtigkeit, die erlaubte, dass mir mein Sohn grundlos entzogen wurde, brachte mich an den Rand des Wahnsinns. Das Schlimmste daran: Dieser Wahnsinn sollte für viele weitere Jahre meine bittere Realität bleiben.

In meinem Leben gab es aber auch viele schöne Momente. Nach meinem Bachelor schloss ich meinen Master erfolgreich ab und begann eine vielversprechende Karriere als Versicherungsexpertin. Dieser Erfolg beflügelte mich. Was meine persönliche Entwicklung anging, war das die intensivste Zeit meines Lebens. Ich hatte so viel Energie, dass ich glaubte, Berge versetzen zu können. Angestoßen durch den Englischunterricht meiner Tochter Baran kam ich irgendwann auf die Idee, selbst die Sprache zu erlernen, und übte von da an zweimal wöchentlich mit einem Privatlehrer. Trotz meiner im Innern nie versiegenden Trauer genoss ich es, unabhängig zu sein und eigenständig Entscheidungen treffen zu können, die mir guttaten. Dank des guten Gehalts, das ich in meinem Job verdiente, konnte ich mir eine größere Wohnung leisten, die Platz für mich und meine beiden Kinder bot. Man sagt nicht umsonst: Die Hoffnung stirbt zuletzt. Den Glauben daran, dass mein Dario irgendwann wieder zu mir zurückkommen würde, gab ich nie auf. Und dieser Traum sollte eines Tages in Erfüllung gehen, doch der Preis dafür war hoch. Sehr hoch. Ich habe ihn dennoch gern bezahlt.

Es geschah im Jahr 2015. Gemeinsam mit meiner Kollegin Donya war ich auf dem Weg in die südwestlich von Teheran gelegene Stadt Hamadan. Wir waren geschäftlich zu einer Art Fortbildungsseminar unterwegs und freuten uns auf die vierstündige Fahrt. Donya und ich mochten uns unheimlich, sahen uns außerhalb der Arbeit aber eher wenig. Es gab also viel zu besprechen über Kinder, Haushalt, dies und jenes, und wir nutzten die Zeit intensiv, plauderten fröhlich und amüsierten uns heimlich kichernd über unseren Fahrer, der immerzu auf der Suche nach einer passenden CD war und sich über die schlechte Musik beschwerte. Das zweitägige Seminar war interessant, aber auch intensiv und anstrengend, sodass wir uns am nächsten Nachmittag erst gegen 18 Uhr erschöpft auf den Weg nach Hause machten. Donya war sofort eingenickt, unser Fahrer begann erneut damit, am CD-Spieler herumzufummeln, und ich schaute aus dem Fenster den leuchtenden Straßenlaternen nach, wie sie in lang gezogenen Lichtstrahlen an mir vorbeirauschten. Es war ein Mittwoch, und ich freute mich auf den kommenden Freitag sowie meine mittlerweile schon erwachsene kleine Tochter. Barans 22. Geburtstag stand bevor, und wir würden ihn gemeinsam mit ihren Freunden sowie meinen Eltern gebührend feiern. Die Lichter wirkten fast schon hypnotisierend und flossen irgendwann zu einer einzigen, durchgezogenen Linie zusammen, während unser Auto an den letzten Stadthäusern vorbeizog, hinein in die Dämmerung der Landstraße. Vier Stunden sind eine lange Zeit, dachte ich, schloss meine Augen und fiel in einen leichten Schlummer mit einem seltsamen Traum.

Ich beobachte mich dabei, wie ich im luftleeren Raum in ein dunkles Loch hineinstürze. Schwerelos, wie in Zeitlupe. Ich versuche zu schreien, aber kein Ton kommt aus meiner Kehle. In den Ohren rauscht es, und ich spüre einen unfassbaren Druck auf meinem Kopf. Als würde man mit einer tonnenschweren Last darauf drücken. »Mein Kopf platzt gleich«, versuche ich zu schreien, während der Schmerz immer größer und unerträglicher wird, aber ich habe keine Stimme. Das Loch nimmt kein Ende, dafür werde ich jetzt immer schneller. Mit Lichtgeschwindigkeit stürze ich in dieses bodenlose Fass aus Dunkelheit, Angst und Leere. »Hiiiiilfe!« Ich schreie, es gelingt mir. Endlich! Ich brülle mit aller Kraft, so laut ich kann …

»Shhh, Nastaran, das ist nur ein Traum, ein böser Traum«, hörte ich plötzlich eine vertraute Stimme zu mir sprechen.

Ich spürte, dass mein Gesicht nass war. Kalter Angstschweiß, der mir in kleinen Perlen die Wangen hinunterlief, an den Ohren vorbei, bis zum Hals.

»Was … was ist passiert?«, frage ich in die Leere, ohne meine Augen zu öffnen. »Wo bin ich?«

»Du bist hier im Krankenhaus, Nastaran.« Es ist die Stimme meiner Mutter, jetzt erkenne ich sie deutlich. Ich reiße meine Augen auf und will aufstehen, doch es gelingt mir nicht. Als wäre ich gefesselt. Und dann komme ich langsam zu mir. Ich erinnere mich dunkel. Die Autofahrt, Donya, die vielen Lichter und dann nichts mehr. Es war ein Unfall. Ein schrecklicher, furchtbarer Unfall mit katastrophalen Folgen. Ich erinnere mich wieder. Seit zwei Monaten bin ich bereits in diesem Krankenhaus ans Bett gefesselt, denn ich bin von der Hüfte abwärts gelähmt. Donya, meine liebe Kollegin Donya, ist tot. Genau wie der Fahrer, der auf dem Rückweg nach Teheran am Steuer eingeschlafen war. Mit Tempo 80 rasten wir in einen entgegenkommenden Lkw. Ich war die einzige Überlebende.

Die darauffolgenden Tage, Wochen und Monate waren mühsam, niederschmetternd und kräftezehrend. Den schwierigsten Kampf meines Lebens trug ich gegen mich selbst aus. Jeden Tag kam die Physiotherapeutin und arbeitete mit mir unermüdlich daran, meinen Körper wieder in Gang zu setzen. Von der Hüfte abwärts konnte ich meinen Körper nicht mehr spüren und hatte zwischenzeitlich die Hoffnung aufgegeben, dass sich das jemals wieder ändern sollte.

In diesen Monaten verbrachte ich täglich viele Stunden damit, mir Gedanken über mein Leben und dessen Sinn zu machen. Als mir bewusst wurde, was geschehen ist, fiel ich in ein tiefes Loch aus Selbstmitleid. Warum war nach allem, was ohnehin schon geschehen war, gerade mir so etwas Schreckliches widerfahren? Womit hatte ich das verdient? In meiner Verzweiflung weinte ich mich jeden Abend in den Schlaf. Im Krankenhaus sah ich all diese Menschen kommen, sich erholen und wieder gehen, während ich nicht den geringsten Fortschritt machte. Es schien aussichtslos. Ich aß kaum noch, verlor an Gewicht und wollte mit niemandem sprechen. Nicht einmal mit meiner Zimmernachbarin, die nach einem Treppensturz mehrere Brüche erlitten und eine lange Genesungsphase vor sich hatte. Die betagte Frau hieß Fatemeh, das teilte sie mir gleich zu Anfang mit. Äußerlich wirkte sie gebrechlich, aber mit der Zeit fiel mir immer mehr auf, wie viel Positivität und welch großen Lebenswillen sie ausstrahlte. Sie sprach mit mir, erzählte mir ihre Geschichte und las immer wieder aus dem Koran vor, ohne eine Antwort von mir zu erwarten. Ich gewöhnte mich schon fast daran, sie ständig um mich zu haben. Doch der Tag, an dem sie entlassen werden sollte, rückte näher. Es war ein warmer

Herbsttag. Fatemehs Tochter kam vorbei, um beim Packen der Sachen zu helfen. Die alte Frau war noch etwas unbeweglich in der Hüfte, und ihr linker Arm schwächelte, aber sie war fröhlich und gut gelaunt. Als all ihre Dinge in der großen Tasche verstaut waren, kam Fatemeh auf mich zu, tätschelte mich am Arm und legte den Koran neben mir auf das Krankenbett.

»Lies das ruhig, Nastaran. Es wird dir helfen. Und werd schnell gesund.«

Mit diesen Worten verließ die alte Frau das Zimmer. Ich würde sie nie wieder sehen. Aber ich sollte mich mein Leben lang voller Dankbarkeit an sie zurückerinnern. Sie war diejenige, die mir mit ihrem Geschenk einen Anstoß gab, mich auf die Suche nach etwas zu begeben, was ich glaubte, für immer verloren zu haben. Sie erinnerte mich daran, dass ich stark bin, und gab mir den Glauben an mich selbst zurück.

In den darauffolgenden Tagen begann ich, kurze Passagen aus dem Koran zu lesen. Es fiel mir nicht leicht, aber ich vermisste Fatemehs Geschichten, ihre Anwesenheit und ihre unerschütterliche Zuversicht. Also versuchte ich, mir mit dem Lesen die Zeit zu vertreiben und die Erinnerung an diese alte Dame zu bewahren. Doch es war noch etwas anderes, was mich immer wieder zum Koranlesen bewegte. Ich suchte nach Antworten und nach einer Erklärung für all die Ungerechtigkeiten, die mir im Laufe der letzten Jahre widerfahren waren. Tiam war nach wie vor ein fester Bestandteil meines inneren Lebens. Ich dachte oft an ihn, wenn ich nicht mehr weiterwusste. Ich fragte mich, was er wohl an meiner Stelle tun würde. Diese inneren Dialoge halfen mir. Doch ich stellte fest, dass ich auch im Koran Antworten auf viele meiner Fragen finden konnte. Aus den anfangs kurzen Passagen wurden in den darauffolgenden Wochen ganze Seiten. Das Lesen der Heiligen Schrift schenkte mir ein wenig Trost, doch je mehr ich aus dem Buch erfuhr, desto mehr Gedanken machte ich mir über die Aussagen darin. Irgendwann war das Buch voller Klebestreifen an den Seiten, die ich besonders wertvoll und interessant fand. Wenn ich etwas nicht verstand, suchte ich im Internet nach Erklärungen. Mir fiel auf, dass es unzählige Interpretationsansätze von Gläubigen, Gelehrten und Wissenschaftlern gab, und ich begann, mich mit diesen ausführlich auseinanderzusetzen. Besonders die Suren – so nennt man im Persischen die Kapitel des Korans –, in denen der Umgang mit Frauen beleuchtet wurde, wühlten mich auf. Auffällig war, dass all diese Interpretationen und Erklärungen von Männern stammen. Bis auf eine Frau, auf die ich im Zuge meiner Recherchen stieß und die mich mächtig beeindruckte: Laleh Bakhtiar. Die iranisch-amerikanische Gelehrte war ebenfalls eine Frau mit Wurzeln im Bachtiari-Stamm, was mich sofort hellhörig werden ließ. Als Autorin und Übersetzerin veröffentlichte sie im Jahr 2007 das Buch »The Sublime Quran«, in dem sie als erste Frau ihre Koraninterpretationen aus der feministischen Sicht in englischer Sprache darlegt. Einige ihrer Sichtweisen haben mich zutiefst berührt, wie zum Beispiel die Interpretation der Sure 4, Vers 34: »Die Männer sind den Frauen gegenüber Verantwortliche, weil Allah die einen vor den anderen ausgezeichnet hat und weil sie von ihrem Besitz hingeben. […] Aber solche, von denen ihr Widerspenstigkeit befürchtet, ermahnt sie, meidet sie im Ehebett und schlagt sie. […]«[21] Die Art von Gewalt, die hier ausdrücklich betont wird, legt Laleh Bakhtiar als Verantwortung der Männer gegenüber Frauen aus. Das arabische Wort *daraba*, das überall als »schlagt sie« übersetzt wird, deutet Laleh als »geht weg«, das sie mit früheren Übertragungen aus einem anderen Kontext belegt. Sie betont auch, dass das Schlagen von Frauen keine Lösung

21 *»The Sublime Quran«, URL: www.sublimequran.org/about.html, Stand: 07.07.2023.*

für Probleme darstellt und dass die Ermahnung und Meidung im Ehebett als erste Schritte zur Konfliktlösung dienen sollten.

In Sure 4, Vers 3 erlaubt der Islam Männern, bis zu vier Frauen zu heiraten, aber Frauen dürfen nur einen Mann heiraten. Laleh Bakhtiar erklärt, dass man dies im historischen Kontext betrachten muss. Früher, als der Prophet Mohammed lebte, waren die meisten Menschen arm, und Polygamie wurde erlaubt, um Frauen zu schützen und ihnen ein Zuhause zu geben. Aber es war wichtig, dass der Mann gerecht gegenüber allen Frauen war, die er heiratete.

Die Autorität des Mannes und seine obligatorische Kontrolle gegenüber der Frau sorgt für viele Kontroversen und kritische Äußerungen gegenüber der Sure 2, Vers 228, in der es heißt: »Und ihnen (den Frauen) steht in rechtlicher Weise (gegenüber den Männern) das Gleiche zu, wie (den Männern) gegenüber ihnen. Doch die Männer haben ihnen gegenüber einen gewissen Vorzug. Und Allah ist allmächtig und allweise.«[22] Bakhtiar hebt in diesem Zusammenhang eher die Gleichberechtigung beider Parteien in einer Ehe hervor. Wobei der Mann die größere Verpflichtung dazu hat, seine Frau und seine Familie zu schützen und zu versorgen, aber keinesfalls zu unterdrücken oder seine Machtstellung zu missbrauchen.

Laleh Bakhtiar interpretiert Sure 2, Vers 282 als Aufruf zur Gerechtigkeit für Frauen in rechtlichen Angelegenheiten. Der Vers betont: »Nehmt zwei eurer Männer euch zu Zeugen! Wenn zwei Männer nicht vorhanden sind, dann einen Mann und zwei Frauen, von solchen, die euch als Zeugen tauglich dünken: Irrt eine von den beiden, dass sie die andere erinnern kann.«[23] Dies bedeutet,

22 *slam.de, URL: https://islam.de/13827.php?sura=2, Stand: 07.07.2023.*

23 *Prof. Dr. Kane, Ousmane Oumar: »Der längste Vers im Koran« vom 22.04.2016, URL: www.deutschlandfunk.de/sure-2-vers-282-der-laengste-vers-im-koran-100.html, Stand: 28.07.2023.*

dass Frauen nur zu zweit die Zeugenaussage eines Mannes ersetzen dürfen. Laut Laleh sollen Frauen jedoch als gleichwertige Zeugen anerkannt und aufgefordert werden, an Transaktionen teilzunehmen.

Das Lesen nahm meine komplette Freizeit im Krankenhaus ein. Neben den Physiotherapieeinheiten, Essens- und Besuchszeiten war ich fast rund um die Uhr damit beschäftigt. Die Stunden vergingen wie im Flug, und die intellektuelle Arbeit lenkte mich unfassbar gut von meinem jämmerlichen Zustand ab. Laleh Bakhtiars Interpretationen schenkten mir eine völlig neue Sichtweise auf die festgesetzten Regeln und Grundsätze der Heiligen Schrift. Mit der Zeit wurde mir klar, dass vieles Auslegungssache ist und dass selbst solch hochgeachtete Glaubenssätze wie die des Korans durchaus Raum für eigene Interpretation boten. Ich kann es nur schwer erklären, aber diese völlig neue Erkenntnis ermutigte mich dazu, mehr auf meine innere Stimme zu hören und an der Hoffnung nach einer Erlösung festzuhalten.

Zu meinem großen Glück zahlte meine Versicherung viel Geld, sodass ich finanziell versorgt war und mir darüber keine Gedanken machen musste. Baran kam fast täglich zu Besuch. Sie war stets pünktlich, und so glaubte ich genau zu wissen, wer vor der Tür stand, als es gegen 16 Uhr nachmittags klopfte. Meine Tochter steckte grinsend ihren hübschen Kopf durch die Zimmertür:

»Ich habe eine Überraschung für dich, Mama«, sagte sie geheimnisvoll.

»Was ist es? Blumen?«, fragte ich verwundert. »*Azizam*, du sollst mir keine Geschenke machen. Es reicht, wenn du mich einfach besuchst. Ich freue mich so darüber …«

In diesem Moment stockte mir der Atem, denn plötzlich stand Dario, mein Sohn, an der Türschwelle. Er sah aus wie Tiam. Ich war sprachlos, und Tränen schossen mir aus den Augen. Fast zwanzig unendlich quälende Jahre lang hatte ich diesen Trennungsschmerz in mir getragen. Dario fiel auf die Knie am Rand meines Bettes, an das ich nach wie vor gefesselt war, und erklärte mir mit zitternder Stimme, dass er sich geirrt hatte. Jahrelang war er unter dem Einfluss meiner Schwiegereltern gestanden, die ihn von meiner Schuld am Tod seines Vaters überzeugt hatten.

»Ich weiß, mein kleiner Junge«, murmelte ich, während ich seinen wuscheligen Lockenkopf fest umklammert hielt. »Du brauchst nichts zu sagen, mein Junge, ich weiß, was du durchgemacht hast, und ich bin einfach nur glücklich, dass du wieder zu mir zurückgefunden hast. Ich bin einfach nur glücklich!«

Dieser Tag brachte eine unglaubliche Wende in mein Leben, die Erlösung nach so vielen Schicksalsschlägen. Im Laufe der nächsten Wochen begann mein Körper plötzlich immense Fortschritte zu machen. Meine Physiotherapeutin, die mich seit Monaten behandelte, staunte ungläubig, als es mir gelang, meinen linken großen Zeh zu bewegen. Der erste große Durchbruch seit sieben Monaten! In den darauffolgenden acht Wochen brachte ich es mithilfe der Therapeutin und meiner Ärzte so weit, dass ich in der Lage war, mich mit einem Rollator fortzubewegen. Nach einem Dreivierteljahr Krankenhausalltag verließ ich das Gebäude auf eigenen Füßen, mit meinen beiden wunderbaren Kindern an meiner Seite.

Heute kann ich nach wie vor sehr gut von dem Geld leben, das ich von meiner Versicherung bekam. Ich bin weitestgehend unabhängig. Beim Fortbewegen bin ich zwar auf den Rollator angewiesen, aber dafür kann ich selbstständig ein für mich angepasstes Auto fahren. Ich habe nie wieder geheiratet, denn wenn ich es getan hätte, hätten mir meine Schwiegereltern auch meine Tochter genommen. Davon abgesehen war Tiam die Liebe meines

Lebens. Im Herzen und auch physisch bin ich ihm treu geblieben. Ein anderer Mann kam für mich nie infrage. Als der schreckliche Unfall passiert ist, ließ meine Schwiegermutter mich wissen, dass ich es verdient hätte. Bis heute wurde mir und meinen Kindern das Erbe der Wohnung meines Mannes vorenthalten. Doch ich werde es nicht einklagen. Denn zu meinem großen Glück darf ich heute im Haus meiner Tante in Teheran leben, das sie mir und meinen beiden Kindern vererbt hat. Heute leben sie beide an meiner Seite. Wir sind dankbar, dass wir uns haben, und sind dabei, die verlorene gemeinsame Zeit intensiv nachzuholen. Mehr brauche ich in meinem Leben nicht.

ZUM GEDENKEN AN DAS MUTIGE LUR-MÄDCHEN NIKA SHAKARAMI

Sie hatte etwas Trauriges in ihrem Blick. Ein junges Mädchen mit wildem, schwarz-blond gefärbtem Haar blickte mich beim Durchscrollen meines Instagram-Feeds an. Es war das Bild von Nika Shakarami, einem sechzehnjährigen Mädchen, das im Zuge der Proteste nach dem Tod von Jina Mahsa Amini mit Tausenden anderen Iranerinnen und Iranern auf die Straße ging. Nur wenige Tage später war sie spurlos verschwunden. Als ich dieses Bild zum ersten Mal sah, durchfuhr es mich wie ein Blitz. Sie hatte etwas in ihren Augen, das mir so vertraut war. Zu diesem Zeitpunkt suchte ihre Familie bereits nach Nika. Ihre Bilder kursierten auf diversen Plattformen im Internet, obgleich ihre privaten Accounts nicht auffindbar waren. Wie sich später herausstellen sollte, waren diese sofort nach ihrem Tod gelöscht worden. Man sagt, dass ihre Peiniger dafür zuständig waren. Nika Shakarami war eine Lur. So wie ich. Und als würde uns Lur-Frauen ein unsichtbares Band vereinen, spürte ich ihre Energie, erkannte diese mir so vertraute

Art, Menschen durchdringlich anzusehen. »Furchtlos«, so wurde sie in den Medien bezeichnet. Mit ihren jungen Jahren wurde sie zur Ikone der *Frau, Leben, Freiheit*-Revolution und gab dafür ihr Leben. Um ihren Tod ranken sich viele Gerüchte. Die offizielle Version der Iranischen Revolutionsgarde zu den Todesumständen lautet »Selbstmord durch Sturz aus großer Höhe«. Doch ihre Familie und auch der Rest der revoltierenden Menschen glauben das bis heute nicht. Nikas Tante sagte, kurz nachdem die Familie die Leiche identifiziert hatte, dass ihre Nase und ihr Kinn komplett zertrümmert waren, wie durch einen Schlagstock. Den Rest des Körpers durften sie nicht sehen. An ihrem 17. Geburtstag am 2. Oktober 2022 sollte Nika öffentlich bestattet werden, doch das wurde durch die Regierung verboten. Man drohte damit, die Familie des Mädchens ins Gefängnis zu stecken, wenn sie sich dem Verbot widersetzten. Schließlich entführten die Machthaber Nikas Leichnam, um sie an einem 40 Kilometer weit entfernten Ort beizusetzen. Weit weg von ihrer Familie und all den protestierenden Anhängern. Die Mullahs hatten Angst, dass eine öffentliche Ruhestätte zum Pilgerort und Sinnbild der Revolution erkoren würde. Doch die Familie ließ es sich nicht nehmen, folgenden Satz auf ihren Grabstein zu schreiben:

»Ich habe dich mit Blut und Schmerz geboren, ich habe dich dem Vaterland zurückgegeben.«

Kein Suizid. Das mutige Lur-Mädchen starb für ihre Heimat. Nikas Geschichte hat mir einmal mehr gezeigt, wie viel Mut und Kampfgeist in uns iranischen Frauen steckt, und sie erinnerte mich erneut daran, wie stolz wir auf unsere Bachtiari-Wurzeln sein können. Auch wenn dieser sinnlose Tod einen erneuten Beweis der unfassbaren Tragik des Iran unter dem gnadenlosen islamischen Regime darstellt.

ERBRECHT

Das Erbrecht im Iran basiert auf der islamischen Scharia und beinhaltet erhebliche Benachteiligungen für Frauen. Männliche Verwandte haben grundsätzlich doppelt so hohe Erbansprüche wie weibliche Verwandte in vergleichbaren Positionen. Diese Ungleichheit führt dazu, dass Frauen maximal die Hälfte dessen erben, was Männern zusteht.

Männer haben Anspruch auf das gesamte Erbe der verstorbenen Frau, wenn keine anderen erbberechtigten Nachkommen existieren. Frauen dagegen ist es nicht gestattet, die volle Erbschaft von ihren männlichen Verwandten zu erben, selbst wenn sie die einzigen Erbberechtigten sind. Es gilt: Einer Frau steht neben den Kindern, die aus der Ehe hervorgegangen sind, lediglich ein Achtel des vererbten Vermögens zu. Sind keine Kinder vorhanden, kann eine Frau – neben anderen Verwandten, wie den Eltern des Verstorbenen – auf ein Viertel des Vermögens Anspruch erheben. Die Rechtfertigung für diese Ungleichheit liegt darin, dass männliche Familienmitglieder traditionell als Hauptverdiener und Familienversorger gesehen werden. Diese Art von Regelung benachteiligt Frauen signifikant und verstärkt das patriarchalische System im Iran. In der Praxis erhalten nur wenige Frauen ihr rechtmäßiges Erbe, da sie von den Hinterbliebenen des Ehegatten unter Druck gesetzt bzw. erpresst werden, auf den Anspruch zu verzichten. Im Falle von Nastaran übten die Schwiegereltern der Protagonistin Druck auf die Frau aus, indem sie drohten, ihr die Tochter Baran mit Vollendung des siebten Lebensjahres zu entziehen. Sie verzichteten jedoch darauf, von ihrem Sorgerecht Gebrauch zu machen, nachdem Nastaran im Gegenzug ihrem Erbanspruch entsagte.

Für die Kinder des Verstorbenen gilt: Töchter erhalten grundsätzlich nur die Hälfte dessen, was Söhnen zusteht. Im Fall Nastaran bedeutet dies, dass die Tochter Baran einen Erbanspruch von lediglich 50 Prozent dessen, was dem Sohn Dario zusteht, erheben kann.

Die Benachteiligung der Frauen im Erbrecht des Iran führt oft zu deren wirtschaftlicher Unsicherheit und Abhängigkeit. Frauen verlieren ihre finanzielle Sicherheit, wenn sie nicht die volle Erbschaft erhalten und somit nicht in der Lage sind, sich selbst und ihre Kinder bzw. andere Familienangehörige zu versorgen.

Die Diskriminierung von Frauen im Erbrecht ist ein Beispiel dafür, wie patriarchalische Strukturen innerhalb der iranischen Gesellschaft aufrechterhalten werden und Frauen in vielen Bereichen des Lebens benachteiligen.

VERGELTUNGS-RECHT

NARGES

Ich heiße Narges. Ich bin 1981 in Schahreza – einer circa 160 000-Einwohner-Stadt in der Provinz Isfahan – geboren. Seit 1929 ist meine Heimatstadt als Pilger- und Basarort bekannt und gilt als Dreh- und Angelpunkt für Textilverkäufe. Größtenteils lebt hier die einfache Mittelschicht, zu der auch meine Eltern gehören. Meine Mutter kümmerte sich um den Haushalt sowie um die insgesamt fünf Kinder: mich, meine drei Brüder sowie meine Schwester. Mein Vater arbeitete als Unteroffizier bei der Armee und entsprechend streng und diszipliniert war er auch zu Hause, was sich in seiner Erziehung widerspiegelte. Aufgrund seines Berufs verbrachte unser Vater nicht viel Zeit mit uns. Wenn ich heute an meine Kindheit zurückdenke, weiß ich, dass diese Tatsache für mich große Vorteile hatte.

Schon als kleines Mädchen war ich freiheitsliebend und aufgeschlossen. Kunst und Ästhetik faszinierten mich. Besonders die Liebe zum Detail war etwas, das mich begeisterte. Beim Betrachten von Kunstwerken fielen mir stets die winzigsten Nuancen auf. Meine Fähigkeit, die Welt auf diese Weise wahrzunehmen, verdanke ich insbesondere meiner Vorstellungskraft und dem scharfen Sehsinn. Als Kind, und auch später als erwachsene Frau, fantasierte ich mir im Kopf ganze Welten zusammen, bevor ich sie aufs Papier brachte. Auch konnte ich stundenlang mit dem Zeichenstift im Wohnzimmer sitzen, Ideen skizzieren und meiner Leidenschaft für Kunst nachgehen. Dabei war ich äußerst penibel und strebte nach Perfektion. Meine Begabung, jedes Detail zu erkennen und hervorzuheben, half mir dabei, meine eigene Vision zum Ausdruck zu bringen. Ich liebte es, nach inspirierenden Illustrationen zu suchen, um meine eigene Arbeit zu verbessern und mich kreativ auszudrücken. Wäre mein Vater zu dieser Zeit oft zu Hause gewesen, hätte er mein geliebtes Hobby gewiss nicht in dem Ausmaß geduldet, wie meine Mutter es tat.

In den 1990er-Jahren war die Kunstszene im Iran von einer unglaublich kreativen Energie erfüllt, insbesondere in Bezug auf bildende Künstler, die Gemälde, Zeichnungen, Applikationen sowie Installationen schufen. In dieser Zeit gab es viele Ausstellungen und Kunstveranstaltungen, die den Kreativschaffenden eine Bühne boten, um ihre Werke der Öffentlichkeit zu präsentieren und ihre Stimmen zu erheben. In diesem politisch aufgeladenen Kontext haben viele Künstler ihre Arbeiten genutzt, um Themen wie Freiheitsdrang, Unterdrückung und Ungerechtigkeit anzusprechen. Eine der bekanntesten bildenden Künstlerinnen dieser Zeit war die Iranerin Shirin Neshat. Sie wurde in Qazvin im Iran geboren und studierte Kunst in Teheran, bevor sie in den 1970er-Jahren in die USA auswanderte. Im Ausland lebend standen ihr mehr Freiheiten zu, und sie fiel nicht unter die Zensur der iranischen Gesetzgebung. Von da an hat sie sich in ihren Gemälden und Fotografien immer wieder auf politische Themen konzentriert und sich dabei vor allem mit der Rolle von Frauen in der islamischen Welt auseinandergesetzt, womit sie starke politische Botschaften vermittelte. Einige ihrer bekanntesten Kreationen dieser Art entstammten dem Bildband »Women of Allah«, den sie während ihrer kurzzeitigen Rückkehr in den Iran in den Neunzigerjahren schuf. Seit ihrer Auswanderung hat sich die Ausnahmekünstlerin in der Szene etabliert und zahlreiche Preise sowie Auszeichnungen erhalten. Ihre Arbeiten wurden auf der ganzen Welt in renommierten Museen und Galerien ausgestellt und haben das Bewusstsein für Themen wie Geschlechterdiskriminierung und Menschenrechtsverletzungen im Iran geschärft. Shirin Neshat bleibt eine wichtige Stimme für politische Kunst und hat einen bedeutenden Einfluss auf die internationale und vor allem iranische Kunstszene.

Insgesamt haben die Arbeiten unterschiedlichster Künstler und Künstlerinnen nicht nur dazu beigetragen, die Kunst in meinem Heimatland zu bereichern, sondern auch eine wichtige Rolle in der Aufdeckung politischer Missstände und der Förderung sozialer Veränderungen gespielt. Auch mich haben sie bei meinem kreativen Werdegang später nachhaltig geprägt.

Zu meinem großen Glück befand sich in Schahreza ein Kunstgymnasium, an dem ich mich auf Grafikdesign spezialisieren konnte. Zwei Jahre lang durfte ich mir dort all das Grundwissen aneignen, das ich später zum Studieren und Ausüben meines Traumberufs brauchte. Es waren die glücklichsten vierundzwanzig Monate meines jungen Lebens. Schon während der Schulzeit stellte ich mir vor, wie ich später zum Studieren nach Teheran gehen würde. Damals gab es in meinem Heimatland nicht viele Universitäten, die meinen Wunschstudiengang anboten. Die Uni Teheran war landesweit die erste und die bekannteste Einrichtung. Besonders interessant fand ich dabei die Kombination aus theoretischem Unterricht und praktischer Anwendung. Fächer wie Kunstgeschichte, Typografie, Layout, Farb- und Designtheorie wurden durch praktischen Unterricht im Grafikdesign einschließlich Illustration, Drucktechniken, Fotografie und Typografie ergänzt.

Da der Iran zu dieser Zeit unter Sanktionen und politischen Spannungen litt, waren die Möglichkeiten für den Zugang zu neuen Techniken und Materialien begrenzt. Iranische Designer integrierten daher traditionelle Kunstformen und Materialien wie Kalligrafie und handgemachte Papierprodukte in ihre Arbeit. Einige der bekanntesten Grafikdesigner des Iran in den 1990er-Jahren waren Reza Abedini, Majid Abbasi sowie Ghobad Shiva, die mit ihren kreativen und innovativen Designs bis heute die iranische Designszene beeinflussen.

Ich wusste, dass der Anteil an Frauen an der Fakultät für Grafikdesign – wie überall zur damaligen Zeit – viel niedriger als der von Männern war, aber das spornte mich nur noch mehr an, für meinen Traum aufzustehen. In einer Zeitung stieß ich irgendwann auf einen Artikel über Studierende der Uni Teheran. Darin erzählte ein Alumnus davon, dass die Grafikdesignstudentinnen im Vergleich zu anderen Studiengängen mit ihrer Lockerheit auffielen. Sie trugen zwar Kopftücher, diese waren aber meist bunt und alles andere als streng gebunden. Diese Art künstlerischen Freigeistes imponierte mir sehr, trotz oder gerade wegen der Tatsache, dass in meiner Heimatstadt Schahreza 80 Prozent der Frauen schwarze Schleier über ihren ebenso schwarzen Kopftüchern trugen. Auch während meiner Schulzeit war diese Art von Körperbedeckung Pflicht, und so träumte ich davon, eines Tages selbst eine dieser Studentinnen zu sein. Doch ein Studium in einer anderen Stadt war für meinen Vater keine Option. Er sprach sich rigoros gegen meine Idee aus, eine Universität außerhalb meines Heimatorts zu besuchen. Nur war nicht die elterliche Sorge der Grund für seinen Standpunkt, sondern der Kontrollverlust über mich. Trotz des Verbots verbrachte ich meine Schulzeit in der Hoffnung, mein Vater würde seine Meinung ändern und mir erlauben, meinen Traum zu verwirklichen. Ich hoffte vergeblich.

Am schmerzvollsten war für mich, dass meine Cousine und Klassenkameradin an der Uni in Mashhad angenommen wurde, um Grafikdesign zu studieren. Das war der erste herbe Rückschlag für mich, auch wenn ich mich von Herzen für sie freute. Immer wenn sie in den Semesterferien nach Hause kam, erzählte sie mir von ihren aufregenden Erfahrungen. Sie berichtete von den großartigen Dozenten und Dozentinnen sowie den neuen Freundschaften, die sie während ihres Studiums mit Gleichgesinnten geschlossen hatte. Damals wünschte ich mir nichts sehnlicher, als all das ebenfalls erleben zu dürfen. Sogar meine Träume handelten oft davon, wie ich durch die Gänge der Universität laufe und an den Vorlesungen teilnehme. Nach dem Studium eröffnete meine Cousine eine Fotogalerie in Schahreza. Ich half ihr mit viel Freude dabei, alles für die Eröffnung vorzubereiten, und durfte sogar ein Kunstwerk beisteuern, das noch Jahre später eine der Wände schmückte. Ich war ihr sehr dankbar, dass sie mich an ihrer Welt teilhaben ließ. Und sie war nicht einmal die einzige Frau in meinem Umfeld, die das Glück hatte, ihre Vision zu verwirklichen. Eine weitere Klassenkameradin und gute Freundin durfte wegziehen, um fürs Lehramt zu studieren und später an unserem Gymnasium zu unterrichten.

Umgeben von diesen inspirierenden Schicksalen kam mir das meinige umso aussichtsloser vor. Mein Vater hatte für mich vorgesehen, direkt nach meinem Abitur zu heiraten und Hausfrau zu werden. Ich hatte viel Respekt für die Frauen in meiner Familie, zu denen auch meine geliebte Mutter gehörte, die solch ein Leben mit Würde und Hingabe angenommen hatte, aber tief in meinem Innern wollte ich etwas anderes. Schon als junges Mädchen wusste ich, dass wahre Freiheit Hand in Hand mit finanzieller Unabhängigkeit geht. Ich sehnte mich nach einem selbstbestimmten Leben als freischaffende Künstlerin, die sich kreativ entfalten und ihr eigenes Geld verdienen konnte.

Zum Zeitpunkt meines Abiturs hatte mein Vater seine Karriere beim Militär beendet und eröffnete in Schahreza ein Geschäft mit Textilien aller Art. Dort half ich aus. »Bis sich ein geeigneter Ehemann finden würde«, wie mein Vater betonte. So verbrachte ich einen großen Teil meiner Zeit mit dem Sortieren schwerer Stoffrollen sowie dem Bedienen der Kundschaft. Diese Menschen kamen aus unterschiedlichsten Kreisen. Schneider waren auf der Suche nach hochwertigen Materialien, Privatleute kauften Stoffe für Gardinen und Tischläufer, Mütter schauten nach hübschen Mustern für die Kleider ihrer kleinen Töchter – es gab immer etwas zu tun. Ich empfand die Arbeit als abwechslungsreich und langweilte mich selten. Doch meinen Traum vom Studium wollte ich nach wie vor nicht aufgeben. Manchmal, an den Tagen, an denen mein Vater und ich zusammen hinter der Ladentheke standen, überlegte ich krampfhaft, wie ich ihn auf dieses Thema ansprechen konnte. Alles musste gut durchdacht sein, denn ich hatte große Angst vor seiner Reaktion und einer endgültigen Absage.

Schließlich nahm ich all meinen Mut zusammen und fragte ihn eines Tages:

»Vater, was müsste ich dafür tun, dass du es dir mit meinem Studium noch einmal überlegst?«

Er reagierte nicht und tat so, als hätte er meine Frage gar nicht gehört.

»Vater?«, versuchte ich es noch einmal.

Diesmal drehte er seinen Kopf, schaute mich mit seinem Unteroffizierblick an und sagte:

»Narges, ich sage es dir noch einmal, und frag mich danach nie wieder: Meine Antwort lautet nein. Allein gehst du weder zum Leben oder Studieren noch aus einem anderen Grund in eine fremde Stadt. Es gibt zwei Möglichkeiten: Such dir hier in Schahreza einen Studienplatz oder heirate einen anständigen Mann und kläre alles Weitere mit ihm. Aber ich lasse nicht zu, dass du ein unwürdiges Leben weit von zu Hause führst und dort Dinge machst, die du später bereust oder deshalb später keinen Mann findest, der dich zur Ehefrau nimmt. War das deutlich genug?«

»Ja, Vater«, murmelte ich mit gesenktem Kopf, während er sich bereits einem neuen Kunden zuwandte. An diesem Abend lag ich lange wach in meinem Bett und weinte bittere Tränen.

Wochen vergingen. Das Geschäft meines Vaters lief gut, und ich hatte sogar Gefallen an meiner Arbeit gefunden. Bis eines Tages ein Ehepaar den Laden betrat. Es waren Kunden, etwa im selben Alter wie meine Eltern, die ich bereits von früheren Besuchen kannte. Diesmal kamen sie jedoch nicht, um etwas zu kaufen, sondern um meinen Vater nach *Khastegari* zu fragen. In der persischen Kultur ist dies ein fester Brauch, der seitens der Eltern zum Kennenlernen eines zukünftigen Ehepaares organisiert wird. Wenn die Eltern eines jungen Mannes ein geeignetes Mädchen entdecken, das sie sich als Ehefrau für ihren Sohn vorstellen können, kommen sie zu einem Kennenlerntreffen ins Haus der Brauteltern. Für gewöhnlich überreichen sie der jungen Frau einen Blumenstrauß, während die Braut in spe den Gästen Tee serviert. Dazu werden traditionellerweise Früchte, Nüsse und Süßes gereicht. Heute, im modernen Iran, wird *Khastegari* meist von dem jungen Paar selbst initiiert und dazu genutzt, den Eltern auf beiden Seiten die Entscheidung zur Eheschließung mitzuteilen bzw. diese um Erlaubnis zu fragen. Doch zu meiner Zeit und in Schahreza, Anfang der Zweitausenderjahre, war es noch an den Eltern selbst, das erste Treffen zu arrangieren.

Am Morgen des vereinbarten Tages war ich früh wach. Ich spürte eine leichte Nervosität in mir hochkommen und machte mich schnell daran, alles für das Eintreffen der Gäste vorzubereiten. Um mich etwas abzulenken, ging ich zu meiner Mutter in die Küche, die schon dabei war, die großen Platten mit allerlei saftigen Aprikosen, reifen Kirschen, goldfarbenen Pfirsichen, süßen Feigen und Weintrauben zu arrangieren. Ich griff nach der großen Wassermelone und versuchte sie aufzuschneiden. Sie war so reif, dass ihre Schale beim Anschneiden aufplatzte. Doch was heute auf keinen Fall fehlen durfte, war die Honigmelone, sie gehörte zu meinen absoluten Lieblingssommerfrüchten. Ich schnitt sie in handliche schmale Scheiben und musste mich dabei zusammenreißen, nicht schon während der Zubereitung davon zu naschen. Sie duftete köstlich, und mein Magen begann laut zu knurren. Meine Mutter erklärte mir währenddessen gut gelaunt, dass die Eltern von Milad – so hieß ihr Sohn – mich schon seit einiger Zeit im Laden meines Vaters beobachtet hatten. Auch Milad sollte schon einmal da gewesen sein. Ich erinnerte mich nicht an ihn. Meine Aufregung stieg, denn natürlich konnte ich kaum abwarten zu erfahren, wie er aussah und ob er mir gefallen würde.

Als Milad zusammen mit seinen Eltern, Tanten und Onkeln am Nachmittag unser Zuhause betrat, war alles angerichtet, und meine Familie war im Wohnzimmer versammelt. Neben meinen

Eltern saßen Onkel und Tante mütterlicherseits sowie die beiden Brüder meines Vaters mit ihren Ehefrauen. Für mich war es nicht nur das erste Treffen dieser Art, sondern auch das erste Mal, dass ich Milad sah. Wobei man ja als potenzielle Braut bei der traditionellen Teezeremonie gar nicht richtig dazu kommt, den Mann in Ruhe zu betrachten. Das Servieren des Tees während einer *Khastegari* ist ein immens wichtiger Augenblick für ein iranisches Mädchen. Alle Augen ruhen auf der werdenden Braut, während sie sich darauf konzentrieren muss, das Tablett mit den randvoll gefüllten Teetassen gerade zu halten, um nicht zu stolpern oder jemanden mit heißem Tee zu verbrühen.

Meine Mutter hatte mir die Abfolge genau erklärt: »Wir bereiten das Tablett gemeinsam vor. Sobald sich alle im Zimmer eingefunden haben, kommst du herein und servierst den Gästen nacheinander den Tee. Versuch, freundlich zu schauen, Narges«, bat sie mich mit einem Lächeln, »du wirst unter genauer Beobachtung stehen.«

Die Teezeremonie und das öffentliche Beschauen hatte ich gut überstanden. Danach wurde Milad und mir eine Stunde Zeit zu zweit gewährt, damit wir uns etwas kennenlernen konnten. Das ist nichts Ungewöhnliches, ganz im Gegenteil. Laut der Tradition soll diese Stunde für das junge Paar ausreichen, um sich einen ersten Eindruck zu verschaffen und eine Entscheidung für oder gegen eine Ehe zu treffen. Doch eine solch kurze Zeit kann selbstverständlich nicht im Geringsten für ein befriedigendes Kennenlernen genügen. Zu meiner Überraschung fand ich Milad schon nach wenigen Minuten sympathisch. Es fühlte sich gar nicht komisch an, mit ihm zu sprechen. Bei diesen Unterhaltungen ist es üblich, sich über Zukunftsthemen auszutauschen. Wohnort, Studium, Arbeit, Kinder – all das, was für ein gemeinsames Leben eine tragende Rolle spielt. Ich erzählte ihm von meinem Traum, aus Schahreza wegzuziehen, in einer großen, modernen Stadt Grafikdesign zu studieren und später zu arbeiten. Ich betonte, dass es mir sehr wichtig war, finanziell unabhängig zu sein und mein eigenes Geld zu verdienen.

Im Gegensatz zu meinem Vater hörte Milad interessiert zu. Sogar mehr als das. Er klang begeistert und angetan, als er sagte:

»Wenn wir beide heiraten, dann ziehen wir um, sobald ich mit meinem Studium hier fertig bin. Du kannst in deinem Fach studieren, und ich suche mir dort eine Arbeit.«

Diese Versprechen klangen zuckersüß in meinen Ohren. Apropos süß. Ich verlor mich regelrecht in seinen honigfarbenen Augen. Sie waren anders als die meisten Augen, die ich kannte. Nicht typisch braun, sondern je nach Sonneneinfall offenbarten sie eine andere Nuance und wirkten fast schon schelmisch, wenn er lächelte. Auch der Rest seines Gesichts kam mir sehr attraktiv und stimmig vor: volle Lippen, dunkles Haar und schöne weiße Zähne. Mir gefiel, wie er redete.

Während dieser ersten Unterhaltung hatten wir viel Spaß, und die Zeit verging wie im Flug. Neben meiner Lebensliebe, der Kunstästhetik, war ich nun auch Milads hübschem Anblick verfallen. Dieser Gedanke machte mich ganz verlegen. Als wir uns schließlich voneinander verabschiedeten, grinsten wir uns verstohlen an. Es fühlte sich ein wenig so an, als wären die zarten Schmetterlinge in meinem Bauch, die ich ganz am Anfang unserer Unterhaltung verspürte, zu großen, bunten Faltern gewachsen. Sie machten Überschläge in meiner Magengegend, und mir wurde fast schwindelig. Wie viel Glück hatte ich, solch einen gut aussehenden, witzigen und charmanten Mann zu treffen, der zudem bereit war, mich voll und ganz bei der Erfüllung meiner Träume zu unterstützen? Ich war ganz verzaubert und hatte das Gefühl, dass unsere Sympathie auf Gegenseitigkeit beruhte. Hoffnung keimte in mir auf. Sollte es zu einer Eheschließung zwischen uns kommen, würde das bedeuten, dass ich der Vormundschaft meines strengen Vaters entfliehen und endlich meinen größten Traum leben könnte?

Im Iran steht eine Frau von Geburt an unter der Kontrolle ihres männlichen Vertreters, eines sogenannten *Walī*, das ist zunächst der eigene Vater und später der Ehemann, Bruder, Onkel oder Großvater. Aber auch wenn die Selbstständigkeit der Frauen im klassischen islamischen Recht nicht vorgesehen ist, hatte ich dennoch die Vision, eigenverantwortlich zu leben. Und jetzt stand der Mann vor mir, der mir dabei helfen wollte. Er war nicht nur offen und modern, sondern verstand und respektierte mich. War das nicht unglaublich? Ich konnte es kaum erwarten, mein Leben mit diesem wunderbaren Menschen zu teilen und gemeinsam unsere Zukunft zu gestalten. Dieser Gedanke beflügelte mich so sehr, dass ich beinahe bereit war, direkt »Ja« zu sagen. Meine Eltern allerdings verabschiedeten unsere Gäste mit den Worten, sich einige Tage später telefonisch mit einer Entscheidung zu melden.

Milad und ich heirateten im Jahr 2001. Sowohl seine als auch meine Eltern waren, was Kleiderordnung betraf, nicht streng. Zum Glück! Ich musste weder meinen Körper vollständig verhüllen noch einen *Hijab* tragen. In meinem wunderschönen Hochzeitskleid fühlte ich mich wie eine Prinzessin. Am Dekolleté war es asymmetrisch geschnitten und mit hübschen Blüten aus Spitze verziert. Ich trug ein Diadem und einen langen, weißen Brautschleier aus Tüll sowie ein bezauberndes, goldenes Set aus Kette und Ohrringen, das mir die Eltern meines Mannes zur Hochzeit geschenkt hatten. Es war eine ausgelassene, fröhliche Hochzeitsfeier.

Die Ernüchterung kam schnell. Schon in den ersten Wochen nach unserer Eheschließung wurde ich etwas misstrauisch. Mein

Mann verließ zwar jeden Tag das Haus, um »in die Uni zu fahren«, doch er erzählte nie etwas von seinem Alltag dort. Immer wenn ich interessiert nachfragte, wie sein Tag verlaufen war oder was er Spannendes gelernt hätte, winkte er genervt ab und wollte nicht darüber reden. Komisch war auch, dass er nie zu Hause lernte. Milad war launisch, eine seiner vielen negativen Seiten, die erst nach unserer Hochzeit zum Vorschein traten. Ich schob alles darauf, dass wir uns nicht gut genug kannten und uns mit der Zeit besser aufeinander einstellen würden. Trotz mancher unschönen Situationen und seines missmutigen Verhaltens mir gegenüber blieb ich noch eine lange Zeit hoffnungsvoll und positiv.

Bis eines Tages der Postmann klingelte und einen Brief brachte. Darin stand nun offiziell schwarz auf weiß, was ich schon eine Weile vermutet hatte: Das Schreiben bestätigte die Exmatrikulation meines Mannes wegen unangebrachten Verhaltens und mehrfachen Verstoßes gegen die Regularien des Studiums. Ich war bestürzt. Das hieß nicht nur, dass Milad mich in Bezug auf seine aktuelle Studiensituation belogen hatte, sondern auch verheimlichte, wo er sich stattdessen den ganzen Tag lang aufhielt. Und was bedeutete überhaupt »unangemessenes Verhalten?« Fassungslos hielt ich das Schreiben in meinen Händen, las immer wieder die Zeilen und zerbrach mir den Kopf, wie ich Milad darauf ansprechen könnte.

Als er nach Hause kam, eskalierte das Gespräch, und Milad wurde heftig und lautstark. Ich kannte solche Ausbrüche von meinem Mann bereits, aber diesmal ging er einen Schritt weiter. Als ich ihm den Brief in die Hand gedrückt hatte, hatte er alles abgestritten. Das Schreiben sei fehlerhaft ausgestellt worden. Ich glaubte ihm nicht. Irgendwann packte ihn die Wut. Milad griff meine Schultern und schüttelte mich so heftig, dass ich wüst gegen die hölzerne Stuhllehne geschleudert wurde. Sein Gesicht war ganz nah vor meinem, und er schrie mich wütend an. Was mir einfiele, in seinen Sachen herumzuschnüffeln?

An diesem Tag verspürte ich zum ersten Mal furchtbare Angst vor diesem Menschen. Milad war im Gegensatz zu meiner zierlichen Statur ein groß gewachsener, starker Mann. Er ohrfeigte mich mehrmals, so heftig, dass sich in meinem Gesicht sofort Blutergüsse bildeten. Er schrie, tobte und drohte, mich einzusperren. Schließlich fiel der Satz, vor dem ich mich am meisten fürchtete:

»Dein Grafikdesignstudium kannst du vergessen. Wir werden niemals auch nur in die Nähe einer Uni ziehen, wo du deinem Wunsch nachgehen könntest. Warum solltest du auch studieren, wenn ich es nicht tue? Ich hatte außerdem nie vor, dir das zu erlauben. Dumm von dir, dass du das geglaubt hast.«

Mein Körper war nach diesem Streit von blauen Flecken und Blutergüssen übersät. Von den seelischen Wunden ganz zu schweigen. Natürlich blieb das meiner Mutter nicht verborgen. Schockiert betrachtete sie meine Verletzungen und erzählte auch meinem Vater davon. Beide redeten mir tagelang ins Gewissen und schlugen vor, mich scheiden zu lassen. Irgendwann entschied mein Vater, Anzeige zu erstatten. Rechtlich versiert hat er sich der Sache energisch angenommen. Dann vergingen Wochen, bis wir eine Einladung zum Gerichtstermin erhielten.

In der Zwischenzeit ließ Milad keinen Tag verstreichen, ohne mich zu bedrängen. Er wusste nur zu gut, wie er mich bezirzen konnte: ständiges Anrufen, stundenlanges Betteln nach einem Treffen. Wenn ich schwach wurde und wir uns sahen, schaute er mir tief in die Augen, entschuldigte sich und beteuerte abermals seine unendliche Liebe zu mir. Ich glaubte ihm. Später im Gerichtssaal, als der Richter mich dann fragte, ob ich der Scheidung zustimmte, antwortete ich mit Nein.

Mein Vater raste. Er drohte mir sogar mit den Worten:

»Wenn du wieder zu ihm zurückkehrst, kommst du sicher nicht mehr nur mit blauen Flecken davon. Er wird dir ein Kind machen, und dann war's das. Rechne danach nicht mehr mit meiner Unterstützung!«

Aber zu diesem Zeitpunkt fand ich die Vormundschaft meines Vaters immer noch abschreckender als meine Eheprobleme. Milad versprach mir zudem hoch und heilig, dass wir aus der Stadt wegziehen würden, und so kehrte ich nach dem Gerichtstermin zu ihm zurück.

Allmählich kamen viele furchtbare Details über das Doppelleben meines Mannes ans Licht. Ich war am Boden zerstört, als ich erfuhr, dass Milad gemeinsam mit einem Freund eine Wohnung gemietet hatte, um sich dort mit anderen Frauen zu vergnügen. Monatelang hat er mich auf diese Art hintergangen, und auch nachdem alles herausgekommen war, dachte er nicht daran, aufzuhören. Irgendwann ging er sogar so weit, dass er mich zwang, wann immer es ihm passte, unsere gemeinsame Wohnung zu verlassen und zu meinen Eltern zu gehen. Er wurde so dreist, dass er sich nicht einmal mehr bemühte, seine Affären zu verheimlichen. Er holte sich die Frauen nach Hause und feierte wilde Partys in unserem Ehebett. Und während er draußen seinem zügellosen Leben voller Eskapaden, Alkohol und Drogen nachging, war ich zu Hause eingesperrt. Er verbot mir nicht nur zu studieren, sondern untersagte mir auch jegliche andere Art einer Berufsausbildung. Gegen seinen Willen hatte ich, auch juristisch gesehen, keine Chance und so musste ich mich endgültig von meinem Studientraum verabschieden. Eines stand für mich jedoch fest: Ich wollte um jeden Preis mein eigenes Geld verdienen.

Einige Monate später, nach langem Betteln, konnte ich meinen Mann überzeugen, Schahreza zu verlassen und in das eineinhalb

Stunden entfernte Shahin Shahr – ebenfalls in der Provinz Isfahan – zu ziehen. Im Vergleich zu unserer Heimatstadt war Shahin Shahr nicht streng religiös. Die Menschen waren moderner, weshalb mir das Leben dort einfacher erschien. Mit diesem Umzug keimte die Hoffnung auf einen Neuanfang in mir auf.

Wir lebten uns schnell ein. Der Wohnortwechsel tat uns beiden gut. Milad schien wieder entspannter, ja liebevoller, fast wie zu Beginn unserer Ehe. Eines Tages schlug ich ihm vorsichtig vor, dass ich doch eine Friseurausbildung machen könnte. Er unterbrach mich mitten im Satz und antwortete schroff, dass ich gefälligst zu Hause bleiben und mich um den Haushalt kümmern sollte, während er unterwegs war. Schließlich verfügten wir über genügend Geld, das Milad jeden Monat von seinem Vater bekam, so seine Begründung.

Das war ein herber Rückschlag, doch ich blieb hartnäckig. Irgendwann konnte ich mir seine Zustimmung für ein kleines Herzensprojekt erkämpfen. In der Stadt gab es eine Kunstgalerie. Einmal wöchentlich durfte ich dort eine Zeit lang Kindern das Zeichnen beibringen. Diese wenigen Stunden voller Kunst und leuchtender Schüleraugen erfüllten mich mit Glückseligkeit und erlaubten mir zumindest für eine kurze Zeit, meinen eintönigen Alltag zu vergessen.

2005 kam unser wunderschöner Sohn Arian zur Welt. Aber nach anfänglicher Euphorie – auch seitens Milad – holte mich der Alltag wieder ein. Mein Mann hatte auch in der neuen Stadt genau da weitergemacht, wo er in Schahreza aufgehört hatte. Frauen, Partys, Alkohol und Drogen bestimmten seinen Alltag. Mir entging nichts. Seine dunklen Augenringe, seine ständig wechselnden Launen, seine Gleichgültigkeit und dann wieder sein Zorn. Meinen Job in der Kunstgalerie gab ich nach Arians Geburt auf, und auch Milad war arbeitslos. Wir lebten vom Geld meines Schwiegervaters Pervis. Nachdem dieser – genau wie mein Papa –

seinen Dienst beim Militär beendet hatte, hatte er begonnen, mit Autos zu handeln. Seine Geschäfte liefen sehr erfolgreich. Auf diese Weise konnte er es so aussehen lassen, als wäre mein Mann bei ihm angestellt und würde ein Gehalt beziehen. Dabei hat Milad nie einen Fuß in diesen Betrieb gesetzt. Sein Beruf war »Sohn«, und diesen Job beherrschte er nahezu perfekt. Mein Schwiegervater finanzierte die Wohnung, in der wir lebten, und besorgte ein Auto für Milad.

Diese merkwürdige finanzielle Situation ließ mir keine Ruhe. Beinahe täglich hatten wir heftige Auseinandersetzungen, bei denen Milad oft handgreiflich wurde. Aber ich war auch nie die Art von Ehefrau, die ihren Mund hielt. Mein Mann hingegen setzte sein zügel- und schamloses Leben fort und schlug bei jeder Gelegenheit auf mich ein. Seit unser Sohn auf der Welt war, schliefen wir nicht einmal mehr im selben Schlafzimmer.

Nach einer unserer letzten schlimmen Auseinandersetzungen, wo es erneut zu Handgreiflichkeiten kam, habe ich Anzeige gegen Milad erstattet. Denn einfach schweigen und weitermachen war nicht meine Art. Ich wusste, ich würde mich immer und immer wieder gegen dieses gewalttätige Verhalten wehren. Die Gerichtsverhandlung entpuppte sich als ein absurdes Unterfangen. Der Richter verlangte von mir, zwei männliche Zeugen zu stellen, die auf den Koran schwören sollten, den Streit beobachtet zu haben. Aber in welcher Situation ist das überhaupt realistisch? Diese gewaltsamen Auseinandersetzungen passierten doch nicht umsonst in den eigenen vier Wänden. Zeugen gab es natürlich keine, und da ich trotz eines gerichtsmedizinischen Gutachtens über meinen katastrophalen körperlichen Zustand nicht den Forderungen des Richters nachkommen konnte, schickte er mich wieder nach Hause, zurück zu meinem gewalttätigen Mann.

Das Leben an Milads Seite wurde immer unerträglicher, und

irgendwann hielt ich es nicht mehr aus. Nach unzähligen erfolglosen Anzeigen gegen meinen Mann entschloss ich mich letztlich schweren Herzens, aus der gemeinsamen Wohnung auszuziehen. Ich hatte genug gelitten. Mein Körper war wie leergesaugt, ich konnte nicht einmal mehr richtig weinen. In langen Telefonaten sprach ich mit meiner Mutter alle Möglichkeiten durch und rang mich nach und nach dazu durch, endlich einen neuen Lebensabschnitt ohne meinen Mann zu wagen. Als Milad für einige Tage wegblieb, packte ich meine Sachen, nahm meine *Jahizieh* (dt. Mitgift) mit und zog mithilfe meiner Mama aus der gemeinsamen Wohnung aus. Da laut iranischer Gesetzgebung bis zur Vollendung des siebten Lebensjahres das Sorgerecht für meinen Sohn bei mir lag, zogen Arian und ich zunächst zu meinen Eltern.

Jetzt musste ich stark sein – für mich und meinen kleinen Sohn. Ohne Berufsausbildung hatte ich nicht genug finanzielle Mittel zur Verfügung, um unabhängig leben zu können. Es gab jedoch eine Sache, die mir während dieser ganzen Zeit ein wenig Sicherheit schenkte. Auf Anraten meines Anwalts hatte ich nach dem ersten Gerichtsprozess gegen meinen Mann einen Antrag auf *Mehriya* gestellt, eines der wenigen Dinge, die im islamischen Gesetz für die Frau geregelt sind. Bei uns kommt es einer Brautgabe gleich, deren Höhe und Wert vor der Hochzeit festgelegt werden. Der Bräutigam ist dann dazu verpflichtet, diese *Mehriya* an die Braut auszuzahlen, sobald sie Anspruch darauf erhebt, was in der Praxis äußerst selten passiert. Auch Milad und ich hatten diesen Vertrag vor unserer Hochzeit geschlossen, worin mir 150 Goldmünzen – heute um die 300 000 Euro – zugesichert wurden. Diese forderte ich als Entschädigung für all die Gewalt und Erniedrigungen während meiner Ehe. Vom Gericht wurde Milad gezwungen, meine *Mehriya* in monatlichen Raten von einer Goldmünze zu entrichten. Er hielt sich vier Monate daran, danach blieben die

Zahlungen aus. Doch so wollte ich mich nicht abspeisen lassen. Zumindest finanziell wollte ich meine Entschädigung, auch wenn das Geld nie die körperlichen und seelischen Narben würde heilen können, die meine Ehe hinterlassen hatte. Zudem darf man nicht vergessen, dass eine geschiedene Frau im Iran in der Regel als minderwertig angesehen wird und viele Benachteiligungen sowie Demütigungen in der Gesellschaft hinnehmen muss. Mir war bewusst, dass eine erneute Heirat mit sehr vielen Schwierigkeiten verbunden wäre. Vor allem, da ich bereits ein Kind von einem anderen Mann hatte. In dieser Situation sind die Chancen auf eine angemessene zweite Ehe äußerst gering. Sollte ich mich dennoch in den ersten sieben Lebensjahren von Arian, wo mir noch das Sorgerecht zustand, neu verheiraten, würde ich meinen Sohn sofort verlieren.

Mein Mann versäumte weiterhin seine Zahlungen. Jedes Mal meldete ich das bei der Polizei. Was ich daraufhin erfuhr, waren Hass und Häme – insbesondere seitens meines Schwiegervaters Parvis, nach wie vor die geldgebende Hand, die hinter Milads Eskapaden steckte und brav dessen ganzes Leben finanzierte. Parvis warf mir unverschämtes Verhalten und Berechnung vor. Seiner Meinung nach war ich nur auf Geld aus, doch ich kämpfte für Gerechtigkeit und das, was mir vertraglich zustand. Vor Gericht musste ich mich jedes Mal aufs Neue für die Anzeigen rechtfertigen. Es kostete mich immens viel Kraft, gegen die Argumentationen des Richter anzukämpfen, der seine Verachtung mir gegenüber nicht zu verbergen versuchte:

»Frau, denk darüber nach, was du hier versuchst zu erreichen. Früher oder später wirst du diese Anzeigen gegen deinen Mann bereuen und flehend zu ihm zurückkommen wollen. Wundere dich nicht, wenn er dann nichts als Abscheu für dich übrighat, wenn du ihn jetzt so respektlos behandelst.«

Doch ich kämpfte tapfer für eine einvernehmliche Trennung und ein friedvolles Leben mit meinem Sohn, auch wenn mir der Staat und Milads Familie das Leben zur Hölle machten. Kein Wunder, das Gesetz steht im Iran auf der Seite des Mannes. Nur wenn dieser einer Scheidung zustimmt, kann sich seine Frau von ihm lösen.

Wohl wissend, dass sie die Macht über mich besaßen, trieben sie mich monatelang beinahe in den Wahnsinn. Jeden Tag sah ich mich mit neuen Auseinandersetzungen und Problemen konfrontiert, ich aß schlecht und schlief vor lauter Sorge kaum. Sie benutzten Arian als Druckmittel und drohten, ihn mir zu entziehen, wenn ich weiterhin Geld verlangen oder anderweitig Bedingungen stellen würde. Mutterseelenallein, aber mit ganzer Kraft kämpfte ich gegen die Erpressung seitens der Familie meines Mannes. Denn wie von meinem Vater ehemals angekündigt, erfuhr ich von ihm nun keinerlei Unterstützung in diesem bösen Machtspiel.

Nach unzähligen Gerichtsverfahren, Zerwürfnissen und Vorwürfen musste ich mich geschlagen geben und stimmte schließlich zu, auf meine *Mehriya* zu verzichten. Die Entscheidung fiel mir nach diesem langen, schweren Kampf alles andere als leicht. Doch wenn ich meinen Sohn nicht verlieren wollte, musste ich klein beigeben. Ich trat also alle Ansprüche ab, damit Milad endlich die Scheidungspapiere unterschrieb und unsere Trennung endlich rechtskräftig machte. Meine letzten Worte im Gerichtssaal waren:

»Mehram halal, junam azad!« (Meine Brautgabe gehört dir, mein Leben gehört mir!)

Damit war die Scheidung vollzogen.

Den Kampf um meine Brautgabe hatte ich – wie die meisten iranischen Frauen in ähnlicher Situation – verloren, doch trotz der Tatsache, dass ich finanziell leer ausgegangen war, schöpfte ich neuen Mut und neue Hoffnung. Als junge und gesunde Frau konnte ich nun alle Energien auf meinen persönlichen Traum eines selbstbestimmten Lebens konzentrieren. Und ich würde weiter kämpfen – um das Sorgerecht für Arian, das ich für immer behalten wollte. Es war mir natürlich klar, dass dies rein gesetzlich schier unmöglich war. Doch die Hoffnung stirbt zuletzt, und daran würde ich bis zum Schluss festhalten.

Später verkaufte ich die vier Goldmünzen, die mir Milad als Teil der *Mehriya* gegeben hatte, und mietete ein kleines zweistöckiges Haus in Isfahan. Meine Mutter unterstützte mich mit aller Hingabe. Sie passte auf Arian auf, damit ich eine Ausbildung zur Friseurin anfangen konnte. Im Iran dauert das rund ein halbes Jahr. Schon bald also richtete ich mir meinen kleinen Schönheitssalon im Erdgeschoss unseres Hauses ein. Ich weiß noch, wie stolz ich auf das hübsche Aushängeschild an der Hauswand war. Mein eigener Salon. Endlich konnte ich unabhängig und einigermaßen selbstbestimmt leben, so wie ich es mir immer erträumt hatte.

Jede zweite Woche durften mein nun Exmann sowie meine Exschwiegereltern unseren Sohn für einige Stunden besuchen. Milad zeigte sich kaum interessiert und ließ sich nach einigen wenigen Besuchen gar nicht mehr blicken. Nach unserer Trennung stürzte er in einen regelrechten Drogensumpf. Das zu sehen, brach mir das Herz. Andererseits war ich froh und erleichtert, dass unser Sohn ihn in diesem Zustand nicht so häufig zu Gesicht bekam. Großvater Parvis dagegen machte von seinem Besuchsrecht vollen Gebrauch. Penibel achtete er darauf, die ihm zustehende Zeit von maximal vier Stunden auf die Minute genau auszuschöpfen. Er ging dann mit Arian in den Park. Ich war immer dabei, denn ich traute ihm nicht und wollte ihm Arian nicht unbeaufsichtigt überlassen. Parvis wusste diese Besuche ganz genau für seine Zwecke auszunutzen und löcherte mich mit Fragen. Anfangs noch in der Hoffnung, mich zurück zu seinem Sohn zu holen. Er sicherte Milad und mir finanzielle Unterstützung zu, versprach sogar, mir mein Traumauto zu kaufen, wenn ich es mir noch einmal mit der Ehe überlegen wollte. Doch sobald ihm klar wurde, dass es kein Zurück mehr gab, wurde er ausfallend. Er gab mir die Schuld für Milads Abstürze und seine Drogensucht. Ich hatte das Gefühl, ständig unter seiner Beobachtung zu stehen. Er wollte wissen, mit wem ich mich traf, wo ich in meiner Freizeit war und ob ich vorhatte, erneut zu heiraten. Als würde er einen Grund suchen, mir Arian bei der nächstbesten Gelegenheit wegzunehmen. Einfach, um mich für die Trennung von Milad zu bestrafen. Ich hatte immer ein mulmiges Gefühl, wenn er uns besuchte. Doch er war Arians geliebter Opa, und für ihn riss ich mich zusammen. Hätte ich doch nur damals etwas mehr auf meinen Instinkt gehört. Denn mein Gefühl sollte sich eines Tages bewahrheiten.

Sechs Monate waren ins Land geflossen, seit ich meinen Friseursalon eröffnet hatte. Mittlerweile hatte ich mir einen kleinen Kundenstamm erarbeitet und liebte es, die Frauen zu verschönern. Es waren Kundinnen jeden Alters, die in meinen Salon kamen, sie erzählten die unterhaltsamsten Geschichten, und wir hatten immer eine tolle Zeit. In diesem halben Jahr fühlte ich mich endlich angekommen. Ich war selbstständig und glücklich.

Es war einer dieser gewöhnlichen Besuchstage. Mein Exschwiegervater schien diesmal sogar etwas entspannter zu sein als sonst. Er begrüßte mich mit einem Lächeln, während Arian fröhlich in seine Arme sprang. Wie gewohnt verbrachten wir einige Stunden im Park, schauten Arian beim Klettern und Toben zu, das Wetter war schön, und es war insgesamt ein friedvoller Tag. Nach dem Spaziergang haben wir noch in einem Restaurant zu Abend gegessen. Es war also recht spät geworden und bereits dunkel draußen. Auf dem Weg zurück in das Haus meiner Eltern schlief Arian vor lauter Erschöpfung schon im Auto ein. Auch meine Eltern waren bereits im Bett, und so half mir Parvis, Arian bis ins Haus zu tragen. Als ich ihn an der Tür verabschieden wollte, sagte er plötzlich:

»Warte bitte kurz, ich habe noch ein schönes Geschenk für Arian und dich dabei. Ich gehe zurück zum Auto und bringe es dir.«

Damit hatte ich nicht gerechnet und schaute ihn überrascht an, ohne etwas darauf zu entgegnen. Derartige Überraschungen war ich von meinem Exschwiegervater nicht gewohnt. Zumindest nicht mir gegenüber. Im Gehen rief er mir noch zu, ich solle unbedingt die Augen zumachen, damit wäre der Überraschungseffekt noch größer. Und so stand ich mit geschlossenen Augen an der Türschwelle und wartete, bis Milads Vater wieder auftauchte. Im ganzen Haus war es still, und auch von den Nachbarn hörte man nichts. Deshalb vernahm ich auch seine Stimme, als er vom Auto aus rief:

»Nicht die Augen öffnen, Narges. Sonst ist die Überraschung futsch.«

Ich wurde nervös und sagte nur so etwas wie: »Nein, mache ich nicht. Ich stehe immer noch hier mit geschlossenen Augen.«

Als er wieder an der Tür ankam, spürte ich, dass er mir genau gegenüberstand.

»Bist du bereit für deine große Überraschung, Narges?«

»Ja«, antwortete ich und fragte, ob ich jetzt meine Augen aufmachen dürfte.

Er sagte: »Ich zähle von drei runter, und bei LOS machst du sie auf. Drei … zwei … eins …« Ich blinzelte leicht. »LOS!«

Das Letzte, was ich sah, waren die teuflisch blitzenden Augen meines Exschwiegervaters. Diesen Anblick werde ich nie in meinem Leben vergessen. Plötzlich spürte ich überall Nässe, in meinem Gesicht, auf dem Kopf, auf meinen Händen und meiner Kleidung. Sie tropfte auf meine Füße herunter, und es brannte höllisch. Zunächst dachte ich, es sei brühend heißes Wasser, womit er mich überschüttet hätte. Doch nach dem anfänglichen Schockmoment wurde mir klar, dass das Brennen sich mit jeder Sekunde verschlimmerte. Es tat so weh, dass ich zu schreien begann. Ich rief nach Hilfe und tastete blind um mich herum, in der Hoffnung, irgendwo Wasser zu finden. Meine Augen konnte ich nicht öffnen, das machte alles nur noch schlimmer. Ich stieß gegen eine Hauswand, fiel auf die Knie und versuchte, den Türrahmen zu greifen, um mich daran festzuhalten. Alles drehte sich in meinem Kopf wie auf der schnellsten Achterbahn meines Lebens. Mir wurde übel, und ich schrie weiter:

»Hiiiiilfe, warum hilft mir denn niemand?!«

Endlich hörte ich die Stimmen meiner Eltern. Mein Vater griff nach meinem Kopftuch, riss es mir von den Haaren und rief panisch:

»Es ist Säure! Sie hat überall Säure auf dem Körper!«

Meine Kleidung begann sich aufzulösen und fiel in Fetzen zu Boden, während ich immer noch versuchte, mich im Raum zurechtzufinden. Jemand griff daraufhin zum Gartenschlauch, und ein Schwall kaltes Wasser spritzte mir entgegen. Es war meine Mutter, die schrie, ich solle stehen bleiben, damit sie alles abspülen konnte. Fürchterliche Kälte übermannte meinen ganzen Körper, der jetzt beinahe unbekleidet den kühlen Abendtemperaturen ausgeliefert war. Jemand warf mir eine Decke über. Es half nichts, ich schrie weiterhin vor Schmerzen, konnte nach wie vor meine Augen nicht öffnen, und so rief meine jüngere Schwester, die noch bei meinen Eltern lebte, den Notarzt. Der Mann am anderen Ende der Leitung entgegnete, nachdem sie wirr die Situation schilderte, dass es viel zu lang dauern würde, bis ein Wagen bei uns ankäme. Wir sollten uns selbst ins Auto setzen und direkt ins Krankenhaus kommen. Ein Nachbar reagierte sofort und brachte mich in die Notaufnahme. Hinterher würde der Fahrer berichten, dass selbst die Lederrückbank des Autos massiv durch die Säure beschädigt worden war, die von meinen Haaren tropfte.

Ein Gerät. Ein einziges, spezielles Gerät wäre nötig gewesen, um sicherzustellen, dass ich mein Augenlicht nicht vollständig verliere. Es war der Lidsperrer, der im Krankenhaus, wo wir hinkamen, nicht vorhanden war. Die Ärzte erklärten mir, dass die Verletzungen auf den Augenlidern und auf meiner Haut so gravierend waren, dass man meine Lider durch einen Sperrer hätte aufhalten müssen, um die Augäpfel ordnungsgemäß zu spülen. Doch die nötige Ausrüstung war nicht da, und so wies man uns an, so schnell wie möglich in eine Spezialklinik zu fahren. Die nächste Hürde kam, als uns der Preis für den Transport dorthin genannt wurde. Der Transportdienst musste vor Ort bezahlt werden, aber das Geld hatten wir nicht dabei, und so beschlossen meine Eltern, mich selbst in die Augenklinik in der nächstgrößeren Stadt zu fahren. Es dauerte viel länger als gedacht. Vor Ort angekommen, folgte die nächste Hiobsbotschaft. Nachdem sich erneut zahlreiche Ärzte ein Bild über meinen Zustand gemacht hatten und etliche Untersuchungen durchgeführt worden waren, teilten sie mir das katastrophale Urteil mit. Es war zu spät. Meine Haut im ganzen Gesicht und um die Augen herum war mittlerweile fast vollständig weggeätzt. Das Gesicht war bis zur Unkenntlichkeit entstellt, und die Säure hatte bereits in beiden Augen unumkehrbare Zerstörungsprozesse in Gang gesetzt. Ziellos tastete ich mit meinen Händen umher, auf der Suche nach etwas, das mir Halt gab. Ich ertastete die Hand meiner Mutter, krallte mich mit aller Kraft in sie und versuchte, die Worte der Ärzte zu begreifen. Nun war es offiziell: Ich war auf beiden Augen blind. Die Welt, die ich gekannt hatte, sollte nun für immer dunkel und leer sein. Zu diesem Zeitpunkt war ich siebenundzwanzig Jahre alt.

Keine Worte, keine Sprache dieser Welt könnten ausdrücken, was in diesem Moment in mir vorging. Von einer Sekunde auf die nächste zu erblinden, ist das eine, doch als mir klar wurde, was dieses Schicksal an Konsequenzen und Leid nach sich ziehen würde, brach es mir das Herz in tausend Stücke. Ich mag nicht eingebildet klingen, aber ich zelebrierte meine Weiblichkeit trotz aller Einschränkungen, die ich in der Öffentlichkeit erfuhr. Ich war eine hübsche Frau, die es liebte, sich schön zu schminken, das Haar zu frisieren und all diese normalen Dinge zu machen, die Frauen eben so tun. Ich hatte eine schöne, ebenmäßige Haut, große Augen und feine Gesichtszüge. Es war unerträglich zu realisieren, dass ich bis an mein Lebensende nicht nur blind, sondern im Gesicht, an den Händen und an Teilen meines Körpers entstellt bleiben würde. Dies zu akzeptieren und anzunehmen, schien unmöglich. Doch viel grausamer und schmerzvoller war für mich die Tatsache, dass ich nie wieder all die Dinge würde sehen können, die ich liebte: die Sonne, das zarte Grün der Frühlingsblätter, inspirierende Kunstwerke, meine Familie und vor allem das süße Gesicht meines wundervollen Sohnes. Ich stand am Beginn meiner persönlichen Hölle. Ich litt nicht nur unter den körperlichen Schmerzen. Die seelischen Qualen waren es, die mich in ein tiefes und dunkles Loch stürzten. Ich besaß keine Kraft aufzustehen, geschweige denn mich auch nur ansatzweise um mein Leben zu kümmern. Schlimme Zeiten standen uns bevor. Die einfachsten Dinge, wie Zähneputzen oder Essen, fielen mir schwer. Während dieser kritischen Phase sorgte meine Familie rührend für meinen Sohn und mich.

Das Säureattentat war ein gut geplanter Schachzug. Milads

Vater hat diese Gräueltat für seinen Sohn übernommen, um Milad vor einer langen Haftstrafe sowie der Vergeltung meinerseits zu schützen. Doch auch beim Vergeltungsrecht gibt es eine juristische Besonderheit, die in solchen Fällen im Iran greift. Laut der Gesetzgebung, die im Einklang mit der islamischen Scharia steht, ist eine Frau nur halb so viel wert wie ein Mann. Aufgrund des schrecklichen Attentats war ich jedoch gesetzlich dazu berechtigt, Vergeltung zu üben. Ich hätte auch dafür kämpfen können, Milads Vater mit derselben Säure zu entstellen. Allerdings bestimmte das Gesetz, dass ich ihm nicht mehr als die Hälfte meiner Verletzungen antun dürfte. Es war kaum zu fassen, dass ich mit meinen zarten siebenundzwanzig Jahren auf beiden Augen blind war, während dieser siebenundsechzigjährige Mann, wenn überhaupt, nur eines seiner Augen verlieren konnte. Welch unfassbare Willkür!

Doch noch unerträglicher als diese Ungerechtigkeit war und ist das Gesetz, das derartiges zulässt und sogar verschärft. Der Gedanke, dass mein weiblicher Körper nur halb so viel wert sein sollte wie der eines Mannes, trieb mich zur Verzweiflung. Grausam genug, dass solche Taten überhaupt passierten, aber am Ende darauf hingewiesen zu werden, dass du nur für die Hälfte deiner Verstümmelungen entschädigt werden kannst, weil du eine Frau bist, das wollte nicht in meinen Kopf. Alle Träume und Hoffnungen von einem selbstbestimmten Leben über einen Traumjob bis hin zu unbeschwerten Spieleabenden mit meinem Sohn, Spaziergängen oder einem neuen Partner waren unwiederbringlich zerstört. Zerstört durch die Wut eines Wahnsinnigen und zerfressen von der ätzenden Säure, mit der er mich entstellt hatte. Es würde mir nie wieder möglich sein, ein normales Leben zu führen, ohne auf Hilfe von außen angewiesen zu sein.

Einige Tage nach dem Säureattentat entdeckten zwei Polizisten

Parvis' Auto beladen mit Anziehsachen, diversen Haushaltsgegenständen und einer Tasche voller Geld zufällig am Rande einer Landstraße. Milads Vater hatte versucht zu entkommen und dabei eine Herzattacke erlitten, die seine Flucht vereitelte. Nach einigen Tagen im Krankenhaus wurde er in ein Gefängnis gebracht. Doch lange musste er dort nicht ausharren, sondern wurde auf Kaution freigelassen.

Natürlich konnte und wollte ich das nicht einfach kampflos hinnehmen. Der Prozess, den ich daraufhin anstieß, sollte sich sechs unendlich dramatische Jahre lang hinziehen.

Es war kein Zufall, dass die alles entscheidende Verhandlung auf den achten Geburtstag unseres Sohnes fiel. Bis zu diesem Zeitpunkt lebte Arian bei mir. Doch jetzt würde das Sorgerecht laut Gesetz auf meinen Exmann bzw. seine Eltern übergehen. Über diese Zeit hinweg nutzte Milads Familie alle Mittel und Wege, um mich weiterhin unter Druck zu setzen. Das Urteil für Parvis lautete schließlich: fünf Jahre Haft. Mir wurde das Recht zuteil, Vergeltung an dem Verbrecher zu üben und eines seiner Augen zu blenden. Doch seit das Urteil ausgesprochen worden war, begann die Familie meines Exmannes, mich erneut einzuschüchtern. Sollte ich von meinem Recht Gebrauch machen, drohten sie damit, meine Familie ebenfalls mit Säure zu verstümmeln und mir Arian für immer wegzunehmen. Dabei wäre diese Vergeltung nur das Mindestmaß dessen, was man hätte tun können, um ein wenig Gerechtigkeit herzustellen. Niemals hätte dies auch nur ansatzweise das gerächt, was Parvis mir und meiner Familie mit dem Säureattentat angetan hat. Aber ich hätte es dennoch durchgezogen, um ihn zumindest einen kleinen Teil der unmenschlichen Schmerzen spüren zu lassen, die ich hatte ertragen müssen.

Doch schließlich siegte meine Angst, dass sie ihre Drohungen, meine Familie zu verletzen und mir Arian zu entziehen, wahr machen könnten, und ich entschied mich gegen die Vergeltung. Am Ende verbrachte Parvis lediglich anderthalb Jahre im Gefängnis, was mit der Berufung auf sein hohes Alter sowie seinem Gesundheitszustand gerechtfertigt wurde.

Trotz dieses Rückschlags beschloss ich weiterzukämpfen – für mich, für mein Leben und für meinen Sohn. Eines Tages klingelte mein Telefon. Ich erinnere mich noch genau an das Gefühl von Überraschung und Verwirrung, als ich den Reporter der Zeitung »*Shargh*« am anderen Ende der Leitung hörte. Er hatte von meinem schrecklichen Schicksal erfahren und wollte darüber berichten. Ich konnte kaum glauben, was da geschah. Kurz nach der Veröffentlichung begann mein Telefon unaufhörlich zu klingeln. Alle möglichen Menschen riefen an, um ihr Mitgefühl auszudrücken und mich zu ermutigen, nach Teheran zu gehen, um meine Augen behandeln zu lassen. Ich war verzweifelt und bereit, alles zu tun, um meine Sehfähigkeit wiederzuerlangen. Aufgeregt machte ich mich auf den Weg in die Hauptstadt, voller Hoffnung auf Heilung. Die Behandlungen und Operationen erstreckten sich über mehrere Etappen. Nach jedem Besuch kehrte ich mit frischen Wunden zurück in meine Heimatstadt, wo sich meine Mutter um Arian kümmerte. Ich legte die weite Strecke selbstständig mit dem Bus zurück, wo ich als Blinde vollkommen auf mich allein gestellt war. Es waren erniedrigende, endlose Fahrten, bei denen ich den Blicken der Fahrgäste hilflos ausgeliefert war. Die Nachrichten, die ich am Ende all dieser Prozeduren in der Klinik erhielt, waren niederschmetternd: Alle Qualen und Operationen waren vergebens gewesen, den Ärzten war es nicht gelungen, meine Sehfähigkeit wiederherzustellen, weil die vorherigen Behandlungen nicht richtig durchgeführt worden waren. Ich war am Boden zerstört, all meine Träume und Hoffnungen zerplatzten erneut wie eine Seifenblase.

Mittlerweile bin ich vierzig Jahre alt, und diese grausame Geschichte liegt viele Jahre zurück. Manchmal sehe ich das Gesicht meines Exmannes vor meinem inneren Auge, der eine neue Familie gegründet hat. Doch trotz alledem kann ich den Knoten in meinem Magen nicht lösen. Die Erinnerungen an die Gewalt und die Angst, die ich während unserer Ehe erlebt habe, lassen mich nicht los. Und obwohl Parvis, der Täter, mittlerweile verstorben ist, habe ich immer noch Angst vor Milad und seiner Familie. Das Dunkel meiner Vergangenheit schwebt immer noch über mir.

Und dennoch: Wenn ich heute auf mein bisheriges Leben zurückblicke, kann ich nicht sagen, dass ich unglücklich bin. Mittlerweile finde ich mich auch als vollkommen blinde Frau gut im Leben zurecht. Ich bin aktiv, kann meinen Alltag weitestgehend alleine meistern und mein Smartphone mithilfe einer Blinden-App bedienen. Ich habe sogar das Töpfern erlernt und dieses Kunsthandwerk später anderen Menschen im Blindenverein beigebracht.

Doch immer noch wünsche ich mir nichts sehnlicher, als irgendwann wieder einen wenigstens verschwommenen Blick auf meinen geliebten Sohn zu werfen. Unzählige Behandlungen und Operationen habe ich für diesen Traum bereits über mich ergehen lassen.

Eines Tages erfuhr ich von meinen behandelnden Ärzten, dass es eine neue Art von Behandlung gibt, die es möglich macht, einen kleinen Teil meiner Sehfähigkeit auf einem Auge wiederherzustellen. Es gibt jedoch nur sehr wenige Kliniken auf der Welt, die eine solche Operation durchführen, und eine davon befindet sich in England. Mithilfe eines englischen Arztes sowie der Unterstützung von Freunden und Bekannten, die für meine Operation spenden, kann ich an diesem Traum festhalten. Dafür bin ich unendlich dankbar.

Rechtliche Auseinandersetzung mit der Fallgeschichte

VORMUNDSCHAFT

Das islamische Rechtssystem im Iran, das auf der Scharia basiert, verwehrt Frauen eine rechtliche Gleichstellung mit Männern. Im Fall Narges wird deutlich, dass dieses System ein Beispiel für die methodische Diskriminierung von Frauen ist, gestützt durch die Machtstrukturen der iranischen Regierung. Die Tatsache, dass unverheiratete iranische Frauen jeglichen Alters von ihrem Vater bzw. einem männlichen Vertreter, dem sogenannten *Walī*, innerhalb der eigenen Familie bevormundet werden und später von ihrem Ehemann, zeigt, dass grundlegende Rechte und Freiheiten für sie nicht existieren.

Die Regierung im Iran nutzt das Prinzip der Vormundschaft im Namen von »Familienwerten« aus und raubt Frauen damit die Selbstbestimmung über ihr Leben. Frauen benötigen immer noch die Erlaubnis ihrer männlichen Vormundschaft, um zum Beispiel eine Ausbildung zu absolvieren. Selbstständige und eigenverantwortliche Frauen sind in der Islamischen Republik Iran nicht vorgesehen.

VERGELTUNGSRECHT

Im iranischen Gesetzbuch gibt es mehrere Artikel, die das *Qesas* (dt. Vergeltungsrecht) regeln. Dabei handelt es sich um eine Strafe, die für bestimmte Verbrechen wie Mord, Körperverletzung oder Vergewaltigung vorgesehen ist, bei denen der Täter dem Opfer Schaden zugefügt hat. Im Fall Narges ist es ein Säureattentat, dessen gravierende Folgen das Opfer gesetzlich dazu berechtigen, Vergeltung zu üben. Das ist im Artikel 272 des iranischen Strafgesetzbuchs festgehalten. Demnach wird eine Person, die eine andere Person mit Säure angreift und dadurch Körperverletzungen oder Verstümmelungen verursacht, mit dem Vergeltungsrecht oder alternativ mit einer Gefängnisstrafe von 10 bis 20 Jahren (seit 2014) – ab 2019[24] sogar mit bis zu 25 Jahren – und der Zahlung von *Diya* (dt. Blutgeld) bestraft. Die Höhe des Blutgeldes richtet sich dabei nach einer vom iranischen Justizsystem festgelegten Tabelle, die jedes Jahr aktualisiert wird. Grundsätzlich gilt, dass der Geldwert der Frau nur die Hälfte dessen beträgt, was ein Mann für dieselben Vergehen erhalten würde.

Auch dieses Recht beruht auf der Scharia. Diese besagt, dass nach islamischem Recht Frauen nur den halben Wert eines Mannes haben, »[…] weil sie im Sinne der koranischen Regelung nicht ›gleichwertig‹ seien«.[25] Das bedeutet, dass eine Frau wie Narges, die nach dem Säureangriff durch ihren Exschwiegervater auf beiden Augen erblindet ist, nach Vergeltungsrecht nur ein Auge des Täters blenden darf.

Das iranische Gesetz der Vergeltung wies bis dato reichlich Lücken auf, wodurch die Exekutive in der Lage war, je nach Situation ihre eigenen Regeln zu verhängen. Im Jahr 2013 wurde das Strafgesetzbuch teilweise überarbeitet. Dabei wurde in Artikel 300 festgelegt, dass Frauen in bestimmten Fällen das Recht haben, Rache für ein Verbrechen zu üben. Zuvor gab es dazu keine spezifischen Bestimmungen im Strafgesetzbuch.

Darüber hinaus gibt es seit 2014 eine Richtlinie, die detaillierte Verfahrensweisen und Maßnahmen für die Ausübung des Vergeltungsrechts durch Frauen vorsieht, inklusive Unterstützung sowie

24 *Parlament verschärft Strafen für Säureangriffe, vom 21.05.2019, URL: https://iranjournal.org/news/iran-verschaerfung-strafen-saeureangriffe, Stand: 28.07.2023.*

25 *»Das islamische Recht: Eine Einführung« – Rohe, Mathias, 1. Aufl., München, C. H. Beck, 2013, S. 33.*

Schutz durch speziell geschultes Personal. Der halbe Wert der Frau und ihres Körpers gegenüber dem Mann bleibt dabei jedoch weiterhin bestehen, und Frauen werden trotz einiger Reformen weiterhin in allen Bereichen des Lebens systematisch diskriminiert.

Der Fall Narges ereignete sich Mitte der 2000er-Jahre – also vor den Gesetzesreformen von 2013, 2014 und 2019, die Frauen mehr Rechte einräumen und härtere Strafen für die Täter vorsehen. Folglich könnte das Attentat, wofür der Täter Parvis im Jahr 2012 lediglich eine milde Gefängnisstrafe von anderthalb Jahren erhielt, nach aktueller Rechtsprechung – nur zwei Jahre nach dem Urteil im Fall Narges – mit bis zu 25 Jahren Haft geahndet werden.

Nicht selten werden Frauen durch die Täter oder deren Angehörige bedroht und unter Druck gesetzt, damit sie nicht von ihren Rechten auf Vergeltung und Blutgeld Gebrauch machen. Wenn das Opfer dennoch vor Gericht zieht, muss dies gemäß den Bedingungen und Einschränkungen des Strafgesetzbuchs erfolgen. Der Täter muss zum Zeitpunkt des Verbrechens volljährig und geistig gesund gewesen sein, und es muss bewiesen werden, dass er das Verbrechen absichtlich begangen hat. Andernfalls werden Bestrafungsmaßnahmen seitens des Gerichts gemildert, oder aber es wird gänzlich darauf verzichtet.

Das auf dem aus der Thora und dem Alten Testament bekannten »Auge um Auge, Zahn um Zahn«-Prinzip basierende Vergeltungsrecht wird in einigen Ländern mit islamischem Hintergrund (z. B. im Iran) noch praktiziert, aber zugleich von der Mehrheit der Staaten und internationalen Organisationen als unmenschlich kritisiert. Ein gerechtes und faires Rechtssystem basiert auf Menschenrechten, Rechtsstaatlichkeit und Verhältnismäßigkeit. Die meisten Länder verpflichten sich daher im Rahmen des Völkerrechts, Strafen proportional zur Schwere der Tat sowie geschlechtsunabhängig zu verhängen.

ARBEITSRECHT

MINA

Meine Hände fuhren langsam über das mit funkelnden Pailletten besetzte Kleid. Von den Oberschenkeln quer über den Bauch bis hoch zu meinem Hals. Ich neigte meinen Kopf leicht zur Seite und blickte in den großen, goldgerahmten Spiegel vor mir. Wie wunderschön du bist, Mina, dachte ich, während ich mein Spiegelbild betrachtete. Ich spürte mein Herz hinter meinen Rippen schlagen – go-gong, go-gong. Gleich sollte es losgehen. Der Backstagebereich des Opernhauses hatte etwas Magisches. Als könnten die Wände sprechen und all die sagenumwobenen Geschichten erzählen, die hier im Laufe der Jahre passiert sind. Man musste nur genau zuhören. Überall entlang der Korridore hingen schwarz-weiße Fotografien all der Künstler, Sänger und Musiker, die schon einmal auf dieser beeindruckenden Bühne stehen durften. Ich blickte mich um und entdeckte ein wunderschönes Bild einer Frau, die in einer ausladenden, schulterfreien Robe auf der großen Bühne des Opernhauses stand. Es war Evelyn Baghcheban, die Mitbegründerin, Chorleiterin und Solistin der Teheraner Oper in den späten Sechziger- und frühen Siebzigerjahren.[26] Sie gilt als Pionierin der iranischen Oper und war das Gesicht des Hauses während seiner kurzen, aber glorreichen Blütezeit. Eine bezaubernde Frau, die mit ihrer Grazie und den üppigen, blonden Locken eine perfekte Mischung aus Grace Kelly und Marilyn Monroe darstellte. Eine wahre Ikone ihrer Zeit. Die gebürtige Türkin – Tochter einer Französin sowie eines Syrers – traf ihren späteren Mann, den iranischen Komponisten Samin Baghtcheban, während ihres gemeinsamen Studiums am Ankara State Conservatory. Diese Verbindung fruchtete in einer sehr erfolgreichen musikalischen Schaffenszeit. Das Künstlerpaar brachte den damals so populären westlichen Flair in das Opernhaus Teherans, das durch Schah Mohammad Reza Pahlavi während seiner Regentschaft stark gefördert wurde. Der Opernchor »Farah Choir«, benannt nach der iranischen Kaiserin Schahbanu Farah Pahlavi, begleitete das Königspaar bei deren Krönungszeremonie 1967.

Im Zuge der Islamischen Revolution 1979 wurde die Oper Teherans geschlossen und der Chor sowie alle damit verbundenen Aktivitäten verboten. Einige Monate später würde zudem ein Gesetz des neuen Regimes in Kraft treten, das iranischen Frauen unter anderem verbot, als Solosängerinnen aufzutreten, mit der Begründung, die Frauenstimme würde Männer sexuell verführen. Auch weitere Berufszweige waren von dieser Gesetzesanpassung betroffen. Insbesondere das Amt des Richters, die Kandidatur für das Präsidentschaftsamt oder das einer weiblichen Imam[27], wofür

26 *»Als es in Teheran noch Oper gab« – Akbarzadeh, Pejman/Steiner, Iris, Orpheus Magazin, Ausgabe Juli/August 2021, URL: www.orpheus-magazin.de/2021/06/30/als-es-in-teheran-noch-oper-gab, Stand: 28.07.2023.*

27 *Imam: islamischer Geistlicher oder Schriftgelehrter.*

Frauen von dem alten Klerikerclub – dem Mullah-Regime – als zu emotional erklärt wurden und somit als nicht fähig, rationale Entscheidungen zu treffen.

Doch heute, ich vermochte es gar nicht laut auszusprechen, würde ich selbst an diesem Ort auf der Bühne stehen. Meine Augen leuchteten, und die Vorfreude war riesig, auch wenn ich vor lauter Lampenfieber kaum Luft bekam.

Die Stimme des Inspizienten tönte aus dem Lautsprecher: »Mina Deris, dreißig Sekunden.«

Ich hob meinen Kopf, streckte meinen Rücken, nahm die Schultern nach hinten und betrat festen Schrittes die legendäre Bühne. Tosender Applaus brach über mich hinein. Die Menschen im ausgebuchten Saal begrüßten mich und das Orchester mit Standing Ovations. Das Klatschen wurde immer lauter und stärker, alles begann sich um mich herum zu drehen. Was passierte hier? Ich verlor die Kontrolle und fühlte plötzlich, wie sich der Boden unter meinen Füßen bewegte. War es Einbildung, ein Ohnmachtsanfall? Ein Raunen ging durch das Publikum und traf wie eine Schneelawine auf die Bühne. Es wackelte jetzt heftiger, und dann brach plötzlich ein riesiges Stück aus der Wand hinter mir heraus und krachte mit voller Wucht auf den Boden. Die Bühne begann auseinanderzubrechen. Panik breitete sich aus, die Menschen stürmten wild aus dem prunkvollen Saal, in der Hoffnung auf einen sicheren Unterschlupf. Auch Dirigent und Musiker sprangen von ihren Plätzen auf und rannten ebenfalls in Richtung Ausgang. Ich spürte, wie die Bühnendekorationen hinter mir einstürzten, während das Donnern immer heftiger wurde. Ich schloss meine Augen, so fest ich konnte, während mir klar wurde: Es gibt kein Entkommen, Mina. Es ist zu spät …

»Mina, Mina, Mina!«

Ich riss meine Augen auf. Dunkelheit um mich herum. Keine

Bühne, kein Glitzerkleid. Ich lag dicht neben meiner Mutter, die mich streichelte, während sie versuchte, mich aufzuwecken. Doch das laute Donnern war immer noch da, heftiger denn je. Noch ein Schuss und noch einer. Langsam begriff mein siebenjähriges Ich, was geschah. Seit Stunden harrten wir bereits in unserem Haus aus. Mein Vater, meine Mutter, die Großeltern, meine zwei Schwestern und mein Bruder. Einige unserer Nachbarn, zumindest diejenigen, die die Angriffe überlebt hatten, suchten Unterschlupf in den Schutzräumen unseres Hauses. Deren Häuser waren längst durch Raketenangriffe zerstört worden. Und dann war da noch die Familie meines Onkels. Papas Bruder war schon im Jahr 1980 – ganz zu Beginn des Ersten Golfkriegs – an der Front gefallen und hinterließ seine gerade einmal neunzehn Jahre junge Frau samt ihrer Kinder. Später flüchteten sie gemeinsam mit meinen Eltern aus dem Kriegsgebiet, und mein Vater übernahm die komplette Verantwortung für beide Familien.

Es war das Jahr 1988, kurz vor dem Ende des Ersten Golfkriegs. Die Angriffe der Iraker mit den neu entwickelten Raketen *Al Hussein*[28] erreichten seit über einem Jahr auch iranische Städte wie Ghom, Isfahan und Teheran. Zu diesem Zeitpunkt war die Angst um unser Leben zu unserem steten Begleiter geworden.

Im Iran war der Kampfgeist in der Bevölkerung stark zu spüren. Zivilisten griffen selbst zu Waffen, um ihre Landesgrenze zu verteidigen. Besonders in Chuzestan – dort, wo die Grenze zum Irak verläuft – waren schon in den ersten Kriegsmonaten Tausende Menschen ums Leben gekommen. Eine nationale Tragödie. Sie hatten weder angemessene Verteidigungswaffen noch eine militärische Ausbildung. Doch eine Wahl hatten sie ebenfalls nicht. Im Zuge der vorangegangenen Islamischen Revolution waren die

---

28 *Wikipedia, Erster Golfkrieg, vom 21.01.2023, URL: https://de.wikipedia.org/wiki/Erster_Golfkrieg#St%C3%A4dtekrieg, Stand: 09.05.2023.*

höheren Offiziere exekutiert worden, saßen in den Gefängnissen oder waren im Exil. Es gab nur noch führerlose Soldaten und die unerfahrene Bevölkerung, die nun gezwungen waren, in diesen Krieg zu ziehen. Das Schlimmste jedoch waren all die Kinderopfer. Kinder und Jugendliche wurden von der iranischen Regierung rekrutiert und als lebende Minensucher eingesetzt, um für die Kämpfenden den Weg zu räumen. Den Eltern versprach man dafür eine Prämie.[29]

Wie immer beteten wir auch in dieser Nacht, dass es bald vorüber sein möge, und meine Oma begann *Golelale*, mein liebstes Schlaflied, zu singen, während ich meinen Kopf auf ihren Schoß legte. Langsam schloss ich erneut meine Augen, in der Hoffnung, dass mein wunderschöner Glitzertraum mich wieder auf die Opernbühne zurückbringen würde.

»Lay lay lay lay lay, Tulpenblume.
Die Mama ging, Gott sei mit ihr.
Lay lay lay lay lay, Tulpenblume.
Der Papa ging, Gott sei mit ihm.«

Mein Name ist Mina Deris. Ich bin im Januar 1981 auf dem Fluchtweg – von Abadan nach Teheran – zur Welt gekommen. Ghom heißt die Stadt, in der meine Mutter mich damals bekam, inmitten von Kisten und Tüten mit all unseren Habseligkeiten. Abadan, die Heimatstadt meiner Eltern, liegt in der Provinz Chuzestan – der ölreichsten Region des Iran. Circa 90 Prozent des im Irak gewonnenen Öls kommen aus dieser Gegend im Südwesten des Landes, die nur 50 Kilometer vom Persischen Golf entfernt sowie nahe der Iran-Irak-Grenze liegt. Mein Vater hat dort, wie viele andere auch, in der Ölraffinerie gearbeitet. Doch auch wenn

29 *»Vor 40 Jahren begann der erste Golfkrieg« – Otto Langels, veröffentlicht am 22.09.2020, URL: www.deutschlandfunk.de/irak-iran-konflikt-vor-40-jahren-begann-der-erste-golfkrieg-100.html, Stand: 12.05.2023.*

dieser Job genügend Geld einbrachte, um die Familie zu versorgen, lebten meine Eltern nie auf großem Fuß. Sie gehörten der Mittelschicht an, was verglichen mit den meisten Menschen in dieser Gegend in Ordnung war. Meine Eltern waren iranische Araber, wie rund 60 Prozent der Bevölkerung Abadans. Die arabische Sprache mit ihren zahlreichen Dialekten ist hier vorherrschend. Doch trotz der Tatsache, dass die Provinz Chuzestan und insbesondere Abadan mit 8 Prozent der weltweiten Ölreserven der Mittelpunkt der iranischen Ölindustrie ist und somit – zusammen mit Rohrzucker – die wichtigste Säule für die Wirtschaft des Landes bildet, leben hier die meisten Menschen in erschreckender Armut und leiden bis heute unter akutem Wassermangel. Im Juli 2021[30] versiegten dort um die 700 Wasserquellen als Folge der größten Dürre der letzten 50 Jahre. Früher war diese prosperierende Region voller Wasser, bis die Regierung in ihrem katastrophalen Missmanagement damit begann, Staudämme zu bauen, und das Wasser nach und nach schneller verdunstete. Heute kämpfen dort nicht nur die Bauern gegen den Mangel an, sondern die gesamte Bevölkerung leidet Not. Doch jede Art von Aufstand oder Protest wird von den Sicherheitskräften mit Tränengas und scharfer Munition niedergeschlagen. Die Menschen werden mit leeren Versprechen ruhig gehalten, während das Mullah-Regime weiterhin tatenlos dem Niedergang der einst ressourcenreichsten Region des Iran zusieht.

Aber nicht nur äußere Einflüsse machen den dort lebenden Menschen zu schaffen. Sie sprechen anders, pflegen teilweise andere Bräuche und haben eigene Glaubenssätze. Viele scheiden schon in der Grundschule aus, spätestens jedoch in der Oberstufe, weil

30 *»Dürre und Durst treiben die Iraner in Khuzestan auf die Straßen« – Inga Rogg, veröffentlicht am 21.07.2021, URL: https://www.nzz.ch/international/iran-mehrere-tote-bei-protesten-gegen-wasserknappheit-ld.1636757, Stand: 28.07.2023.*

sie gezwungen werden, in Farsi – der offiziellen Landessprache – am Unterricht teilzunehmen. Dies ist für sie jedoch eine Fremdsprache. Von dem unerbittlichen Regime werden das Leben und Pflegen eigener Sitten als »Feindschaft zu Gott« verurteilt. Grund genug, diese arme Bevölkerung zu diskriminieren und ihnen den Zugang zu Bildung, zum Arbeitsmarkt und zu politischen Ämtern zu verwehren. Und immer wieder werden Angehörige der dortigen Minderheit beinahe grundlos auf die Anklagebank gebracht und später hingerichtet.

Mein Vater kannte einige solcher »Fälle« aus der Nachbarschaft in Abadan. Vielleicht hat er deshalb stets so viel Wert auf unsere Bildung gelegt. Er hatte gute Kenntnisse in Mathematik, Englisch und auch in arabischer Sprache. An den Abenden nahm er sich oft Zeit, um mit uns Kindern für die Schule zu lernen. Mathe war nicht mein Lieblingsfach, doch seine Art, Sachen zu erklären, machte immer Spaß. Wäre er nicht so ein humor- und hingebungsvoller Nachhilfelehrer gewesen, hätte ich später sicher nicht den Ingenieurberuf erlernen können, der mir anfangs meinen Lebensunterhalt sichern sollte. Dank ihm habe ich Mathematik lieben gelernt.

Eines Tages brachte Papa eine große schwarze Tafel aus der Ölraffinerie, wo er nach unserer Flucht arbeitete, mit nach Hause. Er stellte sie unten im Hinterhof auf, und augenblicklich scharten sich alle Nachbarskinder um ihn. Ich mittendrin.

»Papa, wofür ist das?«, fragte ich neugierig.

Er lächelte und zwinkerte mir zu, sagte aber kein Wort. Mein Vater liebte es, uns Kinder zum Spaß zu ärgern und Spannung aufzubauen. Trotz oder gerade wegen der schwierigen ersten Jahre in Teheran versuchte er stets positiv zu bleiben, auch wenn er selbst eine zutiefst traurige Zeit durchlebte. Er verlor unzählige seiner Arbeitskollegen und Freunde, denn die Raketen schlugen oft auch in unmittelbarer Nähe seiner Arbeit ein und zerstörten Teile der Industrieanlage sowie die dort arbeitenden Menschen. Er wusste, dass er Schutzengel um sich haben musste, denn er hatte das Glück gehabt, die Angriffe zu überleben.

Die schwarze Tafel wurde noch am selben Nachmittag eingeweiht. Papa beschloss, ehrenamtlich Nachhilfe zu geben, damit all die Kinder in unserer Nachbarschaft, deren Familien sich keinen privaten Nachhilfeunterricht leisten konnten, bessere Chancen auf einen guten Schulabschluss hatten. Meine Eltern waren ein großer Segen – für mich, aber auch für so viele andere Menschen in unserer Nähe. Sie brachten uns Nächstenliebe bei und vermittelten Wärme und Geborgenheit überall, wo sie hinkamen. Doch den größten Dank schulde ich ihnen für die wichtigste Liebe in meinem Leben: die Musik.

In unserer Familie wurde immer viel gesungen. Meine Eltern hatten beide schöne Stimmen. Das gemeinsame Singen war für mich immer mehr als nur ein netter Zeitvertreib. Dieses wundervolle Ritual gab uns Kraft, stärkte unseren Zusammenhalt und schenkte Hoffnung in schweren Zeiten, wenn die Welt außerhalb unseres Zuhauses in Schutt und Asche zu zerfallen drohte. Meist taten wir das abends nach dem Essen. Dann saßen wir alle gemütlich im Kreis und erzählten von unseren Träumen und Wünschen, und Papa forderte uns Kinder auf, zu berichten, was uns am Tage Positives widerfahren war. An mindestens eine Sache musste sich jeder erinnern. So ging es reihum. Und wenn mein Bruder an der Reihe war, sagte er meistens irgendeinen Quatsch, wie:

»Ich hab' einen Regenwurm auf der Straße gefunden und hab' ihm nicht den Kopf abgerissen.«

Damit erntete er des Iran schallendes Gelächter. Zu späterer Stunde sangen wir unsere Lieblingslieder. Jeden Abend war jemand anderes an der Reihe, einen Song vorzuschlagen. Dieses

Ritual half mir, mit einem guten Gefühl zu Bett zu gehen, voller Hoffnung auf ein besseres Morgen. Und unter dem Kissen wartete schon mein kleines Geheimnisbuch. So nannte ich es. Das kleine, mit rotem Samt bezogene Büchlein mit linierten Blättern war voller Schnipsel aus alten Zeitungsartikeln oder Büchern, die meine Eltern noch aus der Zeit vor der Islamischen Revolution besaßen. Sorgfältig ausgeschnitten bewahrte ich darin die schönsten Bilder vom Schah und Schahbanu Farah Pahlavi, von Frauen in wunderschöner Kleidung, von Musikinstrumenten, Ausstellungsstücken aus Museen und von Evelyn Baghcheban sowie dem Opernhaus. Ich liebte es, vor dem Einschlafen darin zu blättern und mich in die kühnsten Fantasien zu stürzen. Kein Wunder, dass meine Träume von glitzernden Kleidern und großen Bühnen schon damals so berauschend waren.

Der Erste Golfkrieg endete am 20. August 1988 mit der Unterzeichnung eines Waffenstillstands. Die furchtbare Konfrontation zwischen den beiden Nachbarländern Iran und Irak mündete in einer Katastrophe von beispiellosem Ausmaß. Dieser blutige Krieg, der menschliche und wirtschaftliche Verluste auf beiden Seiten forderte, brachte unvorstellbares Leid über die Bevölkerung. Das Traurigste daran ist, dass man heute weiß, dass der Krieg von den iranischen Machthabern künstlich aufrechterhalten wurde, damit die Bevölkerung von der brutalen Machtübernahme durch die Mullahs sowie dem drastischen Regierungswechsel abgelenkt werden konnte und keinen Widerstand leistete. Bis heute sind seine Auswirkungen deutlich spür- und sichtbar. Die Bombeneinschläge haben ganze Städte in Schutt und Asche gelegt, einst blühende Viertel in Ruinen verwandelt. Zerstörte Häuser zeugten von der Zerbrechlichkeit des menschlichen Lebens und den Schrecken des Krieges. Der Iran bezifferte die Schäden damals auf unglaubliche 644 Milliarden US-Dollar, während sich der Betrag für den Irak auf 452 Milliarden US-Dollar[31] belief. Diese Zahlen zeigen das enorme Ausmaß der Zerstörung und die Herausforderungen, denen beide Länder gegenüberstanden, um ihre Wirtschaft wieder aufzubauen. Doch nicht nur die physischen Verwüstungen, auch die langfristigen Nachwirkungen sind immens. Der Einsatz chemischer Waffen durch den Irak hat zu schweren Krankheiten geführt, die bis heute das Leben vieler Menschen belasten. Aber trotz all dieser verheerenden Nachwehen atmeten die Menschen wieder auf.

Ganz langsam und beinahe unbemerkt – wie die Schatten vor dem Anbruch eines neuen Tages – verzog sich die Angst vor dem nächsten Angriff. Die Straßen füllten sich wieder mit Leben, die Schaufenster lockten mit neuen Waren und standen für die wieder aufkeimende Hoffnung auf ein friedliches Miteinander.

Wir genossen den Spätsommer sowie die darauffolgenden Monate in vollen Zügen, in Dankbarkeit darüber, dass unsere Familie beinahe vollständig und heil davongekommen war und diese schreckliche Zeit überstanden hatte. Doch mein unbeschwertes Dasein hielt nicht lange an. Etwa anderthalb Jahre nach Kriegsende kam eine Nachricht aus Abadan. Sie brachte für mich persönlich eine schmerzliche Wendung. Darin stand, dass die Ölraffinerie, in der mein Vater vor der Flucht tätig war, erneut den Arbeitsbetrieb aufnahm. Papa wurde mit einem guten Gehalt und besseren Lebensbedingungen zurück in seine Heimatstadt gelockt. Es war ein schmerzhafter, dramatischer Abschied. Mein Vater war alles für mich – mein bester Freund, mein Lehrer, mein engster Vertrauter, auf den ich mich immer verlassen konnte. Ich war noch nicht einmal zehn, doch eines wusste ich damals schon genau: Es war ein Abschied auf unbestimmte Zeit, und niemand

31 *»Erster Golfkrieg« – Wikipedia, veröffentlicht am 05.06.2023, URL: https://de.wikipedia.org/wiki/Erster_Golfkrieg, Stand: 06.06.2023.*

konnte sagen, wann und unter welchen Umständen wir uns wiedersehen würden.

Am Ende waren es fünf Jahre und acht Monate, in denen unsere Familie getrennt lebte. Mein Vater war beim Wiederaufbau in Abadan eingespannt, während meine Mutter damit beschäftigt war, den Alltag für uns vier Geschwister in Karadsch, wohin wir in der Zwischenzeit gezogen waren, zu bewältigen. Die Entfernung zwischen Vater und uns schien unüberbrückbar, und es gab kaum eine Möglichkeit, Papa zu besuchen. Die durch den Krieg zerstörte Infrastruktur war noch nicht ansatzweise wieder instand gesetzt, und es dauerte über zwei Tage, um von Abadan nach Karadsch zu kommen. Trotzdem nahm mein Vater jeden Monat die lange Reise auf sich und kam für fünf Tage nach Hause, wo wir mit der ganzen Familie ein großes Wiedersehensfest feierten.

Seinen ersten Besuch nach über sieben langen Monaten werde ich für immer in Erinnerung behalten, denn er hat mein Leben verändert. Meine Geschwister und ich waren schon früh am Morgen wach und bedrängten unsere Mutter im Fünf-Minuten-Takt mit der Frage:

»Wann ist Papa endlich da?«

Nervös hockte ich am Fenster, bis endlich das lang erwartete Auto unten vor dem Hauseingang hielt und ich Papa mit zwei großen Koffern aussteigen sah.

»Was machen die Mathematik und die Musik, Mina?«, fragte Papa, nachdem unsere Wiedersehenstränen etwas getrocknet waren.

»Alles bestens, Papa! Mach dir bloß keine Sorgen.«

»Ich habe dir etwas mitgebracht«, fuhr er mit einem Zwinkern fort. Und dann holte er aus einem der Koffer ein großes Päckchen heraus. Meine Augen weiteten sich, und während er das Geschenk auspackte, wirbelten wir Kinder aufgeregt um ihn herum. Und dann sah ich es: Es war ein alter Plattenspieler, und dazu schenkte er mir eine Schallplatte der legendären Umm Kulthum. Es bräuchte einen ganzen Roman, um die Bedeutung dieser einzigartigen ägyptischen Sängerin in der arabischen Welt zu beschreiben. Im Grunde war sie im Orient so etwas wie die Beatles in der westlichen Kultur. Dank ihrer außergewöhnlichen Stimme war sie in der Lage, bis zu 14 000 Vibrationen pro Sekunde zu produzieren, und sorgte für Furore in ausverkauften Stadien. »Die Stimme Ägyptens«, so wurde sie genannt, ging in den 1950er-Jahren endgültig in die Geschichte ein, als sie während eines öffentlichen Auftritts selbstbewusst ihr Kopftuch ablegte. Dieser mutige Akt symbolisierte einen Wandel und wurde von vielen als Ausdruck der Emanzipation und der Suche nach persönlicher Freiheit interpretiert. Die Musiklegende und das Idol vieler Frauen starb in den Siebzigerjahren nach einer über sechs Jahrzehnte währenden, erfolgreichen Karriere und hinterließ Millionen trauernde Anhänger. Für mich war sie mehr als nur ein gesangliches Vorbild. Ich spürte eine starke Verbindung zu ihr, einen wegweisenden Wink des Lebens. So, als wollte sie mir sagen: »Da geht es lang, Mina. Trau dich, den Pfad deines wahren Schicksals zu betreten. Vertraue deinem Instinkt und geh mit der Musik.« Ihr Gesang berührte mich tief in meiner Seele und half mir über die vielen traurigen Stunden hinweg, in denen ich meinen Vater in der Ferne fürchterlich vermisste.

Es war kurz vor Sommerferienbeginn im Jahr 1996. Ende des Vorjahres war meine gesamte Familie nach Abadan umgesiedelt, und wir lebten glücklich vereint in der Heimatstadt meiner Eltern. Und auch wenn ich unheimlich froh über diesen Umstand war, steckte ich mit meinen fünfzehn Jahren mitten in der Pubertät. In den Monaten zuvor hatte ich viele Veränderungen zu bewältigen. Neue Umgebung, neue Schule und neue Freunde. Es war nicht einfach, mein altes Leben hinter mir zu lassen, zumal der Schulalltag in der neuen Heimat viel strenger und konservativer ablief als in Karadsch. Der Druck – insbesondere auf Schülerinnen – war enorm. Man erwartete von uns Mädchen, auf den Boden zu schauen, gehorsam zu sein und einfach ja zu sagen, ohne Diskussion. Mädchen und Jungen wurden voneinander getrennt und geschlechtsspezifisch unterrichtet, was im Iran bis heute praktiziert wird. Sportliche Aktivitäten waren stark eingegrenzt, von Aufklärungsunterricht ganz zu schweigen. Außerdem war unser Schulalltag von religiösen Themen geprägt.[32] Wir standen kurz vor dem Eintritt in den *Dabirestân* (dt. Oberstufe).

Für mich persönlich war meine weitere Schullaufbahn ein Dilemma. Meine Eltern wünschten sich, dass ich Medizin studiere und Ärztin werde. Das wünschen sich übrigens alle iranischen Eltern an erster Stelle für ihre Kinder. Und wenn es mit dem Medizinstudium nicht klappt, dann folgt direkt danach der Ingenieurberuf. Aus meiner innigen Liebe und dem Respekt meinen Eltern gegenüber wäre ich ihrem Wunsch gern nachgekommen. Doch tief im Inneren sehnte ich mich nach etwas anderem. Ich wollte auf der Bühne stehen und wie mein großes Vorbild Umm Kulthum Musik machen, singen und die Menschen begeistern. Genau wie in meinen Glitzerträumen aus der Kindheit. Damals – bis zum Jahr 1979, unter der Regentschaft von Schah Mohammad Reza Pahlavi – waren die Menschen und vor allem Frauen frei, ja fast schon rebellisch. Zumindest wenn man sich die alten Bilder der Popikonen der Sechziger- und Siebzigerjahre wie Googoosh oder Ramesh anschaut. Es gab keine Kopftuchpflicht, dafür aber Miniröcke und Absatzschuhe auf offener Straße. Teheran glich allen

32 *»Das Schulsystem im Iran von Mai 2020« – veröffentlicht im Mai 2020, URL: www.ecoi.net/en/file/local/2030055/Schulsystem+Iran_Mai+2020.pdf, Stand: 28.07.2023.*

anderen westlichen Metropolen, und auch sonst waren die Städte voller bunter lebensfroher Menschen, die gern ausgingen und das Leben genossen – in Kabaretts, Bars, Diskotheken. Dort sangen früher übrigens auch Frauen als Solistinnen und zwar ohne Einschränkungen und ohne *Hijab*. Doch die fröhlichen Bilder von Sängerinnen, Tänzerinnen und Diven der damaligen Zeit, die ich aus den Zeitungsartikeln meiner Kindheit und aus den Erzählungen meiner Eltern kannte, waren in meiner Erinnerung längst verblasst. Das öffentliche Tanzen, Singen oder sich auf einer Bühne präsentieren ist seither für Frauen explizit verboten. Was dagegen gefördert wurde, war der Koranunterricht, der an allen Schulen nach der Machtübernahme durch Khomeini 1979 verpflichtend eingeführt wurde. Selbst in nicht-religiösen Fächern wie Persisch, Arabisch oder Sozialwissenschaften wurden religiöse Themen behandelt. Meine Teilnahme am Pflichtprogramm der Koranlesungen war für mich die einzige Möglichkeit, meine Stimme zu zeigen. Immerhin gab es dabei unzählige Wettbewerbe, wo ich fast immer den ersten Platz belegte. Alle – Lehrer und Mitschüler – liebten meine Stimme, und so hatte ich einen Weg gefunden, meine heimliche Leidenschaft auszuleben. Doch jetzt war es an der Zeit, wichtige Entscheidungen für meinen beruflichen Werdegang zu treffen.

Ich entschied mich gegen meinen Herzenswunsch und für eine sichere Laufbahn. Der naturwissenschaftliche Leistungskurs war jedoch voll, und so überredete mein Vater mich dazu, mich für Mathematik einzuschreiben.

»Du kannst Mathe, wir haben nicht umsonst so viele Abende mit Formeln und Rechentabellen verbracht«, sagte Papa, nachdem er vom Gespräch mit dem Schuldirektor nach Hause kam. »Du könntest später Materialwissenschaften studieren. Das ist ein solider, bodenständiger Beruf.«

Ich fügte mich dem Wunsch meiner Eltern und beschloss, auf die Meybod-Universität in der Provinz Yazd zu gehen. Fleißig und mit guten Noten zog ich es durch. Die Frage nach einem Musikstudium hatte sich damals nicht gestellt. Ich wusste nicht einmal, dass man Musik studieren konnte. Es war ja nicht wie heute, wo man alle Informationen im Internet recherchieren kann. Angesichts der Tatsache, dass das öffentliche Solosingen für mich als Frau sowieso streng verboten war, kam es mir auch gar nicht in den Sinn, mich auf diesem Gebiet weiterzubilden. Das Singen und Musizieren war zwar stets ein großer Teil von mir, doch eher so etwas wie meine heimliche Leidenschaft. Ein Geheimnis, das ich wie einen Schatz tief in meiner Seele bewahrte. Wie sollte es auch anders sein? Mädchen oder Frauen war es ja nicht einmal erlaubt, ein Musikinstrument zu spielen, geschweige denn, außerhalb des eigenen, engen Familienkreises zu singen. Viele hielten es geheim.

Heute weiß ich es besser! Jede Frau im Iran – wie alle anderen Menschen auf diesem Planeten – hat trotz all der Einschränkungen und Unterdrückung das Recht, groß zu träumen. Doch die meisten hatten, so kurz nach der Islamischen Revolution, keinen Mut dazu. Alles, was mit dem Schah und dem Westen in Verbindung gebracht wurde, musste nach dem Sturz des alten Regimes verbannt, verbrannt oder weggeschmissen werden. Dazu gehörten auch Schallplatten von Sängerinnen und Sängern, Bücher, Poster und andere Elemente der Popkultur. Sonst drohten harte Bestrafungen, Inhaftierungen und Folter. Und doch hatten sich die Bilder aus meinem roten Samtbüchlein in mein Musikerherz eingebrannt. Mein sehnlichster Wunsch war es schon immer, das kulturelle Erbe des Iran zu ehren, es in die Welt hinauszutragen und Menschen durch meinen Gesang tief in ihrer Seele zu berühren.

Aber für den Moment war es eigentlich ganz schön, in der 5000 Jahre alten Stadt Yazd zu studieren. Ich liebte es, durch ihre malerischen Straßen und engen Gassen zu laufen. Der Klang meiner Schritte auf dem gepflasterten Boden vermischte sich mit dem sanften Rauschen des Windes, der durch die engen Durchgänge strich. Der köstliche Duft von Gewürzen und frischem Gebäck aus den kleinen Bäckereien und gemütlichen Cafés lag über allem. In der Altstadt – die 2017 von der UNESCO zum Weltkulturerbe erklärt wurde – begegnet man den berühmten Häusern aus Lehmziegeln. Ein robustes, wärmeisolierendes Material, das reichlich in der umliegenden Wüstenlandschaft vorhanden ist und heute noch für den Bau genutzt wird. Hoch über den verwinkelten Gassen erhebt sich eine beeindruckende Moschee, errichtet auf den Überresten eines einstigen zoroastrischen Feuertempels. Zoroastrismus ist die älteste monotheistische Religion der Welt und wurde im antiken Persien im 6. Jahrhundert v. Chr. – lange bevor es den Islam gab – begründet. Die Religion basiert auf drei friedlichen Glaubenssätzen: gutem Denken, gutem Sprechen, gutem Handeln. Und diese Philosophie spiegelt sich in jeglichem Handeln der Gläubigen wider. Ich habe irgendwo ein interessantes Zitat darüber gelesen, das die Kernausrichtung dieser Religion perfekt auf den Punkt bringt: »Eine Minute gut und tief zu denken, ist besser als siebzig Jahre Beten. Religion ist vor allem da für Menschen, die Orientierung suchen. Wer gut denkt, redet und handelt, der braucht keine Religion.«[33] Heute zählt Yazd zum wichtigsten Zentrum der zoroastrischen Gemeinschaft, die bis in die Gegenwart existiert und ihre Traditionen – trotz des herrschenden Regimes und dessen immenser Unterdrückung anderer Glaubensgemeinschaften – pflegt.

33 *»Zarathustra hat uns gelehrt, niemanden nach seiner Religion zu fragen« – Sven Weniger, Michael Marek, veröffentlicht am 29.01.2019, URL: https://www.deutschlandfunk.de/zoroastrische-glaubensgemeinschaft-zarathustra-hat-uns-100.html, Stand: 09.06.2023.*

Es lohnte sich auch, während eines Spaziergangs in die schönen Innenhöfe hinter den hohen Hausmauern zu blicken. Hier fand man angenehm schattige Plätze, üppiges Grün und erfrischende Brunnen, die an heißen Tagen kühles Wasser spendeten. Das wohl markanteste Merkmal der traditionellen Bauten in Yazd sind die Windtürme, auch bekannt als *Badgirs*. Diese konischen Strukturen stehen stolz auf den Dächern und dienen dazu, kühle Winde einzufangen und in die Innenräume zu leiten. Sie sind ein raffiniertes Beispiel für nachhaltiges Bauen und sorgen für natürliche Belüftung und Klimatisierung in den Häusern, selbst während der heißesten Sommermonate.[34]

Wenn die Sonne dann am frühen Abend etwas tiefer stand, war ich hingerissen von den zauberhaften Lichtspielen auf den bunten Fassaden der Häuser. Diese Stadt schaffte es wie kaum eine andere, die reiche Geschichte und Kultur des Iran mit modernen Einflüssen zu vereinen. Vielleicht war ich deshalb so verliebt in sie, weil sie wie ein Spiegel meiner Musikerseele war – mit dem großen Wunsch, das kulturelle Erbe des Iran mit dem Geist zeitgenössischer Musik zu verbinden.

Es gibt eine Sache im Leben, an die ich fest glaube: Wenn ein Mensch auf seinem vorherbestimmten Weg ist, dann öffnen sich ihm alle nötigen Türen, um seine Bestimmung zu vollziehen. Zwar gab mir meine Fachrichtung »Materialwissenschaften« ein sicheres Gefühl, da ich wusste, dass ich nach dem Abschluss schnell einen gut bezahlten Job finden würde. Doch mein Herz sehnte sich nach der Musik. Und so beschloss ich, mir noch während meines Studiums etwas zu kaufen: eine Violine. Davon träumte ich schon lange und hatte seit einem Jahr dafür gespart. In der

---

34 *»Yazd – eine Stadt aus Lehmziegeln erbaut«, URL: www.sachmet.ch/sachmet/bildergalerie/iran-persien-achaemeniden-sassaniden-islam/yazd-eine-stadt-aus-lehmziegeln-erbaut/, Stand: 07.06.2023.*

traditionellen persischen Musik, die eine reiche Geschichte hat, ist die Violine – als *Kamantsche* bekannt – ein einzigartiges Streichinstrument. Mit ihrer birnenförmigen Resonanzkammer erzeugt sie einen warmen und charakteristischen Klang, der eine Schlüsselrolle in der klassischen persischen Musik einnimmt. Doch trotz all der Liebe zu meinen Wurzeln entschied ich mich damals für die moderne Variante einer westlichen Violine. Ich wollte eine musikalische Brücke zwischen verschiedenen Stilen und Generationen schlagen und die einzigartige kulturelle Identität des Iran sowie moderne Einflüsse mithilfe meiner Musikkreationen verschmelzen lassen. Dieses kleine Instrument bedeutete einen weiteren, wichtigen Schritt auf dem Weg zu meinem Künstlerdasein.

Da stand ich nun, ausgestattet mit meiner nagelneuen Violine – ohne einen blassen Schimmer zu haben, wie man sie spielt. Ich begab mich also erneut auf die Suche. Diesmal in der Mission, einen geeigneten Lehrer zu finden, der mir Privatunterricht geben könnte. Durch eine Mitstudentin, die ebenfalls Unterricht nahm, traf ich schließlich meinen damaligen Violinlehrer. Leider sahen wir uns nicht oft, denn er war viel beschäftigt und im ganzen Land bei Auftritten unterwegs. Aber er sollte dennoch einen maßgeblichen Einfluss auf meine spätere Karriere haben – er war der erste professionelle und praktizierende Musiker, der mich dazu ermutigte, hauptberuflich als Sängerin zu arbeiten.

»Mina, du hast eine wundervolle, berührende Stimme«, sagte er eines Tages. »Nutze sie, nimm Gesangsunterricht und schau, dass du dich als Sängerin weiterentwickelst. Es wäre viel zu schade, solch ein Talent zu vergeuden.«

Das berührte mich, denn bis auf die gemeinsamen Gesangsrunden mit meiner Familie sowie die Koranlesungen in der Schule war ich nie auf die Idee gekommen, irgendwo meine Stimme zu präsentieren. Ganz langsam, wie eine Blume, die sich sachte der

Sonne entgegenstreckt und ihre Blüten entfaltet, begann ich zu begreifen, wohin mich mein musikalischer Weg führen konnte.

Es war einer dieser Tage, ich saß im Bus auf dem Weg nach Hause. Seit einem halben Jahr genoss ich einmal monatlich eine halbe Stunde Gesangsunterricht bei der Sängerin Hengameh Akhavan. Im Iran gibt es einige Lehrerinnen sowie private Einrichtungen, die sich speziell für die Förderung von Musikerinnen engagieren. Im privaten Rahmen können Mädchen und Frauen ein Instrument erlernen oder Gesangs- und Tanzunterricht nehmen. Das große Problem ist dabei nur, dass sie dieses Talent nie öffentlich ausleben dürfen. Somit haben sie auch keine Chance, ihre Bekanntheit zu steigern und Geld mit ihrer Kunst zu verdienen. Wenn Frauen sich doch für diesen beruflichen Weg entscheiden, dürfen sie das nur, wenn sie gemeinsam mit Männern auf öffentlichen Bühnen stehen. Dabei singen sie lediglich im Chor, nie als Solistinnen, und ihre Stimmen sind nur leise hörbar, denn üblicherweise werden sie von dem kräftigen Männergesang übertönt oder einfach dreist ausgeschaltet.

Ich wusste also, dass meine Chancen, es unter diesem Regime als Solosängerin zu schaffen, gleich null waren. Aber ich wusste auch, dass es ein großes Privileg war, bei dieser bekannten iranischen Gesangslehrerin Unterricht nehmen zu dürfen. Hierzulande ist sie eine angesehene Künstlerin und eine der wenigen Frauen, die sowohl Engagements beim Radio als auch beim Fernsehen erhielt und sogar als die zweite Ghamar[35] bezeichnet wurde. Für diese kostbare halbe Stunde Unterricht nahm ich große Strapazen auf mich. Eine Fahrt von Yazd nach Teheran kostete mich in der Regel sieben oder acht Stunden und das nur in eine Richtung.

35 *Ghamar, die erste iranische Sängerin, die 1924 mit ihrem ersten Konzert dem damaligen Gesangsverbot für Frauen im Iran ein Ende setzte, indem sie das Tabu brach, vor Männern und ohne Kopftuch zu singen.*

Somit war ich mit Wartezeiten jedes Mal den ganzen Tag und die halbe Nacht unterwegs. Es war kräftezehrend und unglaublich erschöpfend, doch ich zog das ein Jahr lang durch, weil ich wusste, dass es mich weiterbringen würde. Ich wollte die Art von Frau sein, die die Kultur des Iran durch ihre Musik weiterleben lässt.

Mein guter Freund Pouya kannte meine Gedanken in- und auswendig. Mit ihm teilte ich all meine musikalischen Träume, und irgendwann, bei einem unserer intensiven Gespräche, sagte er:

»Weißt du was, Mina. Es wird Zeit, dass ich dich jemandem vorstelle. Ich glaube, er könnte eine wichtige Rolle in deiner Karriere als Musikerin spielen.«

Master Farhang Sharif war ein renommierter iranischer Musiker und Tar-Spieler. Außerdem war er der erste iranische Künstler, der mit dem Kunstabzeichen ersten Ranges ausgezeichnet wurde, was einem Doktortitel entspricht. Die Tar ist ein altes, persisches Instrument, das in unserer Musik nahezu unverzichtbar ist. Mit ihrer flachen, ovalen Form und dem schmalen Hals, an dem die sechs Saiten entlanglaufen, ähnelt sie der westlichen Gitarre. Jedoch ist sie in ihrer Form schwungvoller und dem weiblichen Körper ähnlicher, was mir besonders imponiert. Ein wunderschönes Instrument, dessen einzigartiger, melodischer Klang sie sowohl als Soloinstrument als auch als Teil eines Orchesters unverzichtbar macht. Ihr warmer, reicher Klang erzeugt diese unverwechselbaren orientalischen Harmonien, die dank des großen Resonanzkörpers der Tar einen langen Nachhall bilden. Sanft, ein wenig melancholisch und tief berührend. Mit einer Tar kann man sogar mehrere andere Instrumente ersetzen, so raumfüllend ist ihr Klang. Immer wenn ich darauf spiele, versetzt sie mich in eine ganz eigene Welt aus wunderschönen Melodien, Träumen und sanften Tönen. Bei Master Sharif entdeckte ich meine Künstlerwurzeln neu.

Eines Tages bat er mich, etwas vorzusingen. Ich kam seinem Wunsch nach, indem ich einen Song von meinem Idol, der großen Umm Kulthum, sang.

»Mina, woher kennst du Umm Kulthum?«, fragte er mich daraufhin verwundert.

»Ich habe arabische Wurzeln und verehre diese großartige Frau schon mein Leben lang. Wenn ich heute noch die Chance dazu hätte und sie am Leben wäre«, fügte ich an, »würde ich zu Fuß zu ihr nach Ägypten laufen, nur um einen kurzen Blick auf sie zu werfen.«

Meine Bewunderung für Umm Kulthum war wirklich groß. Das ist sie bis heute. Kaum eine andere Künstlerin vermag mich derart tief in meiner Seele zu berühren. Und dann sagte Master Sharif etwas, was mein Leben nachhaltig verändert hat:

»Du solltest auf Arabisch singen, Mina. Es ist dir von Gott gegeben, und du bist darin talentiert. Geh zurück zu deinen musikalischen Wurzeln. Damit wirst du Menschen, genau wie Umm Kulthum, berühren.«

Etwas derart Schönes hatte zuvor noch nie jemand zu mir gesagt. Und plötzlich wurde mir klar: Ich konnte Menschen nur mit etwas Authentischem erreichen. Und was könnte echter und wahrhaftiger für mich sein als das Singen in meiner Muttersprache? An diesem Tag traf ich eine wichtige Entscheidung.

Mein Studium an der Meybod-Universität hatte ich gerade erfolgreich hinter mich gebracht. Danach fand ich schnell einen gut bezahlten Job, aber die Musik ließ mich nicht los, und meine Entscheidung stand fest. Ich beschloss, mich neben meinem Hauptjob am Tehran Conservatory of Music zu bewerben, und bekam prompt einen Studienplatz. Es war eine kleine Herausforderung, die Vorlesungszeiten mit meinen Arbeitszeiten zu vereinbaren, aber ich hatte mir fest vorgenommen, es wenigstens zu versuchen.

Die Atmosphäre am Konservatorium faszinierte mich. Die Menschen waren offen, fast schon frei, und alles war durchdrungen von künstlerischem Geist. Ich fühlte mich wie ein Fisch im Wasser und begann schnell, Kontakte mit Gleichgesinnten zu knüpfen.

Eines Abends nach den Vorlesungen nahm mich eine Kommilitonin zu einer »Privatveranstaltung« mit. So nannte sie es und zwinkerte mir dabei geheimnisvoll zu. Es war eine Art Club, der von außen nicht als solcher zu erkennen war. Meine Begleiterin klopfte dreimal in einem bestimmten Takt an die Tür, und einige Sekunden später öffnete uns ein junger Mann mit Dreadlocks. Er schaute etwas grimmig in die Dunkelheit und dann grinste er meine Kommilitonin mit einem breiten Lächeln an:

»Herzlich willkommen!«

Man kannte sich in den Kreisen. Er machte eine Handbewegung und signalisierte uns damit, einzutreten. Meine Güte, ich hatte ja keine Ahnung! In der verdeckten Künstlerszene wimmelte es nur so von unglaublich begabten Sängerinnen und Sängern, Musizierenden und Menschen, die in irgendeiner Weise der Kultur und Musik verschrieben waren. Besonders der immense Frauenanteil überraschte und schockierte mich zugleich. Ich traf auf klassisch ausgebildete Sängerinnen, Amateurinnen und Musikstudentinnen aller Gesangsrichtungen. Ob traditionelle Musik, Hip-Hop oder Jazz – alles war vertreten, so vielfältig und bunt. Aufgeregt tastete ich mich immer weiter vor und entdeckte ein Stimmtalent nach dem anderen. Im Laufe der nächsten Wochen besuchte ich noch mehr dieser Underground-Veranstaltungen und traf so viele wundervolle Frauen, die vermutlich nie die Chance haben würden, mit ihrer Gabe breite Menschenmassen zu erreichen. Denn es war ganz einfach: Männer dürfen im Iran öffentlich allein auftreten und singen, Frauen nicht. So schrieb und schreibt es bis heute das Gesetz vor. Mahasti, Googoosh, Ramesh,

Homeyra, Hayedeh – das waren alles große iranische Stimmen, berühmte Sängerinnen, die die Menschen vor der Islamischen Revolution bis in die wilden Siebzigerjahre zum Schwärmen brachten und später in der vom Regime geführten Unterdrückungspolitik in der Versenkung verschwanden, emigrierten oder schlichtweg verstummten. Unter uns gab es auch viele Anhängerinnen von Schahbanu Farah Pahlavi, der beliebten Kaiserin an der Seite des Schahs, die als Sinnbild der kulturellen Blüte des Iran vor der Machtübernahme verehrt wird. Sie setzte sich während ihrer Regentschaft von 1967 bis 1979 mit Leidenschaft für die Förderung der Kultur im Iran ein. Ihr Engagement galt insbesondere der Erhaltung des kulturellen Erbes und der Förderung zeitgenössischer Kunst. Als starke Befürworterin unterstützte Farah Pahlavi aktiv iranische Künstlerinnen und Künstler in Malerei, Skulptur, Musik, Literatur und Theater. Sie lud sie regelmäßig zu kulturellen Veranstaltungen im Kaiserlichen Hof ein, um ihre Arbeit anzuerkennen und zu würdigen. Darüber hinaus gründete Farah Pahlavi bedeutende kulturelle Einrichtungen, die bis heute eine wesentliche Rolle im iranischen Kulturleben spielen. Das Tehran Museum of Contemporary Art, das unter ihrer Leitung entstand, trug zur Förderung zeitgenössischer Kunst im Iran bei, wofür sie Gemälde und Kunstwerke von renommierten Kunstschaffenden aus aller Welt einkaufte. Das Niavaran-Kulturzentrum wurde zur Plattform für künstlerische und kulturelle Aktivitäten. Die Förderung der Bildung war ein weiterer Schwerpunkt der Kaiserin. Sie erkannte die Bedeutung von Bildungseinrichtungen für die kulturelle Entwicklung des Landes und gründete das Farah-Pahlavi-Stipendium, das iranischen Studierenden im In- und Ausland finanzielle Unterstützung während des Lernens bot. Sie spielte eine maßgebliche Rolle bei der Renovierung und Restaurierung historischer Gebäude, Paläste und Denkmäler. Darüber hinaus förderte die Kaiserin den interkulturellen Austausch, indem sie den künstlerischen Dialog und die Zusammenarbeit zwischen dem Iran und anderen Ländern unterstützte. Sie lud internationale Künstler und Persönlichkeiten zu eigens dafür organisierten Veranstaltungen im Iran ein und engagierte sich aktiv in internationalen kulturellen Einrichtungen. Dank all dieser Bemühungen blühte die Kultur des Iran auf.

In den vielen Stunden, die ich in der Untergrundszene verbrachte, führte ich mit Gleichgesinnten unzählige inspirierende Gespräche über die Macht der Kunst und insbesondere den Einfluss der weiblichen Stimme. Ich liebe den Vergleich mit der Geschichte von »Arielle, die Meerjungfrau«. Darin stiehlt die böse Ursula Arielle eines ihrer wertvollsten und schönsten Güter – ihre Stimme, um sich selbst damit zu rühmen und die Aufmerksamkeit des schönen Prinzen zu gewinnen. Es gelingt ihr, denn die weibliche Stimme kann verzaubern, sprachlos machen und in andere Welten entführen. Ist es das, wovor die Machthaber Angst haben? Frauen fühlen sich stark, wenn sie singen.

Nicht umsonst ist der weibliche Gesang so alt wie die Menschheit selbst. Frauen sangen bei der Arbeit – ob auf dem Feld, beim Weben von Textilien oder beim Stillen ihres Babys. Das Singen verleiht unglaubliche Kräfte, stärkt die eigene Präsenz und das Selbstbewusstsein. Es schenkt Mut sowie neue Hoffnung in schwierigen Zeiten und transportiert das Gefühl von Liebe und Zusammenhalt. Fürchtet das Mullah-Regime etwa bis heute diese kreatürliche Wucht der weiblichen Energie? Haben sie Angst vor der Power, die eine Frau entwickeln kann, wenn sie frei ist? Bangen sie etwa darum, ihre Machtstellung und die Kontrolle zu verlieren, sobald sie die unterdrückenden Gesetze ein wenig lockern? Insgeheim wussten wir alle die Antwort auf diese Fragen und schworen uns gegenseitig, für unsere Träume aufzustehen und die Musik trotz aller Hindernisse in die Welt hinauszutragen. Insgesamt blieb ich nur vier Semester am Konservatorium, die Ausbildung dort war qualitativ nicht besonders hochwertig, doch die Eindrücke und Freundschaften, die während dieser Zeit entstanden, trage ich bis an mein Lebensende im Herzen.

Das erste Bandangebot ließ nicht lange auf sich warten, nachdem meine Mitstudierenden mitbekamen, dass ich auf Arabisch performe. In dieser Sprache gibt es kaum Konkurrenz im Iran, und so wurde ich Teil der Ershan-Band, deren Lead Kaveh wie auch meine Eltern aus Chuzestan stammt. Unsere künstlerische Zusammenarbeit war beflügelnd, denn wir erarbeiteten Songs in vielen verschiedenen Dialekten aus unserer Heimat. Wir sangen auf Arabisch, Kurdisch, Lorī und *Āzari*, und es machte mich stolz, als Teil dieser Gruppe auf der Bühne zu stehen. Jeden unserer Auftritte – und davon gab es in meiner Bandzeit etliche – absolvierten wir so, als wäre es unser letztes Mal. Bei unserem diktatorischen Regime weiß man schließlich nie, was am nächsten Tag passiert. Ständig bestand die Gefahr, Geldbußen zu kassieren, ins Gefängnis zu kommen und mit Peitschenhieben bestraft zu werden. Bei öffentlichen Auftritten bedarf es einer offiziellen Genehmigung durch die Behörden. Deshalb mussten alle Auftritte und Konzerte unter einem Vorwand angemeldet werden. Alles bis hin zur Setliste musste offengelegt werden und wurde vorab strengstens kontrolliert. Wir gaben in unseren Unterlagen nur die männlichen Bandmitglieder an, um sicherzugehen, dass der Auftritt genehmigt wurde. Natürlich bin ich trotzdem aufgetreten und habe meine Solostücke zum Besten gegeben. Manchmal wurden die männlichen Stimmen einfach leiser gedreht, um meinem Gesang mehr Raum und Klang zu geben – je nach Situation reagierten wir mit neuen Tricks und Kniffen. Allem zum Trotz sangen und spielten wir leidenschaftlich, mit unglaublicher Inbrunst, und das

Publikum feierte uns und honorierte unsere Hingabe auf der Bühne mit tosendem Beifall.

Später gründete ich zusammen mit meinem befreundeten Musiker Hasam Eldin Naseri und weiteren Mitgliedern die Band Novak Ensemble, mit der wir noch größere Erfolge feierten. Mit dieser neuen Combo fühlte sich alles professioneller an. Wir begannen damit, eigene Songs und später ganze Alben zu komponieren, nahmen sie professionell im Studio auf und spielten auf Festivals. Mit Erfolg!

Doch eines meiner persönlichen Highlights war unser Auftritt im Niavaran-Palast. Es war eine unglaubliche Ehre, an diesem historischen Ort auf der Bühne zu stehen, und so unglaublich, dass mir der Atem stockte, als ich die Bühne zum Soundcheck betrat. Konnte es wirklich wahr sein, würde ich heute Abend mit meiner Band tatsächlich auf dieser Bühne stehen und Songs in meiner Muttersprache performen? Tausend Gedanken schossen mir durch den Kopf, während ich hinunter zu meinen Füßen blickte, die die für mich schon beinahe heiligen Bretter berührten. Und plötzlich traf es mich wie ein Blitz. Da war er, dieser Traum, den ich als Kind unter Raketen- und Bombenanschlägen so häufig träumte. Ich sah mich – gehüllt in ein wunderschönes Gewand – auf solch einer bedeutenden Bühne. Es war zwar nicht die Teheraner Oper, denn das Opernhaus war nach der Revolution geschlossen worden, doch der Niavaran-Palast war für mich nicht weniger bedeutend. Er war einer dieser geschichtsträchtigen Orte, der symbolisch an die reiche, prächtige Kultur des Iran erinnerte. Früher diente der Palast als Sommerresidenz der Königsfamilie. Noch heute kann man hier die herrschaftlichen Innenräume voller kostbarer Kunstobjekte und Bilder bewundern. Auch Schahbanu Farah Pahlavi nächtigte hier einst. Allein dieser Gedanke verursachte mir Gänsehaut. Ich kniff die Augen fest zusammen, und prompt tauchten Bilder aus meinem Kindheitstraum auf. Ich betrete die Bühne, das Publikum klatscht, ein einziger Rausch. Ich beginne zu zittern, und mein Atem wird schneller. Ich schnappe nach Luft, verspüre einen Druck in der Magengegend. Bitte lass die Wände nicht zusammenbrechen, bitte lass es nicht geschehen. Bitte keine Bomben, bitte, bitte …

»Mina!«, reißt mich plötzlich eine Stimme aus meinem Tagtraum. Es ist mein Bandkollege, Hasam Eldin Naseri. Ich sehe sein grinsendes Gesicht vor mir:

»Alles in Ordnung? Dein Lampenfieber wird dich noch irgendwann umbringen. Mach dir keinen Kopf, es wird alles gut gehen heute Abend. Ich habe ein sehr gutes Gefühl.«

Mit diesen Worten verabschiedet sich Hasam von mir und läuft fröhlich pfeifend zur Bühnenmitte, um mit dem Soundcheck zu beginnen. Dieser Vorfall wird mir mein Leben lang in Erinnerung bleiben, denn an jenem Abend erfüllte sich tatsächlich mein lang gehegter Mädchentraum.

Aber auch eine weitere Sache wird mir ebenfalls bis an mein Lebensende erhalten bleiben: mein Lampenfieber. In den Momenten, wo es kaum auszuhalten ist, denke ich an meinen Vater. Er tut mir sehr leid, denn er hatte nie die Chance, seine Träume so zu leben, wie ich es heute tue. Stattdessen hat er schwer geschuftet, um unsere Familie durchzubringen, und doch bleibt er mein größter Unterstützer. Wenn ich Angst verspüre, denke ich immer an den Tag, an dem wir als Familie Karadsch verließen, um in die Heimat nach Abadan, zurück zu Papa, zu fliegen. Ich war fünfzehn, und es war der erste Flug meines Lebens. Die Propellermaschine war ohrenbetäubend laut, wackelte und machte mir unglaubliche Angst. Ich zitterte während des ganzen Fluges. Doch am Ende hat es sich gelohnt, die Furcht zu überwinden.

Seither ergaben sich noch viele Gelegenheiten, mich meiner

Bühnenangst zu stellen und sie immer wieder aufs Neue zu überwinden.

Eines Tages erhielt ich einen Anruf von Yalda Yazdani. Es war im Jahr 2018. Zu dieser Zeit organisierte sie das Festival »Female Voice of Iran« in Berlin, das iranischen Frauen gewidmet war. Dabei wurden einige iranische Künstlerinnen aus den unterschiedlichsten Ecken des Iran in die deutsche Hauptstadt eingeladen, um dort mit in Deutschland lebenden iranischen Musikerinnen und Sängerinnen gemeinsam auf einer Bühne zu performen. Gemeinsam mit meiner Band durfte ich unseren Song *»La La i«* zum Besten geben. Ich werde nie vergessen, wie die Augen der anderen Musikerinnen leuchteten und wie viel Hoffnung in ihnen war. Für diese einzigartige Erfahrung werde ich ewig dankbar sein. Denn eines weiß ich, solange meine Stimme erklingt, werde ich diese einsetzen – für mich selbst und für all die anderen talentierten Frauen, die das repressive und gewalttätige Regime der Islamischen Republik verstummen ließ.

Eine Sängerin im Iran ist ständig großen Herausforderungen und Hürden ausgesetzt. Wenn dann noch eine Pandemie die Welt erschüttert, bleibt ihr nur der unbeirrbare Glaube an sich selbst. Das Schreckensjahr 2020 hat den Iran mit voller Wucht erwischt. Covid hat nicht nur – wie überall auf der Welt – die Kunst- und Kulturszene, sondern auch die normalen Bürger hart getroffen. Zusammen mit meiner Band Novak Ensemble waren wir gerade dabei, unser Album »Agitation« im Studio zu produzieren. Ich gab mich diesem Prozess mit ganzer Seele hin. Es machte unglaublich viel Spaß, die unterschiedlichsten Klänge, Sprachen und Stimmen zu einem Kunstwerk zu bündeln. Wir alberten herum und träumten davon, wie wir unsere Songs bei den Festivals im Sommer performen und mit unserer frischen Musik endlich die Livebühnen erobern würden. Doch das zunehmende Coronageschehen und die unzureichenden Informationen seitens der iranischen Regierung verunsicherten uns von Tag zu Tag. Im staatlichen Fernsehen oder anderen regierungstreuen Medien wurden nur die offiziellen Infektionszahlen genannt. Doch die viel zu niedrigen Zahlen ließen uns und viele unserer Bekannten und Freunde zweifeln.

In jeder Familie gab es mittlerweile mindestens einen Infizierten, der anschließend den Rest ansteckte. Wir hörten von den ersten Todesfällen aus unserem Umkreis, und schließlich erkrankte auch mein Bandkollege Hasam schwer an SARS-CoV-2. Im Gegensatz zu vielen anderen ließ er sich rechtzeitig testen und konnte entsprechende Maßnahmen ergreifen. Denn die bittere Wahrheit des Iran inmitten der Covid-19-Pandemie sah so aus, dass sich nur etwa zwei von zehn Iranern offiziell testen ließen. Tests waren teuer und für die geringverdienende Bevölkerung eine finanzielle Belastung. Außerdem waren sie nur in Krankenhäusern erhältlich, doch Zutritt bekamen nur diejenigen, die bereits dramatische Krankheitssymptome aufwiesen. Wurde man zur Behandlung zugelassen, wartete schon das nächste Problem. Der Aufenthalt im Krankenhaus war für die meisten Iranerinnen und Iraner nicht bezahlbar, und so starben viele Menschen unbehandelt in den Krankenhausfluren. Es gab lange Debatten und Einschränkungen der Regierung, die nicht zuließen, dass offizielle Impfstoffe amerikanischer oder englischer Hersteller importiert wurden. Doch selbst nachdem Coronaimpfungen angeboten wurden, lag der Preis bei 9 Millionen Toman. Das waren zu der Zeit umgerechnet circa 330 Euro.[36] Dabei war das monatliche Gehalt von Geringverdienern im Schnitt gerade einmal die Hälfte. Doch das Absurdeste waren die widersprüchlichen Entscheidungen, die

36 *»Ein Jahr Corona im Iran – Fake News im Land der Mullahs« – Karolina Hoschbacht, veröffentlicht am 09.02.2021, URL: www.deutschlandfunkkultur.de/ein-jahr-corona-im-iran-fake-news-im-land-der-mullahs-100.html, Stand: 27.07.2023.*

die iranische Regierung traf. Die einschränkenden Maßnahmen waren weder konsequent noch effektiv. Für die Feierlichkeiten anlässlich des Jahrestages der Islamischen Revolution am 12. März etwa entfielen jegliche Einschränkungen. Während ungefähr zur gleichen Zeit bei einem Fußballspiel im Stadion keine Zuschauer anwesend sein durften.[37] Das Gleiche galt für Kunstschaffende und ihre Veranstaltungen. Diese durften ebenfalls nicht durchgeführt werden.

Ein endloser Schleier aus Trauer legte sich in dieser schweren Zeit über unsere Band. Trauer darüber, dass die Regierung nichts dafür tat, um die Menschen aufzuklären oder finanziell zu unterstützen, aber zugleich Verbote verteilte, wie es ihnen passte, ohne dabei die Menschen und deren teilweise tragische Schicksale zu berücksichtigen. Das Pandemiegeschehen hat einmal mehr zutage gebracht, was von der alten, patriarchalischen Klerikerregierung tatkräftig versucht wurde zu vertuschen: Sie waren noch nie in der Lage, ein Land zu regieren. Schon gar nicht während einer tiefen Krise.

* * *

Heute lebe ich in den USA. Kurz vor den Protesten nach dem schrecklichen Tod von Jina Mahsa Amini im Jahr 2022 wurde ich nach Boston eingeladen, um dort an der Boston University aufzutreten. In den USA war ich nicht allein, denn meine Musikerkollegin und gute Freundin Malihe befand sich zur selben Zeit ebenfalls im Lande. Wir waren selig, denn einmal in Amerika mit unserer Musik zu performen, war ein lang gehegter Traum. Alles

37 *»Der Iran bekommt die Pandemie nicht in den Griff« – Armin Loghmani, veröffentlicht am 12.02.2022, URL: www.derstandard.de/story/2000133304372/der-iran-bekommt-die-pandemie-nicht-in-den-griff, Stand: 27.07.2023.*

verlief ganz wunderbar, doch in den Wochen während unserer Reise formierte sich die *Frau, Leben, Freiheit*-Revolution im Iran, und wir sangen uns bei den Protesten und Demonstrationen in den USA die Seele aus dem Leib, weil wir diesen unbändigen Kampfgeist und Mut auch hinter dem Großen Teich spürten und um jeden Preis unterstützen wollten. Malihe und ich sind stolz, dass wir unsere Stimmen für diese große, wichtige Bewegung erhoben haben, doch damit war uns der Weg zurück in unsere Heimat versperrt. Eine Rückkehr wäre lebensgefährlich. Die Sittenpolizei würde uns direkt ins Gefängnis abführen, und welche Grausamkeiten Menschen, die sich gegen das Regime auflehnen, dort zugefügt werden, weiß man mittlerweile aus der internationalen Presse. Zum zweiten Mal im Leben war ich gezwungen, loszulassen. Der Schmerz von damals, als Papa zurück nach Abadan ging, durchfuhr meinen Körper, als mir klar wurde, dass ich meine Familie für eine unbestimmte Zeit nicht sehen werde. Ich konnte mich nicht einmal ordentlich von ihnen verabschieden. Doch nicht nur meine Familie vermisse ich schmerzlich, sondern eine weitere Freundin, die mit uns gemeinsam in die USA gehen wollte. Es war ihr nicht gelungen, denn ihr herrschsüchtiger Exmann, der nach wie vor als ihr offizieller Vormund galt, weil er der Scheidung nicht zustimmen wollte, verbot ihr die Ausreise. Im Iran hat eine Frau kein Recht, innerhalb des Landes zu reisen geschweige denn die Grenze zu überqueren, ohne vorher die Erlaubnis ihres Vormunds zu erhalten. Männer sind berechtigt, über die Ausstellung eines Passes für ihre Frauen zu entscheiden. Wenn eine Frau Pech hat, lebt sie ihr Leben lang ohne Reisepass – vollkommen der Entscheidungsmacht ihres Mannes ausgeliefert.

Malihe und mir geht es den Umständen entsprechend gut. Hier in den Vereinigten Staaten haben wir bereits zahlreiche wundervolle Konzerte gegeben – in San Diego, in New York und demnächst auch hier in Los Angeles. Hier kann ich endlich ich selbst sein – eine Künstlerin, Sängerin und Musikerin mit Leib und Seele. Und das ohne Einschränkungen. Ich kann vor Menschen jeden Alters, jeden Geschlechts und jeder Ethnie singen, und mein Papa ist mein größter Fan. Jedes Mal, wenn ich heute in Panik verfalle oder Lampenfieber verspüre, denke ich an meinen Vater und diesen Flug zurück. Er gibt mir die Kraft und den nötigen Ansporn, mich meiner Angst und den Herausforderungen zu stellen – egal, ob im alltäglichen Leben oder auf meiner geliebten Bühne.

Ach ja, jetzt habe ich einen neuen Traum. Irgendwann komme ich zurück in meinen geliebten Iran und besuche in Teheran das Haus No. 4.[38] Seit einigen Jahren hat sich dieses etwa hundert Jahre alte Gebäude zum Hauptquartier der Teheraner Underground-Künstlerbewegung entwickelt. Maler, Fotografen, Musiker, all die kreativen Köpfe der Stadt kommen in dieser kleinen Kunstoase inmitten von Hochhäusern und Neubauten zusammen und halten trotz aller Verbote der Regierung mutig die Kunst am Leben. Das macht mich stolz.

Rechtliche Auseinandersetzung mit der Fallgeschichte

DISKRIMINIERUNG BEI DER BERUFSWAHL

Frauen werden auf dem iranischen Arbeitsmarkt gegenüber Männern massiv benachteiligt, was am lückenhaften Rechtssystem sowie an der systematischen Ungleichbehandlung von Frauen durch die Islamische Republik liegt. Dabei steigt die Zahl der Studienabsolventinnen im Land immer weiter. Im Iran liegt die Quote der

38 *»Mal im Hintergrund, mal legal« – veröffentlicht am 12.01.2019, URL: https://iranjournal.org/gesellschaft/house-no-4-tehran, Stand: 07.06.2023.*

weiblichen Studierenden bei 60 Prozent.[39] Dies ist beachtlich, da die Zahlen genauso hoch wie in Europa sind. Dennoch machen Frauen laut jüngster offizieller Statistiken nur 14,9 Prozent (Stand: 2017[40]) der Arbeitnehmer im Iran aus, wohingegen der Männeranteil bei 64,1 Prozent liegt.

Weibliche Mitarbeitende sind in den höheren Entscheidungsebenen des Landes nur begrenzt vertreten. Nach iranischem Recht müssen die Kandidaten etwa für das Präsidentenamt laut Verfassung *Rajol-E-Siasi* (رجل سیاسی; dt. »politische Männer«) sein. Doch auch hier gibt es eine alternative Übersetzung, die aber nicht angewandt wird. Viele interpretieren den Begriff lediglich als »politische Personen«.

Beispiel Sängerin

Im Fall Mina wird explizit der Berufszweig Sängerin aufgegriffen. Seit der Revolution 1979 gab es massive Veränderungen in der Kulturszene des Iran. Zwar verbietet das islamisch-iranische Gesetz Frauen nicht, in der Öffentlichkeit zu singen. Jedoch werden Handlungen, die von der Regierung als *haram*[41] angesehen werden, strafrechtlich verfolgt. Das öffentliche Frauensingen zählt zu solchen Handlungen. Frauen dürfen nicht allein vor anderen Männern auftreten. Mit bis zu zwei Monaten Gefängnis sowie 74 Stockschlägen[42] kann solch ein Vergehen geahndet werden.

39 *»Gefangene Freigeister. Frauen im Iran« – Can Yildiz, veröffentlicht am 10.01.2018, URL: https://www.treffpunkteuropa.de/gefangene-freigeister-frauen-im-iran?lang=fr, Stand: 27.07.2023.*

40 *»Iran: Diskriminierung von Frauen am Arbeitsplatz – benachteiligende Gesetze und Praktiken« – veröffentlicht am 25.05.2017, URL: https://www.hrw.org/de/news/2017/05/25/iran-diskriminierung-von-frauen-am-arbeitsplatz, Stand: 27.07.2023.*

41 *Nach islamischem Glauben verboten.*

42 *»Singende Versuchung« – Nicole Tomasek, veröffentlicht am 30.05.2019, URL: https://jungle.world/artikel/2019/22/singende-versuchung, Stand: 27.07.2023.*

Beispiel Richterin

Am Beispiel von Shirin Ebadi wird dies besonders deutlich. Frau Ebadi ist Juristin und war die erste iranische Richterin sowie eine engagierte Menschenrechtsaktivistin. Als erste muslimische Frau erhielt sie 2003 den Friedensnobelpreis. Bis zur Revolution 1979 war sie vier Jahre lang Senatsvorsitzende am Teheraner Stadtgericht. Unmittelbar nach der Machtübernahme wurde ihr diese Position entzogen, denn eine Frau darf unter dem Mullah-Regime nicht als Richterin tätig sein. Daraufhin war sie gezwungen, eine Tätigkeit als Gerichtssekretärin aufzunehmen.

Am 25. März 2023 wurde Nadia Kahf im US-Bundesstaat New Jersey zur ersten Richterin mit Kopftuch in diesem Bundesstaat befördert. Bei ihrem Amtsantritt schwor sie auf den Koran und bemerkte dabei unter anderem richtigerweise: »Vielfalt ist unsere Stärke, nicht unsere Schwäche.«[43] Wenn die Islamische Republik im Iran es jedoch aufgrund ihrer Interpretation der Scharia den Frauen verbietet, als Richterin tätig zu sein, wie paradox ist demnach die Tatsache, dass eine gläubige und praktizierende Muslimin diesen Posten in einem anderen Land dennoch ausübt?

Dieser Fall zeigt deutlich, dass eine praktizierende Muslimin durchaus das Amt eines Richters ausüben kann, weil der Koran diverse Interpretationsmöglichkeiten bietet. Einige Rechtsschulen argumentieren, dass Frauen als Richterinnen fungieren können, solange bestimmte Voraussetzungen erfüllt sind, während andere Schulen dies ablehnen.

43 *»Nadia Kahf wurde zur ersten Richterin mit Kopftuch ernannt« – ohne Datum, URL: www.islamiq.de/2023/03/25/nadia-kahf-wurde-zur-ersten-richterin-mit-kopftuch-ernannt/, Stand: 27.07.2023.*

Der Großteil iranischer Firmen stellt ungern Frauen ein. Gerade bei Berufen, in denen man viel außerhalb des Büros arbeitet, auf Kundenbesuchen ist oder ins Ausland reisen muss, besteht die Gefahr, dass der männliche Vormund der Arbeitnehmerin es ihr verbietet, da das gesetzlich gestützt und erlaubt ist. Im Iran entscheiden Männer, wann ihre Frau innerhalb des Landes reisen oder das Land verlassen darf. Ebenso entscheiden sie darüber, ob ihre Frau einen Reisepass besitzen darf. Für Arbeitgeber besteht somit ein hohes Risiko von Ausfällen durch Arbeitsunfähigkeit, wenn sie Frauen einstellen.

Grundsätzlich sehen sich die meisten iranischen Frauen im Arbeitsalltag mit Diskriminierung und Unterdrückung konfrontiert. Auch wenn das iranische Arbeitsrecht einige Sonderrechte für Frauen vorsieht, halten sich die Regierung und die meisten Arbeitgeber kaum daran. Frauen werden – selbst während der Schwangerschaft – zu körperlich schweren Arbeiten sowie Schichtarbeit genötigt, obwohl das iranische Arbeitsrecht dies untersagt. Diese Frauen werden von regimehörigen Arbeitgebern durch Androhungen von Kündigung klein- und ruhiggehalten. Viele Frauen nehmen solch einen ungerechten Umgang in Kauf, da sie auf das Geld angewiesen sind, um ihre Familie finanziell zu unterstützen. Mehr als 85 Prozent[44] der iranischen Bevölkerung leben unter der Armutsgrenze.

44 *»Iran labor law not implemented for female workers« – veröffentlicht am 20.01.2022, URL: https://women.ncr-iran.org/2022/01/20/iran-labor-law-not-implemented-for-female-workers/, Stand: 29.05.2023.*

FAMILIENRECHT

NILOOFAR

Wenn ich meine schönste Erinnerung beschreiben müsste, dann wäre das ganz gewiss meine Hochzeit mit Matin. Und auch wenn vieles in meinem Leben nicht nach Plan verlief, eines ist sicher: Dieser Tag war genau so, wie ich es mir immer erträumt habe. Auch wenn die Umstände alles andere als ideal waren.

Am Tag der Hochzeit war ich früh wach. Auf dieses Ereignis habe ich viele Jahre hingefiebert. Aufgeregt stellte ich mir jedes Detail vor. Begleitet von rührenden Klängen würde ich in einem atemberaubenden Kleid aus Spitze den Gang zu meinem Mann hinunterlaufen. Ich wollte das ganze Programm mit Hochzeitstorte, Blumenmädchen, langem Schleier … Ganz wichtig waren dabei meine Eltern. Meine Mutter würde kurz vor dem Altar meinen Schleier heben, mich küssen und mich an meinen Vater übergeben. Ich sah sein glückliches, aber auch etwas wehmütiges Gesicht vor mir. Schließlich war dies der Tag, an dem er die Fürsorge für seine älteste Tochter offiziell in die Hände eines anderen Mannes legen würde. Er würde mich innig umarmen, meinen Schleier wieder zurücklegen und meine Hand in die Hand Matins geben, als Zeichen dafür, dass nun mein Ehemann für mich verantwortlich war. So lief es traditionell bei unseren Hochzeiten ab. Ich freute mich darauf, all meine liebsten Menschen zu sehen und diesen magischen Tag an Matins Seite ausgiebig zu zelebrieren.

Ein weiterer lang gehegter Mädchentraum würde außerdem in Erfüllung gehen: Als ich klein war, liebte ich diesen saftigen, aromatischen Kuchen, den meine Mutter für mich und meine Geschwister oft an den Freitagen backte, weltweit unter dem Namen Persian Love Cake bekannt. Dazu erzählte sie uns, dass sich ein einfaches Mädchen im 16. Jahrhundert in einen hübschen persischen Prinzen verliebte. Um ihn zu umgarnen, backte sie einen Kuchen mit besonderen Zutaten: Rosenwasser, Kardamom und Pistazien. Als der junge Prinz den Kuchen probierte, verliebte er sich in seine Bäckerin. Seither steht der Persian Love Cake für die luftige Süße der Liebe, und ich träumte davon, dieses köstliche Gebäck, das mit einer eleganten, weißen Glasur sowie kleinen Rosenblüten und gehackten Pistazien geschmückt wird, irgendwann bei meiner eigenen Hochzeitsfeier mit meinem ganz eigenen Prinzen zu genießen. Majestätisch in mehreren Etagen aufgetürmt, würde er perfekt mit unserer Hochzeitsdekoration verschmelzen. Die bestand ausschließlich aus betörend duftenden Damaszenerrosen, die wir extra aus Ghamsar, der Hauptstadt der Rosen in der Provinz Isfahan, hatten liefern lassen. In dieser Gegend werden die wunderschönen Blumen seit über 7000 Jahren kultiviert und zu wertvollem Rosenwasser, als Gewürz sowie für diverse andere Zwecke verarbeitet. Inspirierend daran ist, dass es die Menschen dort unter extrem trockenen klimatischen Bedingungen geschafft haben, die wohl berühmtesten und schönsten Rosen der Welt zu züchten.

Deren Durchhaltekraft erinnerte mich an meine Liebesgeschichte mit Matin. Unendlich lange, strapaziöse sieben Jahre trugen wir unsere Liebe durch alle Hindernisse hindurch, bevor wir schließlich heiraten konnten. Und noch einige Jahre länger mussten wir ausharren, um uns nun das Jawort auch vor meiner Familie geben zu können.

Die Feierlichkeiten fanden in Teherans berühmtem Lavasan-Garten[45] statt. Dieses Wunderwerk zeitgenössischer iranischer Gartenkunst mit symmetrisch angelegten Blumenbeeten, spiegelnden Wasserflächen und einem erfrischenden Wasserfall war der perfekte Ort für unsere wunderschöne Hochzeit. Geladen waren nur meine engsten Verwandten und einige unserer gemeinsamen Freunde.

In den Tagen zuvor ging es turbulent zu. Die Blumen- und Tischdekoration, mein Kleid, die Make-up- und Frisurproben, das Catering – alles war perfekt vorbereitet. Nach den Hochs und Tiefs der letzten Jahre war ich an diesem Tag am Ziel meiner Wünsche angekommen und so nahm ich mir nach dem Aufwachen bewusst ein wenig Zeit, alles Revue passieren zu lassen.

Matins und meine Geschichte begann, als ich nach meinem Studium in Pädagogik und Psychologie im Jahr 2000 beschloss, als Lehrerin zu arbeiten. Also ging ich zum Bildungsministerium, um meine Lehramtsprüfung zu absolvieren. Da ich diese mit »sehr gut« abschloss, wurde ich kurz darauf an einer Schule in einem der beliebten nördlichen Stadtteile von Teheran angestellt, der ideale Job für mich. Der Unterricht machte Spaß. Es erfüllte mich mit Stolz, als *farhangi* (dt. Gelehrter oder Weiser) bezeichnet

---

45 *»Villa Magazine« – URL: https://villanews.ir/en/villas/lavasan-garden, Stand: 27.07.2023.*

zu werden. Diese Personen haben in der iranischen Gesellschaft eine besondere Stellung, denn sie besitzen das Privileg, anderen Menschen etwas beibringen zu dürfen. Mir persönlich gab meine Aufgabe das Gefühl, Sinnvolles zu bewirken, indem ich jungen Menschen Perspektiven eröffnete. Die Arbeitsbedingungen waren ideal für Frauen, die neben ihrer Arbeit Wert auf genügend Zeit mit der Familie legen. Alles war perfekt, bis auf den Fakt, dass ich mich mit den achtzehn Arbeitsstunden in der Woche, die ich an den Vormittagen absolvierte, nicht ausgelastet fühlte. Damals, mit Anfang zwanzig, stand Familie noch nicht auf meinem Lebensplan, und so begab ich mich auf die Suche nach einem Zweitjob, um mehr finanzielle Freiheiten zu haben. Ich war mir meiner privilegierten Stellung durchaus bewusst, war intelligent und arbeitete ehrgeizig an meiner Karriere. In einer Mischung aus Schicksalsfügung und Glück stellte mir ein guter Freund Matin vor. Matin war Inhaber einer erfolgreichen Aufzugsfirma, und er schaute sich nach einer Sekretärin um. Die Arbeit wurde gut bezahlt, und sie sagte mir zu, also trafen wir uns kurz darauf zum ersten Mal zu einem Vorstellungsgespräch. Natürlich passte mein Profil hervorragend, denn aufgrund meines Universitätsabschlusses war ich eine qualifizierte Fachkraft. Der Arbeitsvertrag wurde zügig unterzeichnet, und ich nahm meinen Zweitjob als Matins rechte Hand auf.

Es klingt vielleicht ein wenig nach Klischee, doch infolge unserer intensiven und ertragreichen Zusammenarbeit verbrachten wir zwangsläufig viel Zeit miteinander. Wir lernten uns besser kennen und entwickelten eine große gegenseitige Sympathie. Das war der Beginn unserer innigen Freundschaft, die sich im Laufe der nächsten Monate schnell zu etwas Größerem entwickelte. Die Art und Weise, wie er mich heimlich bei der Arbeit beobachtete, seine zufälligen Berührungen, wenn er mir neue Aufzuginstallationspläne erklärte, oder das leichte Streifen unserer Körper im Vorbeigehen – wie ein zarter Hauch, physisch kaum spürbar, doch innerlich brachte jede dieser Begegnungen mein laut klopfendes Herz für einen kurzen Moment zum Stillstand. Und eines Tages, als ich gerade dabei war, meine Sachen zu packen, baute sich Matin plötzlich vor mir auf. Ich stand über meine Handtasche gebeugt und als ich hochblickte, traf mich sein durchdringender Blick wie ein Blitz.

»Niloofar, ich möchte dich gern um etwas bitten«, sagte mein Chef mit sanfter Stimme. Ich stellte mich innerlich schon auf ein paar Überstunden ein, denn wir hatten gerade viele neue Aufträge, die dringend bearbeitet werden mussten. Aber wer konnte beim Anblick dieses Mannes schon Nein sagen?

»Niloofar, ich habe das Gefühl, dass etwas zwischen uns steht, was wir besprechen müssen, und ich möchte dich gern bitten, mich zu einem Abendessen zu begleiten. Das würde mir viel bedeuten.«

Mein Herz klopfte jetzt noch lauter. So laut, dass ich Panik bekam, Matin könnte es hören.

»Du meinst eine Verabredung? So ganz privat, nur wir beide?«, entgegnete ich schüchtern.

»Ich meine, wenn du es vielleicht nicht möchtest, kann ich es verstehen, aber …«

Ich ließ ihn nicht ausreden. Insgeheim träumte ich schon eine Ewigkeit von diesem Augenblick. Es fühlte sich richtig an, aufregend und sogar ein bisschen rebellisch, mit meinem Chef auszugehen. Matin war für mich schon lange Zeit so viel mehr als nur mein Vorgesetzter. Er war mein Freund und mein heimlicher Schwarm. Natürlich willigte ich ein.

In Teherans beliebtem indischen Restaurant »Taj Mahal« duftete es köstlich nach einem ganzen Bouquet aus traditionellen Gewürzen. Curry, Kardamom, Koriander, Ingwer und zahlreiche andere Düfte, die ich nicht auseinanderhalten konnte, füllten die Luft und sorgten dafür, dass mein Magen augenblicklich zu knurren begann. Ich liebte indisches Essen mindestens genauso wie die persische Küche und ich spürte meine Augen aufleuchten, als Matin genau diesen Ort für unser erstes gemeinsames Date vorschlug. Das gedämpfte Licht und die exotische Atmosphäre des Restaurants umhüllten uns mit wohliger Gemütlichkeit. Ein Hauch Romantik lag in der Luft, und ich bewunderte die beeindruckende Einrichtung voller Dekorationen, Ornamente und Muster, die die indische Architektur widerspiegelten. Wie in einem indischen Palast.

Matin sieht toll aus in seinem weißen Hemd und der feinen Leinenhose, dachte ich mir just in dem Moment, als er sagte:

»Du siehst heute bezaubernd aus, Niloofar.«

Ich lächelte und nippte an meinem Masala-Chai. Es kam oft vor, dass wir dieselben Dinge dachten oder gleichzeitig aussprachen, was unsere starke Bindung bestätigte. Ich erwischte mich dabei, wie ich Matin heimlich beobachtete. Er war immer ausgesprochen höflich, egal, ob er mit mir sprach oder sich mit dem Personal unterhielt und die Bestellungen aufgab. Er sah glücklich aus. Zum ersten Mal wurde mir an diesem Abend plötzlich klar, dass da neben unserer Freundschaft und Kollegialität auch von seiner Seite aus noch etwas anderes gewachsen war. Ich hatte Schmetterlinge im Bauch. Wir redeten viel, ununterbrochen und angeregt über die Arbeit und das Leben. Ich erzählte von meinem Unterricht und den Schülern, er hörte interessiert zu, bis sein Blick plötzlich ernsthaft wurde.

»Ich möchte dir gern etwas sagen, Niloofar. Es fällt mir nicht leicht, denn es ist etwas, das du bisher noch nicht über mich wusstest.«

Ich schluckte. Der Ton seiner Stimmer verriet mir, dass es etwas

Bedeutendes war. Tausend Gedanken schossen mir durch den Kopf: Oh Gott, ich hoffe nur, er ist nicht vergeben, verlobt oder gar verheiratet!

»Ich bin gebürtiger Afghane«, unterbrach er meinen panischen inneren Monolog.

Meine Augen weiteten sich, und ich ließ meine Gabel abrupt fallen. Mit dieser Information hatte ich am wenigsten gerechnet. Einige Gäste vom Nebentisch blickten in unsere Richtung. Ich fing mich schnell – äußerlich, doch innerlich stieg Nervosität in mir auf.

Matin sprach weiter: »Du bist mir unheimlich wichtig, und ich habe mir diesen Abend schon so lange gewünscht und ausgemalt, um dir zu sagen, was ich fühle. Für mich bist du längst nicht mehr nur eine Freundin und Kollegin. Ich habe mich in dich verliebt. Aber natürlich ist mir auch bewusst, welche Folgen unsere Verbindung hätte, da du jetzt über meine Herkunft Bescheid weißt.«

Ich fand keine passenden Worte und starrte ihn weiterhin an. Diese Neuigkeit änderte alles. Zu diesem Zeitpunkt war ich mir nicht aller Konsequenzen bewusst, aber eines war mir dennoch klar: Als Frau bist du im Iran ausgeliefert, wenn du mit einem Mann mit ausländischen Wurzeln zusammen bist. Besonders, wenn es sich dabei um einen Afghanen handelte. Matin erzählte mir offen und ehrlich über seine Erfahrungen mit Frauen vor mir. Sie hatten sich alle distanziert, sobald sie von seiner Herkunft erfuhren. Zu ernsten Verbindungen kam es nicht.

An jenem Abend verabschiedete er sich mit den Worten, dass er jede Entscheidung meinerseits akzeptieren und verstehen würde, doch er bat mich auch, mir das mit uns zu überlegen. Und auch wenn ich ihm damals keine direkte Antwort gab, wusste ich tief im Inneren, dass ich diesen Mann und keinen anderen wollte.

Er war mein Seelenverwandter, mein Matin, der mich auf Händen tragen würde – sein Leben lang. Für mich stand schon damals fest: Egal, was passierte, ich würde mich immer und immer wieder für Matin entscheiden.

Matin

Im Herbst 1983 – Matin war gerade einmal drei Jahre alt – flüchtete seine Familie vor dem militärischen Konflikt zwischen Afghanistan und der Sowjetunion in den Iran[46]. Zum Krieg hinzu kamen furchtbare Naturkatastrophen, die in dieser Zeit das Land plagten. Dürre, Erdbeben und Überschwemmungen wechselten sich ab. Auch politische und soziale Unsicherheiten sowie andauernde Bürgerkriege trieben die Menschen aus dem Land. Mehr als 2 Millionen Afghanen[47] verließen damals ihre Heimat in Richtung Iran, in der Hoffnung auf ein sicheres Leben. Matins Vater fand fast umgehend eine Arbeit in einer Fabrik in der Nähe von Teheran. Um genügend Geld für seine Familie zu verdienen, schuftete er jeden Tag in mehreren Schichten und setzte alles daran, dass sich seine drei Kinder in der iranischen Gesellschaft zurechtfanden. Wie alle übrigen iranischen Kinder gingen Matin sowie seine ältere Schwester und sein Bruder zur Schule. Für Kinder afghanischer Flüchtlinge war dieser Umstand jedoch keine Selbstverständlichkeit. Jegliche Art von Dokumenten – ob Aufenthalts-, Arbeitserlaubnis oder die Genehmigung zum Schulbesuch –, jeder Antrag kostete

46 *»Die historische Entwicklung der Migration aus Afghanistan« – Matthias Riesenkampff, Professor Dr. Noor Ebad, Direktor NCPR, veröffentlicht im Februar 2017, URL: www.kas.de/c/document_library/get_file?uuid=fa5a8a10-ec9e-5c3d-6f7c-52ca7f27cc38&groupId=252038, Stand: 27.07.2023.*

47 *»Krieg in Afghanistan (1979–1989)« – Wikipedia, URL: https://de.wikipedia.org/wiki/Krieg_in_Afghanistan_(1979%E2%80%931989), Stand: 27.07.2023.*

viel Geld und war mit großen bürokratischen Hürden verbunden. Ein wahrer Teufelskreis, geschaffen vom iranischen Regime, in den die meisten Flüchtlingsfamilien gerieten. Doch ohne Arbeitserlaubnis kein Job, der Geld einbringt. Aufgeben war für Matins Vater jedoch nie eine Option, und diese Haltung hat er auch seiner Familie weitergegeben. Jeden Freitag, wenn er frei hatte, nahm er sich beim Abendessen viel Zeit für Gespräche. Er ermutigte die Kinder dazu, sich auch von großen Hürden nicht aufhalten zu lassen. Eine gute Bildung war ihm wichtig, und so kämpfte er Jahr für Jahr unermüdlich mit den Ämtern der Islamischen Republik. Eine bittere Realität für Menschen afghanischer Abstammung im Iran. Damals war es Matin nicht bewusst, wie schwierig es für einen Afghanen im Iran war, sich im Alltag durchzusetzen. Umso mehr weiß er heute zu schätzen, wie viel Mühe, Kraft und Geld dieser Kampf seinen Vater jährlich gekostet hatte.

Nach seinem erfolgreich absolvierten Abitur bekam Matin einen Platz an der Birdschand-Universität im südlichen Teil der Provinz Khorasan im Iran. Es war eine große Ausnahme, dass Matin als gebürtiger Afghane überhaupt einen Studienplatz bekam. In unserem Land gibt es ganze Bezirke, in denen es Afghanen verboten ist, sich dort aufzuhalten, vom Studieren ganz zu schweigen. Aufgrund der schwer überwachbaren langen Grenze zu Afghanistan leben in der Provinz Khorasan seit Jahrzehnten viele schiitische Afghanen. Sie haben sich mit der iranischen Bevölkerung arrangiert. Doch trotz seines wertvollen Studienplatzes entschied sich Matin gegen die Universität. Solch eine private Einrichtung würde ihn viel Geld kosten, das er zu diesem Zeitpunkt nicht aufbringen konnte. Er beschloss zu arbeiten und nahm einen Job in einer Werkstatt für Drehmaschinen an. Im Vergleich zu sonstigen Tätigkeiten, für die afghanische Flüchtlinge üblicherweise eingesetzt wurden, war dies ein kleiner Erfolg.

Afghanen sind im Iran Menschen zweiter Klasse.[48] Meist leben sie illegal, sind weder im Besitz gültiger Papiere noch einer Arbeitserlaubnis und müssen daher oft Tag und Nacht unter katastrophalen Bedingungen auf Baustellen schuften oder andere menschenunwürdige Aufgaben erledigen. Dass Matin die Möglichkeit bekam, einen anständigen Abschluss zu machen und anschließend einen vernünftigen Beruf auszuüben, hatte er dem Kampfgeist und der Beharrlichkeit seines Vaters zu verdanken. Sein Werkstattjob bot ihm erstmalig die Perspektive, auf eigenen Beinen zu stehen. Doch die Freude darüber sollte nicht lange anhalten. In der Firma, die ausschließlich aus iranischen Mitarbeitern bestand, wurde er wie ein Praktikant behandelt und für die dreckigsten Arbeiten eingesetzt, auf die sonst keiner Lust hatte. Das wollte Matin nicht mit sich machen lassen, und nach anfänglicher Freude und Euphorie kündigte er seine Stelle. Niedergeschlagen hinterfragte er alles: seine Fähigkeiten, seine Chancen, als Afghane jemals Fuß in der iranischen Gesellschaft fassen zu können, und natürlich seine komplette Zukunft, die ihm fragil und ungewiss erschien. Doch diese mutige Entscheidung sollte sich im Nachhinein als die beste berufliche Wendung seines Lebens herausstellen.

Nach anfänglichen Schwierigkeiten bei der Suche nach einem geeigneten Job fand Matin eine Arbeit in einer der erfolgreichsten Aufzugsfirmen im Iran. Die Tätigkeit machte ihm Spaß, wurde jedoch nicht gut genug bezahlt. Er arbeitete hart daran, seine Leistung zu verbessern, um mehr zu verdienen und seine Familie unterstützen zu können, und sein Einsatz wurde belohnt. Schließlich brachte er es dort bis zum technischen Leiter, doch sein Ehrgeiz war ungebrochen. Er war hungrig nach mehr.

48 *»Afghanische Flüchtlinge im Iran, Menschen zweiter Klasse« – Emran Feroz, veröffentlicht am 11.06.2014, URL: https://de.qantara.de/inhalt/afghanische-fluechtlinge-im-iran-menschen-zweiter-klasse, Stand: 29.04.2023.*

Eines der großen Probleme Matins war, dass es ihm als Afghane nicht erlaubt war, ein eigenes Unternehmen zu gründen. Doch der Glaube an seinen Traum trieb ihn an, und so gelang es ihm schließlich trotzdem, mithilfe eines guten Freundes seine eigene Aufzugsfirma aufzumachen. Dieser Schritt bedeutete einen wichtigen Wendepunkt in seinem Leben. Nicht nur hatte Matin das Gefühl, endlich auf dem richtigen Weg zu sein, sondern er verdiente nun auch genug Geld. Aber das Wichtigste war, dass das Leben uns kurze Zeit nach der Gründung seiner Firma zusammenführte. Er sagte mir später, ich war das fehlende Puzzleteil, das er vermisste, ohne dass es ihm bewusst war. In dem Moment, in dem ich sein Büro betrat, war es um ihn geschehen. Heute noch spricht Matin oft mit einem Lächeln auf seinen Lippen von dem Tag unserer ersten Begegnung:

»Von da an wusste ich, dass ich dieses kluge, wunderschöne und selbstbewusste iranische Mädchen eines Tages heiraten würde. Koste es, was es wolle.«

Niloofar

Ich ging nicht damit hausieren, dass ich eine enge Bindung zu meinem Chef entwickelt hatte, lediglich meine Schwestern wussten darüber Bescheid. Die Tatsache, dass Matin gebürtiger Afghane war, würde für meine Familie ein unüberbrückbares Problem darstellen. Obwohl er seit seinem vierten Lebensjahr im Iran lebte, die Sprache beherrschte und auch sonst vollständig integriert war, sah er sich in seiner Wahlheimat stets mit Vorurteilen konfrontiert. In der Mentalität vieler Iraner nehmen Afghanen einen denkbar schlechten Platz ein. Manche Iraner bezichtigen Afghanen, für die Zunahme von Kriminalität und die Verbreitung von Drogen verantwortlich zu sein. Andere werfen ihnen vor, Einheimischen in Zeiten rasch steigender Arbeitslosenzahlen die Arbeitsplätze streitig zu machen. Dies hat geschichtliche und kulturelle Hintergründe.

Bis zum Jahr 2001[49] hielten sich bis zu 9 Millionen afghanische Flüchtlinge im Iran[50] auf. Schätzungen zufolge sind es jedoch viel mehr Menschen, die damals ohne Registrierung und Dokumente, meist in den Grenzgebieten des Iran, lebten. Legal oder illegal – Flüchtlinge afghanischer Herkunft werden von der iranischen Regierung nicht als vollwertige Bürger anerkannt. Die Kluft zwischen Matin und mir schien also unüberbrückbar. Ich war das gut behütete Mädchen aus einer wohlhabenden iranischen Familie und er ein afghanischer Flüchtling. Gewiss, Matin hat es geschafft, sich einen Status zu erarbeiten, war klug und bestens integriert. Man sah ihm seine Herkunft nicht an, und er sprach akzentfrei Persisch, wie ein Einheimischer. Auf dem Papier jedoch würde er für immer afghanischer Staatsbürger bleiben. Sollten wir jemals den Bund der Ehe schließen, würde dieser vom Staat nicht ohne Weiteres anerkannt werden. Noch tragischer wäre das Schicksal unserer Kinder. Denn, oh Himmel, ich träumte davon, eine Familie mit Matin zu gründen. Seit ich meine Gefühle für ihn zugelassen hatte, wünschte ich mir nichts sehnlicher, als ihm ein Kind zu schenken. Eine kleine Tochter. Ich verliebte mich in diese wundervolle Fantasie. Doch mein Wunschtraum hatte auch seine dunkle Seite. Nachkommen afghanischstämmiger Männer,

---

49 *»Aufnahmeland für afghanische Flüchtlinge« – veröffentlicht am 03.04.2023, URL: https://www.uno-fluechtlingshilfe.de/hilfe-weltweit/iran#:~:text=Die%20Islamische%20Republik%20Iran%20beherbergt,Afghanistan%20ohne%20Ausweisdokumente%20im%20Iran, Stand: 27.07.2023.*

50 *»Das ist kein Land, in dem sich leben lässt« – Thomas Allenbach, Katja Nicodemus, veröffentlicht am 01.12.2001, URL: https://taz.de/Das-ist-kein-Land-in-dem-sich-leben-laesst/!1137991/, Stand: 27.07.2023.*

die im Iran leben, bekommen keine Geburtsurkunde und haben somit keine Chance auf ein normales Leben. Praktisch alles bleibt diesen Kindern verwehrt: Bildung, medizinische Versorgung, ein Konto oder Reisen ins Ausland – all die Rechte eines vollwertigen Bürgers. Doch trotz all dieser abschreckenden Aussichten hatte ich Matin mein Herz geschenkt. So, als gäbe es schon immer ein unsichtbares Band zwischen uns, zwei alte Seelen, die sich nun endlich wiedergefunden haben. Ich war bereit, für unsere Liebe zu kämpfen, weil ich an uns glaubte, gegen alle Widerstände. Kein Problem dieser Welt würde mich davon abhalten, zu diesem sanftmütigen, groß gewachsenen Mann zu halten. Wie sagt man so schön? Du kannst es nicht beeinflussen, wo die Liebe hinfällt. Aber wenn dein Herz sich entschieden hat, hat der Kopf nichts mehr zu sagen. Und so war es kein Wunder, dass wir uns ineinander verliebten. Grenzenlos, innig und ein für alle Mal.

Es war ein heißer Juli im Jahr 2007. Ein ganz normaler Tag, an dem ich in die Firma ging. Ich betrat das Büro, stellte meine Tasche ab und wollte mich gerade an meinen Arbeitsplatz setzen, als mein Blick auf einen kleinen Umschlag und eine wunderschöne dunkelrote Rose fiel. »Für Niloofar« stand ganz schlicht auf dem weißen Kuvert. Mit leicht zittrigen Händen machte ich es auf.

»Geh mit mir heute Abend essen. Ich freue mich sehr und hole dich um 18 Uhr am Ausgang ab. M.«

Mein Herz klopfte bis zum Hals. Ich wusste sofort, dass dies kein gewöhnliches Abendessen oder ein sonstiges romantisches Treffen sein würde. Matin hatte etwas vor, und irgendetwas sagte mir, dass es mit einem kleinen, runden, funkelnden Schmuckstück zu tun hatte. Ein Lächeln legte sich auf meine Lippen, und ich starrte noch eine Weile verliebt auf das kleine Stück Papier, das mir den schönsten Abend meines Lebens versprach. Punkt 18 Uhr legte ich meine Arbeit nieder, tupfte mir etwas Lipgloss auf die

Lippen und machte mich aufgeregt auf den Weg nach unten zum Ausgang. Es war ein wunderschöner, lauer Sommerabend. Die tief stehende Sonne schien mir in die Augen, als ich aus dem Fahrstuhl im Erdgeschoss ausstieg, und ich kniff sie zusammen. Durch den engen Spalt sah ich, wie sich der so vertraute Umriss von Matins männlicher Statur auf mich zubewegte. Es war wie im Film. Ein riesiger Strauß Rosen lag auf seinem Arm. Matins Anblick, sein glückliches, breites Lächeln, der Duft seiner Haut und dieser Strauß dunkelroter Rosen ließen mich kurz die Luft anhalten. Matin war ein Gentleman. Er machte mir die Tür zum Beifahrersitz auf, half mir ins Auto und zwinkerte mir bedeutungsvoll zu.

»Ich freue mich auf den Abend mit dir«, sagte er, und seine Stimme vibrierte leicht.

Ich kannte ihn inzwischen so gut, dass mir jede noch so kleine Veränderung seines Wesens auffiel. Matin hatte etwas vor, dessen war ich mir nun ganz sicher. An diesem Tag, fast genau sieben Jahre nach unserem ersten Treffen, machte mir mein Seelenverwandter einen Antrag. Ich sagte ganz laut »Ja!«

Ich hatte recht, es war der schönste Tag meines bisherigen Lebens. Aber ich war kein naives Mädchen. Zum ersten Mal wurden mir die verheerenden Folgen unserer Verbindung so richtig bewusst. Diesmal war es keine mir fremde Person, deren trauriges Schicksal ich bemitleidete. Ich selbst war zu dieser Person geworden, die sich nun mit der harten Realität einer iranischen Frau, die einen Afghanen liebt, konfrontiert sah. Nun würde es unsere gemeinsamen Kinder treffen, die nie dieselben Rechte bekommen würden wie Kinder eines gebürtigen Iraners. Das Absurde: Im umgekehrten Fall, wenn ein Iraner eine Afghanin heiratet, greifen diese irrwitzigen Gesetze nicht. Das bedeutet an dieser Stelle, dass wiederum iranische Frauen benachteiligt, diskreditiert und in ihren Rechten massiv eingeschränkt werden. Innerlich war ich zerrissen. Ein großer Traum würde in Erfüllung gehen, wenn ich meinen geliebten Matin heiratete. Doch der Teufelskreis aus Problemen, die diese Ehe mit sich bringen würde, machte es mir schier unmöglich, die Freude zuzulassen. Es schien, als würde sich das Universum erbarmungslos gegen unser beider Glück stellen.

Es gab noch ein anderes, nicht unwesentliches Detail: meine Familie. Ich hatte bisher keinem erzählt, dass ich mit Matin zusammen war. Noch vor dem offiziellen Antrag arrangierte ich ein Abendessen in einem der schicksten Restaurants in Nord-Teheran. Matin sollte dabei sein, damit meine Schwestern ihn besser kennenlernen konnten. Die Idee, meine Schwestern auf meine Seite zu ziehen und sie von Matin zu begeistern, gab mir Mut. Ich hoffte, dass es mir anschließend einfacher fallen würde, den Rest der Familie zu überzeugen. Matin war brillant, witzig, charmant. Wir genossen diesen gelungenen Abend samt einer ordentlich hohen Rechnung, die Matin wortlos zahlte. Meine Schwestern schwärmten mir noch lange vor, wie gut aussehend, nett, großzügig und ausgesprochen höflich mein Chef sei. Doch jetzt nach seinem Antrag und meinem Jawort war ein offizielles Treffen mit meiner Familie unumgänglich. Wochenlang zerbrach ich mir den Kopf darüber, wie ich ihnen schonend beibringen konnte, dass ich vorhatte, meinen afghanischen Chef zu heiraten. Es kam jedoch anders als gedacht. Eine gewisse Person sollte mir diese Entscheidung schon bald auf unangenehme Art abnehmen.

Eines Tages brachte mein Bruder einen Freund mit in das Haus unserer Eltern, wo wir nach wie vor alle zusammenlebten. Ashkan war ein gut aussehender junger Mann. Groß, sportlich, in einer wichtigen Position für die Regierung tätig, und er machte mir schöne Augen. Man munkelte, dass er für den Geheimdienst arbeitete. So sehr mir sein Auftreten und seine Aufmerksamkeit imponierten, so sehr schlug mein Herz nur für Matin, und daran würde sich nichts ändern. Doch Ashkan war hartnäckig. Er kam von nun an öfter vorbei, verbrachte viel Zeit bei uns zu Hause und suchte dabei den Kontakt mit mir. Irgendwann sprach ich meinen Bruder darauf an, ob Ashkan irgendwelche Absichten hegte.

»Ja«, kam es aus meinem Bruder wie aus der Pistole geschossen. »Er findet dich gut. Und ich finde übrigens, dass er der perfekte Mann für dich ist. Also, Niloofar, denk darüber nach. Er will nämlich schon bald unsere Eltern um deine Hand bitten.«

Ich fiel aus allen Wolken.

»Danke für die Vorwarnung«, entgegnete ich gereizt. »Nur wird es nicht dazu kommen. Ich will es nämlich nicht. Das kannst du deinem Freund genau so ausrichten.«

Natürlich konnte ich niemandem die Schuld dafür geben. Niemand, bis auf meine Schwestern, wusste über Matin und mich Bescheid. Es war also ganz logisch, dass auch meine Eltern sich fragten, wann ich als älteste Tochter endlich unter die Haube kommen würde und sie sich über die ersten Enkelkinder freuen dürften. Meine eigene Angst machte mich wütend und trieb mir Tränen in die Augen.

»Und warum nicht, wenn ich fragen darf?«

Die laute, fast schon aggressive Stimme meines Bruders riss mich aus meinem Gedankenkarussell. Ich schwieg.

»Nenn mir einen Grund, Niloofar!«

Mein Bruder wurde lauter, und schließlich brüllte ich zurück: »Weil ich ihn nicht liebe. Und ich heirate niemanden, den ich nicht aufrichtig liebe!«

Weinend lief ich aus dem Raum und sperrte mich oben in meinem Zimmer ein.

In den darauffolgenden Tagen verbrachte ich viel Zeit mit Matin. Ich hatte das Bedürfnis, ihn um mich zu haben. Ich berichtete offen und ehrlich von der unangenehmen Situation mit Ashkan, auch wenn ich befürchtete, dass es Matin wütend machen könnte. Seine Reaktion verblüffte mich:

»Es wird schon alles gut gehen, Niloofar! Ich bin ein guter Mann, stehe mit beiden Beinen fest im Leben und ich kann uns eine schöne Ehe ermöglichen. Egal, welche Schwierigkeiten auf uns zukommen. Wir stehen das gemeinsam durch. Das weißt du, dieses Thema haben wir schon so oft durchgekaut. Es wird Zeit, mit deinen Eltern darüber zu sprechen.«

»Ich weiß«, antwortete ich mit gesenktem Blick. Mein Magen zog sich zusammen, und Angst breitete sich langsam in meinem Körper aus. Sie lähmte mich und schnürte mir die Kehle zu. Matin kannte meine Sorgen. Er nahm mich in den Arm und drückte mich fest an sich. Er war wirklich der verständnisvollste Mann, den ich mir nur wünschen konnte.

Den Vorfall mit Ashkan hatte ich schon beinahe vergessen, bis eines Tages meine Mutter auf mich zukam mit den Worten:

»Niloofar, ich mache mir große Sorgen um dich. Du erinnerst dich sicherlich an den Freund deines Bruders, der uns hier vor einigen Wochen oft besucht hat.«

»Ja, sicher. Ashkan. Was ist mit ihm?«, entgegnete ich mit einem mulmigen Bauchgefühl.

»Er arbeitet für die Regierung, wie du weißt, und hat Zugang zu Informationen über Privatpersonen. Er sagt, dass du mit deinem Chef Matin zusammen bist, und behauptet, dass Matin ein afghanischer Krimineller ist.«

Meine Augen wurden immer größer, je mehr meine Mutter erzählte.

»Was sagst du da, Mama?«, rief ich schließlich völlig schockiert aus. »Das ist eine große Lüge, eine dreiste, unglaubliche Lüge! Matin ist der liebevollste, zuverlässigste und harmloseste Mann, den ich kenne.«

Sie blickte mich ungläubig und etwas verwirrt an.

»Doch zwei Sachen stimmen wohl«, fuhr ich fort. »Ja, Matin ist Afghane, und ja, ich bin mit ihm zusammen. Mehr noch. Wir werden heiraten, Mama, ob ihr es wollt oder nicht.«

»Niloofar, hast du den Verstand verloren? Du bist eine gebildete, junge Frau. Dein ganzes Leben liegt vor dir, und du willst dir alles verbauen, indem du einen afghanischen Mann heiratest und damit auch die Zukunft deiner Kinder zerstörst?«

»Verstehst du nicht, dass ich ihn von ganzem Herzen liebe, Mama? Niemals werde ich mit einem anderen Mann glücklich. Und deshalb nehme ich jede noch so schlimme Konsequenz in Kauf!«

Wütend verließ ich das Zimmer, ohne eine Antwort abzuwarten, und ließ die Tür hinter mir krachend ins Schloss fallen. Später fand ich heraus, dass Ashkan seine Zugänge bei der Arbeit dafür missbrauchte, unser Telefon abzuhören. Somit wusste er genau, wo und wann ich mich mit Matin traf und wie meine Arbeitszeiten waren. Er spionierte uns nach, verfolgte heimlich jedes unserer Treffen und ließ uns schließlich vor meiner Familie auflaufen.

Am Abend nach dem Streit mit meiner Mutter klingelte unser Telefon.

»Papa?«

»Niloofar, es ist etwas passiert. Deine Mutter ist im Krankenhaus, sie hatte eine Herzattacke. Ich bin bei ihr, komm du bitte auch.«

Mein Herz begann zu rasen, während sich mein schlechtes Gewissen mit großer Sorge um die Gesundheit meiner Mama abwechselte. Meine Gedanken ratterten voller Angst, was mich im Krankenhaus erwarten würde. Hatte sie jener Streit am Morgen körperlich so angegriffen?

Schwach und gebrechlich fand ich sie auf dem Krankenhausbett vor. Ich warf mich auf die Knie, nahm ihre Hand und fing bitterlich an zu weinen. Es tat mir alles so furchtbar leid.

»Mama, das wollte ich nicht. Das Letzte, was ich möchte, ist, dich krank zu sehen. Du sollst schnell wieder auf die Beine kommen. Ich flehe dich an.«

Die Hand meiner Mutter drückte schwach meinen Daumen, sie atmete schwer ein und schloss ihre Augen.

»Deine Mutter soll sich jetzt ausruhen«, sagte Papa und zog mich daraufhin aus dem Zimmer. Sein ernster Blick sprach Bände.

Später, zu Hause, wandte sich mein Vater mir zu und sagte:

»Niloofar, deine Mutter und ich sind schockiert über die Neuigkeiten, die wir leider von Ashkan und nicht von dir erfahren mussten. Was hast du dir dabei gedacht, dich mit deinem Chef, der zudem noch Afghane ist, zu verloben, ohne vorher auch nur ein Wort zu erwähnen?«

Man konnte die Entrüstung in seinem Gesicht deutlich sehen. Seine Stirn von tiefen Sorgenfalten übersät, die Augenbrauen mürrisch zusammengezogen. Doch das Traurigste war für mich die Enttäuschung in seinen Augen.

»Niloofar, ist das der Dank für all die Mühe, Liebe und gute Erziehung, die wir dir geschenkt haben? Deine sorgenfreie Kindheit, deine Ausbildung und das gute Leben, das du dir aufbauen konntest? Ich kann nicht glauben, dass du das alles für einen Mann wegwerfen möchtest. Und wenn dir dein Schicksal gleichgültig ist, dann denk doch bitte nur einen kurzen Moment darüber nach, was du deinen Kindern damit antun würdest. Es wäre eine absolute Katastrophe, die du damit so leichtsinnig in Kauf nimmst.«

Ich bemühte mich, nicht zu weinen, während mein Vater fortfuhr.

»Du kennst unsere Meinung. Auf keinen Fall werden wir dieser Hochzeit zustimmen. Diese Heirat würde nicht nur offiziell nicht anerkannt werden, sondern würde deinen Kindern alle Möglichkeiten nehmen, in dieser Gesellschaft normal zu leben. Keine Geburtsurkunden, kein Recht auf Schulbildung, nichts. Diese Bindung bringt Unheil über unsere Familie. Das lasse ich unter keinen Umständen zu.«

»Aber Papa«, versuchte ich zu entgegnen, »du und Mama, ihr hattet es auch nicht leicht. Ich erinnere mich genau an die Geschichten, die du uns früher immer beim Abendessen erzählt hast. Es gab so viel Zwietracht und Streit zwischen euren Familien, weil deine streng religiös war und Mamas nicht. Und wie aggressiv und ungehalten reagierte Mamas Bruder? Er hat alles dafür getan, um euch auseinanderzubringen. Und du? Du hast dich nicht davon abbringen lassen, weil du Mama über alles geliebt hast! Genauso ist es mit mir und Matin!«

»Das ist doch eine vollkommen andere Situation!« Mein Vater wurde laut, und dann sagte er: »Ich möchte, dass du Teheran verlässt und zu meiner Familie nach Maschhad gehst. Es wird dir guttun und dich auf andere Gedanken bringen. Du wirst ihn dir aus dem Kopf schlagen, Niloofar. Das ist mein letztes Wort.«

Ich brach innerlich zusammen. Mein Körper bebte, als hätte ich schlagartig Schüttelfrost. Ich taumelte, musste mich setzen und senkte den Blick. Ich wusste, dass ich keine Chance gegen das Wort meines Vaters hatte. Hinzu kam der besorgniserregende Gesundheitszustand meiner Mama. War das schon das Ende meines Glücks? Würde ich überhaupt jemals wieder einen anderen Mann lieben können? Ich konnte mir eine Zukunft ohne Matin nicht vorstellen. Und wenn ich es versuchte, kam mir dieser Gedanke so grotesk und surreal vor, dass ich ihn schnell wieder wegschob. Doch eines war mir klar, ich wollte nicht diejenige sein, die noch mehr Unheil stiftete. Also traf ich die wohl schwierigste und schmerzvollste Entscheidung meines Lebens.

Sobald meine Mutter aus dem Krankenhaus entlassen wurde und sich ihr Gesundheitszustand stabilisiert hatte, beantragte ich ein Jahr unbezahlten Urlaub beim Bildungsministerium, packte meine Sachen und verließ Teheran, ohne mich von Matin zu verabschieden.

* * *

Seit einer Woche war ich wieder zurück in meinem Elternhaus in Teheran. Mein Vater hatte recht, das Jahr in Maschhad bei meinem Onkel und seiner Familie hatte mir gutgetan. Auch wenn die ersten Wochen nach meiner Flucht qualvoll waren und ich Matin und das Leben, das ich hinter mir gelassen hatte, vermisste, besserte sich mein Zustand mit der Zeit. Ich verbrachte viele Stunden mit meinen Cousins und Cousinen, las Bücher, machte Yoga und ging zum Tanzen. Es war eine aufregende Zeit, denn Tanzkurse wie Zumba[51] waren offiziell verboten. Das Tanzen in der Öffentlichkeit im Iran ist illegal, insbesondere für Frauen, da es als unislamisch und unmoralisch angesehen wird. Aus diesem Grund haben viele Menschen in unserem Land ihre eigenen Wege gefunden, um heimlich zu tanzen. Damals funktionierte das Bewerben von Tanzkursen, die meist in Privathäusern oder Kellerräumen stattfanden, durch Mundpropaganda. Das sprach sich natürlich schnell herum, denn trotz der harten Sanktionen bei Verstößen – Geldstrafen, Freiheitsberaubung, Verordnung von Sozialarbeit oder Auspeitschen – wollten die Menschen tanzen und sich frei entfalten. Wie denn auch nicht? Gerade körperliche Betätigung ist doch so etwas Wundervolles. Tänze setzen so viel gute Ener-

51 *»Hoch gegelte Haare, Zumba, Gassi gehen: Das sind die fünf absurdesten Verbote im Iran« – veröffentlicht am 30.05.2015, URL: https://www.bild.de/politik/ausland/iran/absurde-verbote-im-iran-41070344.bild.html, Stand: 27.07.2023.*

gie frei und können für manch einen in einer schwierigen Phase lebensrettend sein. Auch für mich war Tanzen zu meinem wichtigsten Hobby geworden, das mich auf andere Gedanken brachte, mich nicht vierundzwanzig Stunden am Tag an Matin denken ließ und mir meinen Alltag in Maschhad versüßte. Doch jetzt war ich wieder zurück in meinem alten Leben, und es fühlte sich so an, als wäre ich nie weg gewesen. Ich war noch dabei, die letzten Sachen auszupacken, als das Telefon klingelte und ich gedankenversunken den Hörer abnahm.

»Hier ist Niloofar, hallo?«

Der kurze Moment der Stille, der daraufhin folgte, sagte mehr als tausend Worte. Plötzlich wusste ich, wer sich am anderen Ende der Leitung befand. Eine fast schmerzhaft vertraute Stimme drang durch den Hörer und traf mich direkt ins Herz:

»Du bist zurück, *azizam*. Ich habe so lange auf dich gewartet.«

Nicht den Bruchteil einer Sekunde habe ich überlegt, als Matin mich um ein Treffen bat. Plötzlich ging alles so schnell. Wir begegneten uns stürmisch, emotional und voller Liebe füreinander. So, als wären wir nie getrennt gewesen. Ich erfuhr, dass sich Matin das ganze Jahr über durch Telefonate mit meinen Schwestern auf dem Laufenden gehalten hatte. Sie versicherten ihm, dass es mir gut ging, und erklärten die Gründe, warum ich damals weggegangen war und ihn ohne Erklärung zurückließ. Es war alles wie früher, und erst jetzt wurde mir bewusst, wie sehr ich Matin vermisst und wie viel Kraft es mich gekostet hatte, diesen Schmerz zu verdrängen. Wir schmiedeten einen Plan. Während seiner Zeit als Firmeninhaber hatte Matin gute Kontakte aufbauen können, er hatte zuverlässige Freunde und führte entgegen allen Schwierigkeiten, mit denen Afghanen im Iran konfrontiert werden, ein außergewöhnlich gutes Leben. Zumindest betraf das den Teil davon, den er selbst in der Hand hatte. Seine engsten Vertrauten halfen ihm in Businessragen, aber auch in schwierigen Lebenssituationen. So auch diesmal.

Im Iran gibt es eine Tradition, bei der Männer ihre Familie oder ersatzweise eine respektable Person vorschicken, um beim Vater der Braut um die Hand ihrer Tochter anzuhalten. Da Matins Familie 2003 im Rahmen eines Freiwilligenprogramms[52] mit Hunderttausenden anderen Afghanen den Iran verlassen hatte und zurück in ihr Heimatland gegangen war, bat Matin seinen langjährigen Freund Amin um diesen Gefallen. Amin willigte ein, meinem Vater in seinem Laden einen Besuch abzustatten. Doch leider ging unser Plan nicht auf. Amin gelang es nicht, meinen Vater davon zu überzeugen, uns seinen Segen zu geben. Es war unser letzter, aufrichtiger Versuch, unsere Verbindung rechtsgültig zu besiegeln. Dieser herbe Rückschlag schmerzte, aber meine und Matins Entscheidung blieb davon unberührt. Vor allem ich wusste nun ganz sicher, dass ich es durchziehen würde.

Wir waren fest entschlossen, für unsere Liebe zu kämpfen, und so kam es, dass wir uns auf die Suche nach einem Mullah machten, der uns ohne den Segen meines Vaters vermählte. Denn im Iran dürfen Frauen nicht ohne die Zustimmung ihres männlichen Vormunds – in meinem Fall meines Vaters – heiraten. In der 40 Kilometer entfernten Stadt Karadsch fanden wir diesen Mann. Wir ließen die Unterschrift meines Vaters fälschen und schlossen den Bund der Ehe. Uns beiden war es wichtig zu zeigen, dass wir es ernst meinten und dass wir uns ein Leben ohneeinander nicht vorstellen konnten. Die Heiratsurkunde faxten wir zur Kenntnisnahme an das Büro meines Vaters, stellten meine Familie vor vollendete Tatsachen und verließen daraufhin meine Heimatstadt in Richtung Maschhad.

---

52 *»Rückkehr afghanischer Flüchtlinge aus Iran« – Elke Gravert, veröffentlicht am 16.10.2018, URL: www.bpb.de/themen/migration-integration/laenderprofile/277617/rueckkehr-afghanischer-fluechtlinge-aus-iran/, Stand: 27.07.2023.*

Doch was so einfach klingt, war in Wirklichkeit eine große Herausforderung. Mit dieser Entscheidung musste ich alles hinter mir lassen, was mir lieb und teuer war. Ich enttäuschte meine Familie, die von nun an nicht nur empört und verletzt sein, sondern auch in Angst um mich leben würde. Sie waren der Meinung, dass ich damit nicht nur mein Leben, sondern auch das Leben meiner Kinder unwiederbringlich ruiniert hätte. Besonders meine Mutter wurde krank vor Sorge. Meine Familie glaubte außerdem, dass Matin plante, an mein Erspartes sowie mein Erbteil heranzukommen. Doch das war ein großer Irrtum. Dank seiner Selbstständigkeit mit der Aufzugsfirma war Matin finanziell gut aufgestellt. Er hatte viele Aufträge im Norden Teherans bei vermögenden Privatleuten sowie erfolgreichen Firmen ergattern können und hatte dadurch nicht nur ein gutes Einkommen, sondern auch jede Menge verlässliche Kontakte und tolle Freunde gefunden. Die Menschen liebten ihn für seine herzliche, aufgeschlossene Art. Er war immer ein vertrauenswürdiger, ehrenvoller Mann. Alle, die ihn kannten, wussten seine Freundschaft zu schätzen. Nur meine Familie gab ihm keine Chance, sich zu beweisen. Mehr noch: Als mein Vater das Dokument über unsere Eheschließung erhielt, ging er direkt zu seinem Anwalt und ließ meinen frisch angetrauten Ehemann verklagen. Uns blieb also nichts anderes übrig, als uns vollständig zurückzuziehen.

Das taten wir, indem wir in ein großzügiges Haus in Maschhad zogen, das einem Freund von Matin gehörte. Für einige Monate wurde es angenehm ruhig in unserer jungen Ehe. Wir genossen die Zweisamkeit und das Leben in unserer eigenen kleinen Welt – fernab von urteilenden Blicken der Gesellschaft sowie unserer Familien. Und auch wenn wir diese wenigen Wochen dankbar zelebrierten, war uns klar, dass das nicht ewig so weitergehen konnte. Früher oder später mussten wir unser Liebesnest verlassen und uns wieder der rauen und ungerechten Realität stellen. Doch mich plagten noch ganz andere Sorgen: Es war das schlechte Gewissen meiner Familie gegenüber, das mir schlaflose Nächte bereitete. Ich schämte mich für das Bild, das ich nach außen abgab, und auch dafür, dass ich meine Liebsten damit in eine schwierige Lage voller Sorgen und Ängste gebracht hatte. Ja, es sollte mir egal sein, was andere über mich und mein Privatleben dachten, würde manch eine sagen. Doch das war es nicht. Meine Familie brach den Kontakt zu mir ab, da sie meine Entscheidung nicht akzeptieren konnte. Dafür bestand die Familie meines Mannes, die in Afghanistan lebte, darauf, dass wir dort eine Hochzeitsfeier veranstalteten. Das war eine schöne Nachricht, und wir gingen dieser Bitte mit größter Freude nach. Doch so wunderbar unser Vorhaben auch war, stellte es uns zunächst vor viele Schwierigkeiten. So war die Einreise per Flugzeug aus dem Iran zu der Zeit nicht möglich, da Afghanistan als unsicher galt. Also blieb uns nur die Landroute, wo unsere Probleme an der Landesgrenze auch schon losgingen. Die Grenzbeamten stürzten sich auf uns wie hungrige Geier auf ihre Beute. Sie zogen uns aus der Menge heraus, hinein in einen endlos scheinenden Sumpf aus sinnloser Wartezeit, erniedrigenden Durchsuchungen sowie impertinenten Befragungen, die teilweise weit unter die Gürtellinie gingen. Natürlich wurden wir getrennt voneinander verhört, sodass Matin und ich uns in diesen langen Stunden weder sehen noch sprechen konnten. Die Beamten quetschten mich darüber aus, wie ein afghanischer Mann mich jemals »rumkriegen« konnte. Sie stellten seine Männlichkeit infrage. Einer der Männer betrachtete mich mit einem gehässigen Lächeln auf den Lippen:

»Hast du keinen Iraner gefunden, der dich im Schlafzimmer befriedigen kann, oder kann der etwas, was andere Männer hier nicht draufhaben?«

»Es gibt so viele würdige Iraner in unserem Land, und du entscheidest dich ausgerechnet für einen minderbemittelten Afghanen?«, warf mir ein anderer boshaft vor.

Ich war fassungslos über diese Behandlung. Später erfuhr ich von Matin, dass es ihm ähnlich ergangen war und dass er gezwungen wurde zu erklären, wie er ein gut betuchtes Mädchen aus Nord-Teheran dazu hatte überreden können, ihn zu heiraten. Mein Geburtsort Shemiran, der in meinem Pass stand, war für die Beamten wie ein Stempel für jemanden, der wohlhabend ist. Sie konnten es einfach nicht begreifen, warum ein Mädchen aus einer derart reichen Gegend sich ausgerechnet auf einen Afghanen einließ. Als ob Liebe etwas wäre, das man einfach so herbeireden kann! Sie warfen ihm vor, mich gekauft zu haben. Was für ein kranker Irrsinn! Diese menschenverachtenden Befragungen sollten sich von nun an jedes Mal wiederholen, wenn wir die iranische Grenze passierten. Es war erniedrigend, demütigend und unmenschlich. Doch welche Wahl hatten wir? Wir ließen es über uns ergehen, denn wir waren fest entschlossen, unsere Liebe zu feiern, und so reisten wir weiter in das Geburtsland meines Mannes.

Doch auch dort wurden wir mit Schwierigkeiten konfrontiert. Die Paschtu sprechenden Afghanen am Grenzübergang waren laut und aufdringlich. Ihr unnötiges Gelächter und Geschwätz bereiteten mir Unbehagen. Erschöpft und gedemütigt erreichten wir schließlich unser Ziel, wo wir eine wunderschöne Feier veranstalteten, die unsere Liebe und Verbundenheit zelebrierte. Und auch wenn der Weg dorthin steinig war, haben wir uns gegen alle Widrigkeiten durchgesetzt und unsere Liebe gefeiert.

Mein Mann und ich verbrachten einige Zeit in Afghanistan, aber auf Dauer wollten wir dort nicht bleiben. Zumal auch Matin seine ganze Existenz, seine Firma und sein Leben in Teheran zurückgelassen hatte. Wir packten also unsere Sachen und ließen das erniedrigende Grenzprozedere erneut über uns ergehen. Doch diesmal schockierte mich noch eine andere Sache. Auf dem Weg ins Landesinnere, nachdem wir die Grenze passiert hatten, fuhren wir durch das Grenzgebiet Belutschistan, dessen nördlicher Teil bereits zum Iran gehört. Es wird seit Jahrzehnten von afghanischen Flüchtlingen bevölkert[53], die in Auffanglagern in den Dörfern und Gemeinden unter katastrophalen Bedingungen leben müssen, und ist eines der ärmsten Gebiete des Iran.[54] Was ich dort sah, kam mir vor wie die Hölle auf Erden und erschütterte mich tief. Barfüßige Kinder und Männer, die die Straßen entlangwanderten. Frauen mit Babys auf den Armen am Boden sitzend. Teilweise leben diese Menschen dort in Zelten oder in improvisierten Hütten. Keine Wasserversorgung, kaum Lebensmittel, durch mangelnde Hygiene verursachte Krankheiten. Medizinische Versorgung gibt es in diesen Gebieten so gut wie nicht. Aber so traumatisierend all das für mich auch war, zeigte mir diese Erfahrung etwas auf, das ich bis dahin so nicht gesehen hatte. Meine Ehe mit Matin war geprägt von Vorurteilen, Problemen und schier unüberbrückbaren gesellschaftlichen Zwängen, doch im Vergleich zum Schicksal dieser armen afghanischen Flüchtlinge hatten wir ein gutes Leben.

Diese Gedanken machten mir Mut und schenkten mir neue Hoffnung. Plötzlich spürte ich meinen Kampfeswillen wieder auf-

---

53 *»Afghanistan – viereinhalb Jahrzehnte Konflikte, Flucht und Vertreibung« – Martin Sökefeld, veröffentlicht am 25.11.2022, URL: https://fluchtforschung.net/blogbeitraege/afghanistan-viereinhalb-jahrzehnte-konflikte-flucht-und-vertreibung/, Stand: 22.04.2023.*

54 *»Afghanische Geflüchtete sind in Iran mit vielfältigen Diskriminierungen konfrontiert« – Tobias Schmitt, veröffentlicht am 26.08.2021, URL: https://www.fes.de/themenportal-flucht-migration-integration/artikelseite-flucht-migration-integration/afghanische-gefluechtete-sind-in-iran-mit-vielfaeltigen-diskriminierungen-konfrontiert, Stand: 22.04.2023.*

keimen. Denn ich vermisste meine Familie schmerzhaft, und auch wenn der Kontakt zwischen uns abgebrochen war, hatte ich den Glauben an eine Versöhnung nie aufgegeben.

Die Zeilen aus dem berühmten Gedicht von Nezami[55] beschreiben meinen Gemütszustand treffend: »*Dar nā-omidi bassi omid ast. Payan shabe siyah sepid ast*«, was so viel heißt wie: »In der Verzweiflung steckt viel Hoffnung. Jede dunkle Nacht hat ein helles Ende.«

Eines Tages rief meine Schwester an und berichtete, dass es unseren Eltern gesundheitlich nicht gut ging. Ich wusste sofort, dass dies der richtige Zeitpunkt für eine Versöhnung war. Und so nahm ich meinen ganzen Mut zusammen und entschloss mich – über all meine Unsicherheiten hinweg nach über einem Jahr Funkstille –, in mein Elternhaus zurückzugehen.

Es war der Abend des 20. auf den 21. Dezember, die sog. *Yalda*-Nacht[56] – die längste und dunkelste Nacht des Jahres. Vor allem im Iran sowie in Afghanistan wird diese Nacht der Wintersonnenwende ausgiebig gefeiert und mit ihr die Hoffnung auf bessere Zeiten sowie die Wiedergeburt des Lichtes. Die Menschen freuen sich, dass die Tage länger werden und das Licht sich gegen die Dunkelheit durchsetzt. Für mich stand in jenem Jahr allerdings noch etwas anderes im Vordergrund: die Hoffnung auf eine Versöhnung mit meiner Familie. Traditionell kommen in der *Yalda*-Nacht Freunde und Verwandte im Haus der ältesten Familienmitglieder zusammen und verbringen Zeit miteinander. Ich erinnere mich gern daran, wie wir als Kinder immer um den festlich gedeckten, mit Kerzen geschmückten Tisch herumschlichen, weil wir es kaum abwarten konnten, all die Köstlichkeiten zu probieren: Melonen, Granatäpfel, rote Trauben, Khaki und Trocken-

55 *Persischer Dichter, der um 1141 in Gandscha lebte.*

56 *Yalda steht für die Geburt des Lichtes bzw. den Sonnengott Mithra.*

früchte – angerichtet in den schönsten Schalen und Tabletts. Traditionell musste bei uns zumindest ein Kleidungsstück in roter Farbe sein, und später, wenn alle beisammen saßen, wurde aus dem *Dīwān* vorgelesen, dem bekanntesten Werk des großen persischen Dichters und Mystikers Hafis. Diese weltberühmte lyrische Niederschrift besteht aus tiefgründigen, philosophischen Versen und Gedichten, die man im Iran in der *Yalda*-Nacht als eine Art Weissagung oder Orakelbefragung nutzt. Wir sagen *Fal-e Hafez* dazu und halten fest an der symbolischen Prophezeiung, die sich in dieser Nacht jedem von uns auf einer der zufällig gewählten Seiten des Buches offenbart.

Mit all den Erinnerungen im Kopf und einem Strauß langer, roter Rosen in der Hand betrat ich an jenem Abend das Haus meiner Eltern. Noch heute habe ich Tränen in den Augen und bin dankbar, wenn ich an diese Begegnung zurückdenke. Das Erste, was ich sah, war das vertraute Gesicht meiner Mama. Ihre Augen blitzten kurz auf, und Tränen liefen ihr über die Wangen. Ich nahm ihr Gesicht in meine Hände. Die weiche Haut, die ich schon so lange nicht mehr berührt hatte, fühlte sich schön und vertraut an.

»Mama, ich liebe dich« war alles, was ich aussprechen konnte, bevor wir beide in einer langen, innigen Umarmung versanken. Es war ein emotionales Wiedersehen mit all meinen Liebsten, wir weinten viel vor Freude, redeten stundenlang. Da war es plötzlich, das lang ersehnte Licht am Ende des Tunnels, und ich schöpfte Hoffnung, dass wir unsere Streitigkeiten begraben könnten. Ich berichtete mit Vorsicht über meine Ehe, denn meine Angst, die versöhnliche Stimmung erneut zu zerstören, war groß. Dieses Gespräch war lange überfällig, und zu meiner großen Überraschung reagierten meine Eltern verständnisvoll auf meine Erzählungen. Am Abend verkündete mein Vater, dass er bereit sei, die Anzeige, die er nach unserer heimlichen Eheschließung erstattet hatte, wieder fallen zu lassen. Mein Herz jauchzte.

Im Frühling des darauffolgenden Jahres lud Matin meine Familie in den Norden des Iran ein. Ich hoffte auf einen gemeinsamen Neuanfang in ein Leben, in dem meine Familie und Matin Seite an Seite friedlich existieren konnten. Matin mietete eine prächtige Villa in Namakabrud, wo wir einige Tage verbringen wollten. Am Abend unseres Anreisetages gingen wir gemeinsam spazieren, um die Gegend des malerischen Touristendörfchens, das sich zwischen dem Kaspischen Meer im Norden und dem Elburs-Gebirge erstreckt, zu erkunden. Dieser Ort war bekannt für seine Hochseilbahn, die vom Meer bis in die Berge verlief, sowie die herrschaftlich anmutenden Veilchen- und Buchsbaumparks. Die angenehmen Temperaturen und der milde Frühling machten es uns leicht, diese besondere Atmosphäre und die Nähe zueinander zu genießen. Matin und meine Familie zusammen zu sehen, machte mich auf eine friedvolle Weise glücklich. Die Stimmung war ausgelassen, und zum ersten Mal seit langer Zeit fühlte ich mich vollends angekommen. Endlich saß ich nicht mehr zwischen den Stühlen, sondern konnte einfach loslassen, ich selbst sein und die Tage sorgenfrei genießen.

Matin hatte sich um alles gekümmert, die prächtige Villa, in der wir alle wohnten, sowie das Programm während unseres Aufenthalts. Er war ein perfekter Gastgeber, in seiner Nähe fühlte sich alles harmonisch und gelassen an. Doch das Beste war, dass meine Familie ihm die Chance gab, sich zu beweisen. Endlich konnten sie sehen, wie großartig dieser Mann war, den ich über alles liebte und nie wieder loslassen wollte. Ich war mir sicher, von nun an würde es keine Probleme mehr zwischen meiner Familie und meinem geliebten Mann geben. Einige Wochen nach diesem unvergesslichen Abend der Wiedervereinigung wollten wir endlich unsere prächtige Hochzeitsfeier im Lavasan-Garten feiern und unseren Bund gemeinsam mit Freunden und meiner Familie besiegeln.

Doch damit war längst nicht alles überstanden. Ganz im Gegenteil. Während sich in meinem familiären Umfeld langsam alles fügte, litten Matin und ich zunehmend unter den gesellschaftlichen und gesetzlichen Zwängen. Jährlich war ich gezwungen, mich einer entwürdigenden Prozedur zu stellen, um die Aufenthaltserlaubnis für Matin zu verlängern. Immer dann, wenn ich meine Dokumente in der Ausländerbehörde einreichte, war ich denselben absurden Fragen ausgeliefert, die mir schon damals von den Grenzbeamten und oftmals auch von der Sittenpolizei auf offener Straße gestellt wurden. Ich wurde gedemütigt, ausgelacht, für verrückt erklärt und mit rassistischen Anti-Afghan-Sprüchen überschüttet. Albträume wurden zu meinen nächtlichen Begleitern, während mich tagsüber Panikattacken heimsuchten. Ich schluckte Beruhigungsmittel, denn ohne Tabletten hätte mich der psychische Druck aufgefressen.

Als Paar mussten wir zudem ständig um unseren Besitz bangen. Im Iran muss man dazu als Frau nur einen ausländischen Mann ehelichen. Aufgrund der fehlenden Staatsbürgerschaft behielt sich die Regierung selbstherrlich das Recht vor, Privateigentum von Afghanen und deren Angehörigen zu konfiszieren, wann immer sie es für nötig hielt. Diese Praxis ist gesetzlich gestützt und kann nicht angefochten werden. Wir schwiegen also darüber, dass unser Mercedes, den Matin sich von seinem ehrlich verdienten Geld gekauft hatte, uns gehörte.

Doch daran hing für uns als Paar noch etwas anderes, ganz Wesentliches: unser noch unerfüllter, aber sehnlicher Kinderwunsch. Wir träumten davon, unsere Liebe mit einem Baby zu krönen. Doch die Angst vor dem Leben, in das unser gemeinsames Kind hineingeboren würde, lähmte mich. Lange konnte ich nicht schwanger werden. Schließlich war es die Versöhnung mit meiner Familie, die etwas in mir löste, und Gott schenkte uns eine wunderschöne Tochter. Unsere Freude über dieses kleine Wunder war unbeschreiblich. Wir nannten die Kleine symbolisch Bahar (dt. Frühling/Neubeginn), doch ihren Namen durften wir nicht auf einer Geburtsurkunde festhalten. Denn sie besaß keine. Auch in meinen Dokumenten existierte unsere Tochter nicht. Abgesehen davon, dass das islamisch-iranische Gesetz der Frau kaum Rechte über ihr eigenes Kind gewährt, wird die Situation noch unmöglicher, sobald eine iranische Frau einen ausländischen Mann heiratet. Es fühlte sich grotesk an, dass unsere quicklebendige kleine Tochter auf dem Papier schlichtweg nicht existierte. In diesem Land hatte sie damit keine Chance auf ein normales Leben. Sie würde weder die Schule oder eine Universität besuchen. Sie hätte kein Recht, das Land zu verlassen oder ein Konto zu eröffnen. Einfach nichts. Und was wäre, wenn mein Kind entführt werden oder ihr noch Schlimmeres zustoßen würde? Ich könnte dies nicht einmal der Polizei melden, den Täter zur Rechenschaft ziehen oder mein Kind ordnungsgemäß begraben, denn sie war für die Behörden schlichtweg nicht existent.

Matin und mir war klar, dass wir etwas tun mussten, um Bahar eine sichere und gerechte Zukunft zu ermöglichen. Und so beschlossen wir nach endlosen Gesprächen, den Iran für immer zu verlassen und nach Deutschland auszuwandern. Wir hatten Freunde, die sich aus ähnlichen Gründen schon vor Jahren dort niedergelassen hatten und uns beim Prozedere, den Behördengängen und allen Schwierigkeiten unterstützen konnten. Heute lebt unsere kleine Familie glücklich in ihrer neuen Heimat. Wir fühlen uns hier angekommen und besitzen mittlerweile alle die deutsche Staatsbürgerschaft. Matin arbeitet in einem handwerklichen

Beruf, und ich habe eine Umschulung zur Erzieherin gemacht. Jeden Tag danke ich Gott, weil ich es so sehr schätze, dass unsere Bahar wie jedes andere normale Kind zur Schule gehen und eine gute Bildung genießen kann. Sie träumt davon, Tierärztin zu werden. Für jemanden da draußen mag das nichts Besonderes sein, doch für uns ist es großes Glück, das unsere kleine Tochter in unserem Heimatland nie erfahren hätte.

In den letzten Monaten, seit dem Tod von Jina Mahsa Amini im September 2022, hat sich auch in der westlichen Gesellschaft etwas getan. Endlich gehen Menschen weltweit und nicht nur im Iran auf die Straße. Stimmen werden laut, die vorher nicht gehört wurden. Die Welt erfährt von den herzzerreißend tragischen Schicksalen, wie dem von Khodanoor Lajaei. Der siebenundzwanzigjährige Iraner aus Belutschistan wurde nach seinem Tod zu einer der wichtigsten männlichen Gestalten der von Frauen angeführten Revolution. Das ergreifende Bild, wie er angekettet an einem Mast mit einem Glas Wasser in unerreichbarer Nähe sitzt, erschütterte Protestierende weltweit. Khodanoor Lajaei liebte das Tanzen und versprühte mit seiner fröhlichen, positiven Art unbändigen Lebenswillen und Mut. Er starb, genau wie unzählige andere Protestierende, infolge einer Schussverletzung während der Demonstrationen um den 30. September 2022 herum, der als »Bloody Friday«[57] in die Geschichte einging. Von Berlin bis Los Angeles lassen sich Menschen seither aus Protest an Masten festketten und tanzen sich nach dem Vorbild des jungen Iraners die Seele aus dem Leib.

Auch Matin und ich beteiligen uns regelmäßig an Protestaktionen und Demonstrationen hier im Land. Wir kämpfen für die

57 *»Khodanoor Lajaei: Icon for a revolution« – Hamid Yazdan Panah, veröffentlicht am 02.12.2022, URL: https://globalvoices.org/2022/12/02/khodanoor-lajaei-icon-for-a-revolution/, Stand: 28.07.2023.*

Rechte der Menschen und in erster Linie für die der Frauen im Iran. Denn eines Tages, das hoffe ich inständig, werden wir unsere Koffer packen und mit unserer Tochter in unser Heimatland reisen, um ihr einen wunderschönen, friedvollen und freien Iran zu zeigen. Ein Land, auf das sie stolz sein kann.

Und mein Matin? Eine Sache hat er für diesen Trip jetzt schon vorbereitet: seine traditionelle Belutschi-Tracht, die der von Khodanoor zum Verwechseln ähnlich sieht. Er wird sie tragen, wenn er vor dem majestätischen Azadi-Freiheitsturm in Teheran ausgelassen den »Khodanoor-Tanz« tanzt – in Dankbarkeit und ewiger Erinnerung an all die Helden, die für die Freiheit im Iran ihr Leben ließen.

* * *

Das Tanzen hat sich in den letzten Monaten zu einer neuen Form des Protests im Rahmen der »Frauen, Leben, Freiheit«-Bewegung entwickelt. Frauen im Iran haben mit kreativen und künstlerischen Ausdrucksformen begonnen, um auf ihre Forderungen nach Gleichberechtigung, Freiheit und Selbstbestimmung aufmerksam zu machen. Der Ekbatan Dance Protest am 8. März 2023 ist ein bemerkenswertes Beispiel dafür. Zum Internationalen Frauentag ging ein Video viral, das fünf Mädchen aus der Stadt Ekbatan zeigt, die provokant zu dem Song »Calm Down« von Selena Gomez und Rema tanzen. Ekbatan gilt als Epizentrum der Protestaktionen im Zuge der von Frauen angeführten Revolution. Durch den Ekbatan Dance Protest brachten die fünf jungen Frauen ihre Ablehnung dieser Beschränkungen zum Ausdruck und forderten ein Ende der Diskriminierung und Unterdrückung. Sie zeigten der Welt ihre Stärke und ihren Mut, indem sie sich trotz der potenziellen rechtlichen Konsequenzen zum Tanz versammelten, ohne den obligatorischen *Hijab* zu tragen. Leider kam die Strafe für ihren Mut schneller als gedacht. Die iranische Sittenpolizei machte die tanzenden Mädchen anhand des Videos ausfindig und zwang sie dazu, ein öffentliches Video-Statement abzulegen, in dem sie ihre Reue beteuern und sich für ihr »unsittliches« Verhalten entschuldigen. Doch die Welt da draußen schaute nicht nur stumm zu. Diese Geschichte hat sowohl innerhalb des Iran als auch international große Aufmerksamkeit erregt. Die Videos und Bilder der tanzenden Frauen inspirierten andere Frauen sowie Aktivistinnen und Aktivisten dazu, sich der Bewegung anzuschließen und zu denselben Beats öffentlich zu tanzen. Personen des öffentlichen Lebens, bekannte Blogger oder Moderatoren nutzen ihre Reichweiten, um die Bewegung zu unterstützen. Der Ekbatan Dance Protest und ähnliche Aktionen sind ein Zeichen für den kreativen Widerstand der Frauen im Iran. Mit künstlerischen Mitteln setzen sie starke Zeichen und brechen die Grenzen der Unterdrückung auf. Auch wenn deren Ende noch nicht absehbar ist.

Rechtliche Auseinandersetzung mit der Fallgeschichte

INTERKULTURELLE EHEN

Wie im Fall Niloofar beleuchtet, benötigt eine iranische Frau gemäß Artikel 1060[58] des iranischen Zivilgesetzbuches eine Spezialerlaubnis der iranischen Regierung, um einen nicht-iranischen Mann zu ehelichen.

58 *»Iran – Heirat zwischen iranischer Frau und afghanischem Mann, Schutz vor Verbrechen im Namen der Ehre« – veröffentlicht am 27.10.2017, URL: www.ecoi.net/en/file/local/1417644/1788_1510653677_2710.pdf, Stand: 23.04.2023.*

Seit der großen Flüchtlingswelle aus Afghanistan aufgrund des militärischen Konflikts mit der Sowjetunion (1979–1989) machen Menschen afghanischer Herkunft einen beachtlichen Anteil der ausländischen Bürger im Iran aus. Offiziell spricht man von etwa 1 Million Afghanen, die dort entlang der rund 950 Kilometer langen Grenze leben. Die Dunkelziffer reicht jedoch schätzungsweise bis zu 3 Millionen. Diese Menschen afghanischer Herkunft leben seit Generationen im Land, viele von ihnen – besonders die Nachkommen – sind bestens in die iranische Gesellschaft integriert, beherrschen die persische Sprache akzentfrei und werden von der Regierung und Teilen der einheimischen Bevölkerung dennoch als Menschen zweiter Klasse angesehen. Viele der Geflüchteten halten sich illegal im Land auf. Sie besitzen weder gültige Papiere noch eine Aufenthaltserlaubnis. Denn die iranische Staatsbürgerschaft kann nur von einem gebürtigen, männlichen Iraner an seine Nachkommen weitergegeben werden. So schreibt es das Gesetz vor. Eine weitere Problematik liegt darin, dass behördliche Anträge und Prozesse viel Geld kosten. Doch die meisten Afghanen haben aufgrund fehlender Arbeitserlaubnis nicht die Möglichkeit, ordentlich bezahlte Jobs anzunehmen. Somit gerät der Großteil in einen Strudel aus Armut, menschenunwürdigen Lebensbedingungen und – dem geschuldet – dann oft Kriminalität.

Im Jahr 2020 waren gemäß offiziellen Angaben mehr als 150 000 iranische Frauen[59] mit Männern afghanischer Herkunft verheiratet. Allerdings haben diese Ehen nur im Rahmen der Scharia, also aus religiöser Sicht, ihre Gültigkeit. Offiziell registriert werden sie nicht, und somit erhält das Paar auch keine gültige Heiratsurkunde.

59 *»Iranian citizenship law for children of foreign fathers approved« – Reza Shirmohammad, veröffentlicht am 06.04.2020, URL: https://www.infomigrants.net/fr/post/25178/iranian-citizenship-law-for-children-of-foreign-fathers-approved, Stand: 23.04.2023.*

Laut Artikel 17, 1931 Eherecht[60] des islamisch-iranischen Gesetzbuches kann das Vergehen der gesetzwidrigen Eheschließung mit einer Geld- und/oder Gefängnisstrafe von einem bis zu drei Jahren geahndet werden.

Im umgekehrten Fall jedoch wird die Eheschließung zwischen einem Iraner und einer Nicht-Iranerin problemlos anerkannt und registriert. Besonders zum Tragen kommt diese Schlechterstellung iranischer Frauen, wenn Kinder aus der Ehe hervorgehen.

Kinder iranischer Frauen, die mit Ausländern verheiratet sind, wie auch im Fall Niloofar, erhalten keine Geburtsurkunde und werden nicht offiziell registriert. Aus den oben genannten mehr als 150 000 nicht offiziell anerkannten Ehen im Iran sind bis zum Jahr 2020[61] mehr als eine halbe Million Kinder hervorgegangen, die keine Staatsbürgerschaft besitzen – weder die des Iran noch die des Heimatlandes ihrer Väter. Diese Kinder haben im Iran vor allem kein Recht auf Bildung oder medizinische Versorgung. Auch hier muss darauf hingewiesen werden, dass im umgekehrten Fall, bei einer Heirat zwischen einem Iraner und einer ausländischen Frau, die Kinder automatisch sowohl eine Geburtsurkunde als auch die iranische Staatsangehörigkeit erhalten. Dabei spielt es keine Rolle, ob der Mann mit seiner Familie im Iran oder dauerhaft außerhalb des Landes lebt.

Hierbei wird deutlich, dass die islamisch-iranische Rechtsprechung einseitig auf der Seite des Mannes ist und der iranischen Frau dieselben Rechte verwehrt bleiben.

---

60 *»Iran – Heirat zwischen iranischer Frau und afghanischem Mann, Schutz vor Verbrechen im Namen der Ehre« – veröffentlicht am 27.10.2017, URL: https://www.ecoi.net/en/file/local/1417644/1788_1510653677_2710.pdf, Stand: 23.04.2023.*

61 *»Iranian citizenship law for children of foreign fathers approved« – Reza Shirmohammad, veröffentlicht am 06.04.2020, URL: www.infomigrants.net/fr/post/25178/iranian-citizenship-law-for-children-of-foreign-fathers-approved, Stand: 23.04.2023.*

Im Jahr 2019[62] gab es mit der Gesetzesanpassung in Bezug auf die Anmeldung dieser staatenlosen Kinder einen ersten Hoffnungsschimmer. Für kurze Zeit war es möglich, Anträge für die Ausstellung einer Geburtsurkunde zu stellen. Jedoch wurde dieses Gesetz bereits nach zwei Jahren wieder gekippt. Als das Gesetz verabschiedet wurde, lebte Niloofar mit ihrer Familie bereits in Deutschland. Dennoch versuchte sie, für ihre Tochter Bahar einen Antrag auf iranische Staatsbürgerschaft bei der iranischen Botschaft in Berlin zu stellen. Die bürokratischen Anforderungen waren jedoch kaum zu bewältigen, da die Bearbeitungsprozesse sich in die Länge zogen und im Laufe des Prozesses von den Behörden immer wieder neue Dokumente verlangt wurden. So gelang es Niloofar nicht, innerhalb der zwei Jahre, in denen das neue Gesetz rechtskräftig war, eine Geburtsurkunde für ihr Kind zu erhalten.

62 *»Erstmals Schule für illegale Flüchtlingskinder im Iran« – Von Hein, Shabnam, veröffentlicht am 02.10.2015, URL: https://www.dw.com/de/erstmals-schule-f%C3%BCr-illegale-fl%C3%BCchtlingskinder-im-iran/a-18757803, Stand: 18.04.2023.*

AUFRUF

Im Iran wird die weibliche Bevölkerung durch das angewandte islamische Rechtssystem in nahezu allen Bereichen massiv diskriminiert und systematisch entmachtet. Das ist das Ziel der politischen Führung sowie der Vorherrschaft männlicher Geistlicher im Land seit der Revolution 1979. Die klassisch ausgelegten Grundsätze der Scharia in der Islamischen Republik Iran schließen jegliche Form der Gleichberechtigung zwischen Frauen und Männern aus, was gravierende Auswirkungen auf das Leben und die Freiheit der iranischen Frauen hat. Jegliche Form von Widerstand – von Frauen wie Männern – wird seither mit harten Bestrafungen wie Gefängnis, Folter, Vergewaltigungen und Hinrichtungen geahndet.

Dank der Proteste von September 2022, bekannt unter dem politischen Slogan *Frau, Leben, Freiheit*, breiten sich die Flammen der von iranischen Frauen angeführten Revolution unaufhaltsam über die Grenzen der Islamischen Republik in die gesamte Welt aus. Mutige Iranerinnen und Iraner kämpfen unter Einsatz ihrer eigenen Existenz täglich für ein selbstbestimmtes Leben in Freiheit und für den Sturz des Mullah-Regimes. Angeführt werden sie von entschlossenen Frauen, die an vorderster Front stehen. Das große Ziel der Bewegung ist die Säkularisierung, die dringend benötigte Trennung von Religion und Staat.

Deshalb richte ich meine eindringlichen Worte insbesondere

an Politikerinnen und Politiker der westlich-demokratischen Welt: Iranische Frauen benötigen keine Rettung von außen, sie befreien sich selbst. Doch hören Sie auf, ihre Mörder zu schützen! Hören Sie auf, die Mullahs zu unterstützen!

Dieser Vier-Punkte-Plan fasst die wichtigsten Handlungsanforderungen zusammen:

1. Aufnahme der Revolutionsgarden der Islamischen Republik Iran (IRGC) in die Liste der terroristischen Organisationen. In den USA ist dies bereits seit 2019 umgesetzt worden. Der Rest der westlich-demokratischen Welt muss diesem Beispiel folgen.
2. Sofortiger Stopp der Atomverhandlungen mit dem Iran.
3. Reduktion der auswärtigen Beziehungen mit der Islamischen Republik auf ein Minimum einschließlich der Ausweisung der diplomatischen Vertreter der Islamischen Republik sowie deren Angehörigen.
4. Ausschluss der Islamischen Republik Iran aus der UN-Konvention.

Die Politikerinnen und Politiker der westlich-demokratischen Welt wie auch jede und jeder Einzelne von uns darf nicht länger tatenlos zusehen. Wir alle tragen Verantwortung und haben die Pflicht, endlich vom Schönreden zum Handeln überzugehen! Es ist wichtig, dass wir uns gemeinsam für die Wahrung der grundlegenden Rechte von Frauen einsetzen und gegen jegliche Form von Diskriminierung und Ungerechtigkeit kämpfen. Jeder Schritt hin zur Gleichberechtigung und Freiheit für Frauen im Iran ist ein Schritt in Richtung einer gerechteren und inklusiveren Gesellschaft für alle.

Die Iranpolitik muss neu gedacht werden! Die Welt muss geschlossen und mit lauter Stimme gegen das Mullah-Regime sprechen! Es ist Zeit für eine Kehrtwende!

DANKSAGUNG

Ich möchte an dieser Stelle meine aufrichtige Dankbarkeit und Anerkennung zum Ausdruck bringen. Mein Dank gilt dem Europa Verlag für die wertvolle Zusammenarbeit und die Unterstützung während des Entstehungsprozesses dieses Buches. Das Engagement für die Veröffentlichung und Verbreitung dieser wichtigen Geschichten und deren rechtliche Hintergründe ist unermesslich.

Ein besonderer Dank geht an meinen Agenten, der mich in allen Fragen tatkräftig unterstützt hat. Seine Professionalität, sein Fachwissen und seine kompetente Unterstützung haben maßgeblich dazu beigetragen, dass dieses Buch Realität werden konnte.

Masih Alinejad, Ihre mutige Arbeit und Ihr unermüdlicher Einsatz für die Rechte der Frauen im Iran sind eine Inspiration für uns alle. Ich fühle mich geehrt, dass Sie Teil dieses Projekts sind und mit Ihrer Stimme und Ihren Erfahrungen dieses Buch bereichern.

Ein herzliches Dankeschön gebührt auch meiner Familie und all meinen Freunden, die mir während des gesamten Entstehungsprozesses zur Seite gestanden haben. Ihre Ermutigung, ihre konstruktiven Rückmeldungen und ihre uneingeschränkte Unterstützung haben mir die Kraft gegeben, dieses Buch zu vollenden.

Ein ganz besonderer Dank gilt den Frauen, die ihre Geschichten in diesem Buch erzählt haben. Ihr Mut sowie ihre Offenheit und Ehrlichkeit sind von unschätzbarem Wert. Indem Sie, liebe Frauen, Ihre Erfahrungen teilen, geben Sie den Stimmen von Millionen von iranischen Leidensgenossinnen eine Plattform. Sie stehen stellvertretend für die über 40 Millionen Frauen, deren Geschichten oft ungehört bleiben. Die meisten Ihrer Geschichten sind Zeugnisse von Stärke, Durchhaltevermögen und Widerstandsfähigkeit, dank derer sich unsere Gesellschaft weiterentwickeln und eine Welt schaffen kann, in der der weiblichen Bevölkerung die gleichen Rechte und Chancen wie Männern zustehen.

Möge dieses Werk dazu beitragen, Bewusstsein zu schaffen, Veränderungen anzustoßen, die Rechte der Frauen weltweit zu stärken und diese insbesondere im Iran zu erlangen.

Von ganzem Herzen,
Jasmin Taylor

MIX
Papier aus verantwortungsvollen Quellen
FSC® C014889

Der Umwelt zuliebe
- produzieren wir zu über 90 % in Deutschland
- achten wir auf kurze Transportwege
- drucken wir auf Papier aus verantwortungsvollen Quellen

Umschlaggestaltung: wilhelm typo grafisch, CH-Zollikerberg, unter Verwendung eines Motivs von © picture alliance/ZUMAPRESS.com | Allison Bailey
Lektorat: Silwen Randebrock, Berlin
Layout & Satz: Margarita Maiseyeva
Druck & Bindung: Pustet, Regensburg
ISBN: 978-3-95890-583-2